# 古典文獻研究輯刊

## 十一編

潘美月・杜潔祥 主編

# 第7冊

## 籀廎學記
## ——孫詒讓先生之生平及其學術（二）

王更生 著

國家圖書館出版品預行編目資料

籀廎學記——孫詒讓先生之生平及其學術（二）／王更生 著

— 初版 — 台北縣永和市：花木蘭文化出版社，2010〔民99〕

目 4+160 面；19×26 公分

（古典文獻研究輯刊 十一編；第7冊）

ISBN：978-986-254-306-1（精裝）

1.（清）孫詒讓　2.學術思想　3.傳記

112.78　　　　　　　　　　　　　　　　99014035

ISBN - 978-986-2543-06-1

9 789862 543061

古典文獻研究輯刊

十一編 第 七 冊　　　　　　　ISBN：978-986-254-306-1

籀廎學記——孫詒讓先生之生平及其學術（二）

作　　者　王更生
主　　編　潘美月　杜潔祥
總 編 輯　杜潔祥
企劃出版　北京大學文化資源研究中心
出　　版　花木蘭文化出版社
發 行 所　花木蘭文化出版社
發 行 人　高小娟
聯絡地址　台北縣永和市中正路五九五號七樓之三
　　　　　電話：02-2923-1455／傳眞：02-2923-1452
網　　址　http://www.huamulan.tw 信箱 sut81518@ms59.hinet.net
印　　刷　普羅文化出版廣告事業
初　　版　2010 年 9 月
定　　價　十一編 20 冊（精裝）新台幣 31,000 元

籀廎學記——
孫詒讓先生之生平及其學術（二）

王更生　著

# 目次

# 第四章　孫詒讓之子學

## 一、前　言

　　戰國時代儒墨并稱顯學，漢自武帝罷黜百家，獨尊儒術以後，墨學之廢幾二千年；而書僅存，然治之者殊尟，故譌文錯簡，遂難籀讀。晉魯勝叔時有《墨辯注》，遭亂遺失，《隋書‧經籍志》未著錄，他書亦不見徵引。宋鄭樵《通志‧藝文畧》，明焦竑《國史經籍志》，錄有樂臺注，亦久佚。仲容以爲鄭、焦二《志》多存虛目，不足據。〔註1〕廢清乾隆四十五年汪容甫初治此學，有《校本》及《表微》一卷，〔註2〕今不傳。繼有鎭洋畢秋帆合盧紹弓、孫淵如之所考校，爲《墨子注》十六卷，途徑始啓，而猶未窮極要眇也。

　　自茲以後，則有藤縣蘇氏、〔註3〕高郵王氏、〔註4〕臨海洪氏、〔註5〕德清俞氏、〔註6〕戴氏，〔註7〕逮至瑞安孫仲容，覃思十年，采眾家之長，抒獨得之見，成《墨子閒詁》十五卷，《目錄》一卷，復合〈墨子篇目考〉、〈墨子佚文〉、〈墨子舊敍〉爲一卷，又撰〈墨子傳畧〉、〈墨子年表〉、〈墨學傳授考〉、〈墨子緒聞〉、〈墨學通論〉、〈墨家諸子鉤沈〉，合爲《墨子後語》二卷。曲園

---

〔註1〕見《墨子閒詁‧墨子目錄》一卷下。
〔註2〕見汪中《述學內篇》卷三。
〔註3〕蘇爻山時學著《墨子刊誤》二卷。
〔註4〕王念孫曾摘條校注爲《讀墨子雜志》六卷。
〔註5〕洪筠軒摘難解字詞三十六條著《讀墨子叢錄》。
〔註6〕俞蔭甫著《諸子平議》中有《墨子平議》三卷。
〔註7〕戴子高有《墨子校記》刊於民國5年《中國學報》第五冊。

俞氏爲之〈敘〉,謂其「整紛剔蠹,鉤摘無遺,旁行之文,盡還舊觀,訛奪之處,咸秩無紊,蓋自有《墨子》以來,未有此書也。」

仲容先生運用乾、嘉諸老之考徵方法,識膽絕倫,故能成此不朽之盛業。致譌文隱義,宣究殆盡,孤學舊說,人皆可曉。余竊覽其書,以爲仲容於墨子身世之考索,墨學傳授之統緒,墨書眞僞之辨別,與篇目之審訂,以及墨學思想之闡述,墨書本文之詮釋,與夫訂補〈經說〉上下之旁行句讀,諟正〈兵法〉各篇之譌文錯簡,皆博採周諮,深入淺出,極精密閎括,爲向來治《墨子》者所未逮,故有〈孫詒讓之子學〉之撰。

# 二、泛論墨學之發展

墨子生於春秋末季,長於戰國初年,而春秋戰國之際,實歷史上一大變革之樞紐也。當此之時,田氏篡齊,六卿分晉,道德大廢,上下失序。墨子感怵於獷暴淫侈之政,驕奢虛僞之俗,思所以繩墨自矯,而備世之急,故其言諄復深切,務陳古以劘今;亦喜稱道《詩》、《書》,及孔子所不修之百國春秋。惟於禮則右夏左周,欲變文而反之質,則墨子之學因而興焉。綜觀墨學古今演進之迹,計分顯學時代,消沈時代、復興時代三期,以下分別說明其發展。

## (一)顯學時代之墨學

墨子名翟姓墨氏,生於魯。魯惠公時,周史角來魯教郊廟之禮,其裔有留魯者,墨子學焉。〔註8〕史角之學出於史佚,《漢志·墨家》以〈尹佚〉二篇列首,並云墨家者流,出於清廟之守,蓋爲此也。翟復學儒者之業,受孔子之術。後以其禮煩擾而不悅,厚葬靡財而貧民,久服傷生而害事,乃轉而背周道用夏政;倡尚賢、尚同、節用、節葬、非樂、非命、尊天、事鬼、兼愛、非攻之說。

夫春秋之後,道術紛歧,倡異說以名家者十餘,然惟儒、墨爲最盛,其相非亦最甚。今觀墨子之非儒,固多誣妄,而孟子斥之,殆亦少過。〔註9〕當

---

〔註8〕《呂氏春秋》卷二〈當染篇〉:「魯惠公使宰請郊廟之禮於天子,桓王使史角往,惠公止之。其後在於魯,墨子學焉。」高注:「其後,史角之後也,亦染墨翟。」

〔註9〕孟子闢楊墨,見於《孟子·滕文公上篇》。

列國爭伯之際，墨子以兼愛非攻爲弭兵之手段，用摩頂放踵而爲之之精神，栖栖皇皇，周遊四方，彼時其徒甚眾，皆可使赴火蹈刃，死不旋踵；〔註 10〕尤加紀律嚴明，鉅子擅權，〔註 11〕一時墨者之言盈天下，幾與儒家分庭抗禮。故《呂氏春秋‧當染篇》云：「孔、墨皆死久矣，從屬彌眾，弟子彌豐，充滿天下。」《韓非子‧顯學篇》亦云：「世之顯學儒、墨也；儒之所至，孔丘也；墨之所至，墨翟也。」《呂氏春秋》成於秦始皇八年，〔註 12〕韓非死於秦始皇十四年。是始皇初年，墨學尚盛。

## （二）消沈時代之墨學

桓次山《鹽鐵論》有「淮南衡山修文學，招四方游士，山東儒、墨咸聚於江、淮之間」之言，〔註 13〕則證漢武時，墨氏師承似猶未絕。逮武帝採董仲舒「罷黜百家，表章六藝」之議後，其傳授始黯然沮消矣。故仲容曰：「獷秦隱儒，墨學亦微。至西漢，儒復興而墨竟絕」。〔註 14〕

自漢武以後，儒術日尊，墨學消沈，非獨師承家法，墨者之團體不存；即抱殘守闕，擘績補茸，若漢所謂章句之學者，亦鮮其人。計自是以迄元、明，千七百餘年間，治墨學而史乘可考者，得晉之魯勝，唐之樂臺，以及昌黎韓愈三人而已。宋儒溺於心性之說，明人玩弄詞章之巧，雖有贊述，無裨墨學，故畧而不論，其可論者，爰述如次：

魯勝，字叔時，晉惠帝時代郡人，少有才操，爲佐著作郎，元康初遷建康令。東漢桓、靈之後，天下喪亂，印度佛學內傳，與清談並興。勝邃於實學，鄙棄談玄，其著《正天論》，糾當世厤術之繆，精密卓特，超邁時賢，〔註 15〕惜所著遭亂遺失，惟《墨辯注》尚存其〈敍〉。〔註 16〕

〔註 10〕　見《淮南子‧泰族訓》。
〔註 11〕　其詳見《呂氏春秋》〈去私篇〉、〈上德篇〉，《莊子‧天下篇》亦有此説。
〔註 12〕　《呂氏春秋‧序意篇》云：「維秦八年，歲在涒灘。」高注：「八年，秦始皇即位八年也。歲在申，名涒灘。」據此推知其成書之時代。
〔註 13〕　見卷二〈晁錯〉第八。
〔註 14〕　見《墨子後語‧墨學傳授攷第三》。
〔註 15〕　事見《晉書‧隱逸列傳‧魯勝傳》。
〔註 16〕　〈敍〉云：「名者，所以別同異，明是非，道義之門，政化之準繩也。孔子曰：『必也正名，名不正則事不成。』墨子著書，作《辯經》以立名本，惠施、公孫龍祖述其學，以正別名顯於世。孟子非墨子，其辯言正辭則與墨同。荀卿、莊周等皆非毀名家，而不能易其論也。名必有形，察形莫如別色，故有堅白之辯；名必有分明，分明莫如有無，故有無序之辯。是有不是，可有不

樂臺注《墨子》，《新》、《舊唐志》均不載，惟鄭樵《通志‧藝文畧》載：「《墨子》十五卷，又三卷樂臺注。」他如馬端臨《文獻通考‧經籍考》、王應麟《玉海》、晁公武《郡齋讀書志》、陳振孫《直齋書錄解題》等並不錄。而明焦竑《國史經籍志》，有《墨子》十五卷，又三卷樂臺注。似樂臺《墨子注》三卷，至明猶存焉。〔註17〕

昌黎韓愈，力闢佛、老，以道統自承。其於墨學亦獨具慧眼。〔註18〕雖用心良苦，無如曲高和寡，墨學竟絕，亦可悲也已。

## （三）復興時代之墨學

我國自漢迄明，雖變亂紛乘，而社會之根本組織固未變也，故其流行學說，始終以儒家思想為主。惟元、明以來，與歐西文明接觸，中經張、李之禍，復罹滿清之害，至此我學術思想界始稍啓蒙錮。清初諸君子如顧、黃、顏、王，雖闢空談之誤，首倡經世之道，然於墨學均蔑無說焉。究清儒之正式治《墨子》者，則以乾、嘉、道三朝為第一期，此期有武進張惠言、仁和盧文弨、陽湖孫星衍、鎮洋畢秋帆、江都汪容甫、德清許宗彥，以及大興翁方綱，尤以高郵王念孫《讀墨子雜志》，參綜各家，校訂錯訛，為墨書之考證奠立鎡基。

---

可，是名兩可；同而有異，異而有同，是之謂辯同異。至同無不同，至異無不異，是謂辯同辯異。同異生是非，是非生吉凶，取辯於一物，而原極天下之汙隆，名之至也。自鄧析至秦時，名家者世有篇籍，率頗難知，後學莫復傳習，於今五百餘歲，遂亡絕。《墨辯》有〈上〉、〈下經〉，〈經〉各有〈說〉，凡四篇，與其書眾篇連第，故獨存。今引〈說〉就〈經〉，各附其章，疑者闕之。又采諸眾雜集，為〈刑〉、〈名〉二篇，畧解指歸，以俟君子。其或興微繼絕者，亦有樂乎此也。」

〔註17〕樂臺有《鬼谷子注》亦三卷，著錄於《唐書‧經籍志》、《新唐書‧藝文志》。竊惟如臺注《墨子》，未有《新》、《舊唐志》均不載，竟見收於鄭樵《通志》者，疑鄭《志‧墨子注》三卷，即《唐志‧鬼谷子注》三卷之誤題，茲姑存疑以俟博雅。

〔註18〕韓愈有〈讀墨子〉一文曰：「儒譏墨以上同、兼愛、上賢、明鬼，而孔子畏大人，居是邦不非其大夫，《春秋》譏專臣，不上同哉。孔子泛愛親仁，以博施濟眾為聖，不兼愛哉。孔子賢賢，以四科進褒弟子，疾沒世而名不稱，不上賢哉。孔子祭如在，譏祭如不祭者曰：『我祭則受福。』不明鬼哉。儒、墨同是堯舜，同非桀、紂，同修身正心以治天下國家，奚不相悅如是哉。余以為辯生於末學，各務售其師之說，非二師之道本然也。孔子必用墨子，墨子必用孔子，不相用不足為孔、墨。」

　　自鴉片戰役迄抗日軍興，百年巨變，銳於千載，中西文化之激盪與政經之要求更新，如澎湃怒潮，排江倒海而來，此俞蔭甫以「今天下一大戰國」者是也。〔註19〕當此之時，一切傳統精神與文化皆不足以應此世變，乃發生「洋務」、「歐化」之運動，期能擷長補短，重振漢家聲威；以此墨學之研究遂成風尚，而邁入第二期。此期著述如林，指不勝屈；就其較著者言之，箋校全書者：有蘇時學、俞曲園、孫仲容、王闓運、曹耀湘、張純一與吳毓江諸家。就墨書一部分加以籀繹者：有梁啓超、鄧高鏡、張其鍠、譚戒甫及高亨、楊寬諸人。以印度唯識或歐西科學與墨書作比較研究者：有章太炎、胡適之、章士釗、馮友蘭諸家。至其於墨子生平、墨學歷史有所比輯考證者：孫仲容、梁啓超之外，則有陳柱、錢穆、方授楚諸氏。各家雖於墨學各有所得，然用力勤劬，著述精審，足以沾溉後學於無窮者，當推瑞安孫仲容先生。

　　政府遷台後，政治修明，學術更新，三民主義之文化體系亦因而建立，自此則墨學之探討，復步入第三期。此期之著述，傾向於分科研究：如通論墨家思想者，有王寒生、高葆光、陳拱、嚴靈峯諸家。專事校勘者：有王叔岷。專事研究墨書叚借字者：有周富美。於研幾墨經而有卓特之察識者，為吾師李漁叔先生。至為墨書之研究編目者：有嚴靈峯。〔註20〕遵先賢之盛業，光斯學於海嶠，漪歟，盛哉！

## 三、孫氏研究墨學之動機目的與態度

　　仲容覃思十年，成《墨子閒詁》。光緒丁未四月《重定閒詁》後，即有旋覺其誤者，〔註21〕其謙沖自抑之德，洵非後人所可蘄及者矣。然其窮年兀兀，鍥而不舍，其動機、目的與治書態度，究何若乎？斯誠好孫氏學者所宜深思也。竊通覽全書，私臆仲容治墨學之動機，在表章絕學；目的在宣究微言；治書態度在以墨書治墨書，不加武斷，以下分別析論：

### （一）孫氏治墨學之動機：在補綴佚文表章絕學

〔註19〕　俞說見〈墨子閒詁序〉。
〔註20〕　自乾、嘉、道以迄於今，關於墨學之著述多矣，民國57年嚴先生曾著《墨子知見書目》，58年元月，台灣學生書局出版。本文所引各家鉅著，於該書目中均可一一勘驗，特此附及。
〔註21〕　孫氏〈重定閒詁序〉曰：「此書甫成已有旋覺其誤者，則其不自覺而待補正於後人，殆必有倍蓰於是者，其敢侈然以自足邪。」

漢、晉以降，墨學幾絕，其書幸存，然治之者殊鮮。故脫誤尤不可校，而古字古言，轉多沿襲未改；非精究形聲通叚之原，無由通其讀也。仲容承畢、蘇、二王之後，廣蒐善本，〔註22〕並與同里友人黃中弢學士躬親讐勘，斯竟墨書定本之功。其成書之艱，用力之勤，具已如此。蓋其興廢舉絕，殆與魯勝《墨辯注》同功，而精博則不啻倍蓰，正見其表章學術之苦心。

## （二）孫氏治墨學之目的：在宣究義旨俾爲世用

墨學之特色，首重力行實踐，反對定命之觀念，〔註23〕藉神道設教，勵人爲善，篤人之行。〔註24〕設三表以立言則，〔註25〕以達、類、私而辨名實，〔註26〕故其思維法則，極近於現代科學之實驗精神。仲容洞悉斯理，確認墨經諸篇之閎義眇恉，有足與西學相發明者，故特歷舉所見以期後學擴充而講貫之。〔註27〕其宣究微言，俾爲世用之意，可不深遠乎哉！

## （三）孫氏治墨學之態度：在以墨書解墨書不加武斷

仲容治墨學，凡採人之長，均以是非定取舍，不以私臆害公理。〔註28〕至於以墨書解墨書，不加武斷，尤爲其治此學之一貫態度。《閒詁》中實例甚多，茲畧舉二例：

「是以甘井近竭，招木近伐」。（《墨子》卷一，〈親士〉第一）

　畢云：招與喬音相近，竭、伐爲韻。

　仲容案：畢說是也。〈經說下〉篇「橋衡」之「橋」亦作「招」，可
　證。

「使天下之爲善者，可而勸也」。（《墨子》卷二，〈尚賢下〉第十）

　畢云：高誘注《淮南子》云：「而，能也，古通。」陳壽祺說同。

---

〔註22〕仲容於畢本外，先後又獲見明吳寬本，顧千里校《道藏》本，日本寶曆間放刻
　　　　明茅坤本。又得張氏茗柯《經說解》校本，暨陽湖楊氏葆彝《經說校注》本。
〔註23〕《莊子‧天下篇》謂：「不侈於後世，不靡於萬物，不暉於數度，以繩墨自矯，
　　　　而備世之急，古之道術有在於是者，墨翟、禽滑釐聞其風而悅之。」
〔註24〕《墨子》有〈明鬼篇〉、〈天志篇〉。
〔註25〕見《墨子‧非命篇下》。
〔註26〕見〈墨經上〉與〈經說上〉。
〔註27〕仲容說見其《籀廎述林‧與梁卓如論墨子書》。
〔註28〕李笠敩《定本墨子閒詁校補》云：「孫徵君籀高纂輯羣言，折衷一是，爲《墨
　　　　子閒詁》十五卷……論學無私見，亦孫氏治墨之矩也。」

　　王云：可而猶可以也。下文曰：「上可而利天，中可而利鬼，下可而利民」，與此文同一例。

　　仲容案：王說是也。〔註29〕〈尚同下〉篇云：「尚用之天子，可以治天下矣；中用之諸侯，可而治其國矣；下用之家君，可而治其家矣。」上句作「可以」，下二句並作「可而」，可證。

　　首例畢云「招、喬音近」，明墨書「招」爲「喬」字之叚，說本可信。惟仲容以爲孤說無證，乃援〈經說下〉「橋衡」之「橋」亦作「招」爲說。次例「可而」連詞，王氏《雜志》以「可而」猶「可以」，並由墨書文例得到碻證。但仲容復舉〈尚同下〉之文，上句作「可以」，下二句作「可而」，句型辭例，兩相脗合，爲王說增一佐證。此仲容治墨書純由客觀之態度，不鑿空逞臆之事實也。

## 四、孫氏於墨書中所發掘之若干問題

　　墨書自來傳誦者少，注釋亦稀，故其闕文錯簡，無可諟正，古言古字，尤不可曉。仲容治墨學，於墨書中發掘甚多疑竇，諸如：墨子身世、墨學傳授、墨書眞僞、《墨子》篇目、儒墨學術上之異同，與夫闕文錯簡、古字古言、竄改舭繆等問題，如理亂絲，欲治彌棼。而仲容皆一一爲之覙摘發伏，整剔無遺，以下分別說明其內涵。

### （一）墨子身世問題

　　仲容《墨子後語》上曰：「墨氏之學亡於秦季，故墨子遺事在西漢時已莫得其詳。太史公述其父談論六家之恉，尊儒而宗道，墨蓋非其所憙。故《史記》攟采極博，於先秦諸子，自儒家外，老、莊、韓、呂、蘇、張、孫、吳之倫，皆論列言行爲傳；唯於墨子則僅於〈孟荀傳〉末附綴姓名，尚不能質定其時代，遑論行事？」綜此可知墨子之身世因其學術之消沈，而散軼不全。故歷來治墨學者，對墨子之姓氏、生地、生卒年代、平生事迹，紛紜揣測，莫衷一是。如：

　　墨子姓氏方面：墨子姓墨名翟，歷來無異辭。自元伊世珍之《瑯嬛記》，

---

〔註29〕王云、王說指王念孫《讀墨子雜志》所云。

始名墨子姓翟，其母夢日中赤烏入室生墨子，故以烏爲名。〔註30〕此說一出，炫奇之士，更變本加厲，〔註31〕致本無疑問之墨子姓氏，遂顯被學界所矚目矣。

　　墨子生地方面：墨子生地，傳說不一；有以爲宋人者，〔註32〕有以爲楚人者，〔註33〕有以爲齊人者，〔註34〕有以爲印度人者，〔註35〕又有以墨子爲阿拉伯回教徒者，〔註36〕或因蔽於一曲，或因誤釋《墨子》本文，要皆未得其正。論者雖有駁難，而墨子生地，勢爲治此學者研討之重要課題也。

　　墨子生卒年代方面：墨子生卒年代，在司馬子長時已不得其實，故布疑辭曰：「或並孔子時，或在其後。」清世汪容甫始爲稽核，〔註37〕近代梁啓超著《墨子學案》，中有〈墨子年代攷〉，對前人之說稍作修正，足徵墨子生卒年代，古說頗歧，〔註38〕而汪、梁二家，一據史實，一據人物，如行衢道，不易同歸。是以言墨子生卒者，莫不冀得一切理厭心之論也。

　　至於墨子平生事迹方面：古籍所載至略，僅憑玄測，難期無病。論者有以爲出身匠人者，〔註39〕有以爲類乎刑徒者，〔註40〕《呂覽》高注以爲其受業於史角之後，〔註41〕《淮南子》以爲其學儒者之業，受孔子之術。〔註42〕

〔註30〕前此孔稚圭〈北山移文〉，即有「淚翟子之悲」句，稱墨子爲翟子焉。
〔註31〕如近人江瑔《讀子巵言》，錢賓四《先秦諸子繫年》中有〈墨翟非姓墨，墨爲刑徒之稱攷〉。顧實之《漢書藝文志講疏》，陳柱之《墨學十論》，馮友蘭之《中國哲學史》，以及張純一之《墨子集解附錄》等，均有異說。
〔註32〕如葛洪《神仙傳》，《昭明文選・長笛賦》李注引《抱朴子》，《荀子・修身篇》楊倞注，以及《元和姓纂》。
〔註33〕如畢沅《墨子注・序》，武億《授堂文鈔・跋墨子》文。
〔註34〕如宋成堉於《大陸雜誌》十一卷八期，發表〈墨子爲齊國人考〉，又十六卷二期又載〈墨子爲齊國人續考〉。
〔註35〕衛聚賢於《認識週刊》二期，曾發表〈墨子老子是印度人的考證〉，胡懷琛氏曾附和其說。
〔註36〕此說出自全祖同〈墨子爲回教徒考〉一文，文爲衛聚賢收入《古史研究》第二集。
〔註37〕汪說見《述學內篇》三〈墨子序〉。
〔註38〕如《史記索隱》引劉向《別錄》，云：「在七十子之後」。班《志》自注：「在孔子後」，《後漢書・張衡傳》注引張衡〈論圖緯虛妄疏〉，云：「公輸班與墨翟並當子思時，出仲尼後」。葛洪《神仙傳》言：「墨子年八十二，入周狄山學道，漢武嘗使使往聘，不肯出。」可知古說極歧互。
〔註39〕見方授楚《墨學源流》第二章。
〔註40〕見錢賓四《先秦諸子繫年》卷二，〈墨翟非姓墨墨爲刑徒攷〉一文。
〔註41〕見《呂氏春秋・當染篇》高誘注。

此外如居魯、救宋、遊衛、至楚，以及晚見齊太王，越裂地以封子墨子，古今治墨學者，均有異說。則墨子身世之迷惘，如墜重霧矣。

## （二）墨學傳授問題

《呂覽·尊師》篇云：「孔、墨徒屬彌眾，弟子彌豐，充滿天下。」又〈當染篇〉云：「孔墨之後學，顯榮於天下者眾矣，不可勝數。」蓋墨學之昌，幾埒洙泗，斯亦盛矣！〈公輸篇〉墨子之說楚王曰：「臣之弟子禽滑釐等三百人……」《淮南子》亦謂：「墨子服役者百八十人，皆可使赴火蹈刃，死不旋踵。」《新語·思務篇》復稱：「墨子之門多勇士。」而荊楚吳起之亂，墨者鉅子孟勝以死為陽城君守，弟子死者百八十五人，似此則呂、劉所述，信不誣也。

至西漢儒興墨絕，墨子蒙世大詬，其徒屬名籍亦不能紀述，於是墨學之傳授問題生焉。諸如：

墨子弟子方面：墨子既無專傳，其弟子與後學，更無從詳舉其名籍，遑論人數與系次。清儒以來，學者雖鉤考辛勤，但墨學傳授統諸，仍難確定。〔註43〕竊惟彼等勤生薄死，以赴天下之急，而姓名澌滅，與草木同朽者，殆不知凡幾，嗚呼，悕已！

墨子弟子之名籍、人數、系次之難以考見，既如上述，而有所謂「別墨」者，〔註44〕其傳授統系，今尤不可考。值此墨學復興之際，於墨學傳授統諸之精究博稽，以達成扶微闡幽之絕業，可不勉旃！

## （三）墨書眞偽問題

仲容《墨子閒詁·序》曰：「〈經說〉上下篇，與莊周書所述惠施之論，及公孫龍書相出入，似原出《墨子》，而諸鉅子以其說綴益之。〈備城門〉以

---

〔註42〕見《淮南子·要畧訓》。

〔註43〕梁啓超《墨子學案附錄》一，云「以上傳授系次無攷。」至如弟子姓氏，以禽滑釐為例，《史記索隱》及成疏《莊子·天下篇》，均以「滑釐」為字，《呂覽·當染篇》作「禽滑黎」，〈尊師篇〉作「禽滑黎」，《列子·楊朱篇》作「禽滑釐」，《列子·釋文》及《漢書·古今人表》作「禽屈釐」，《漢書·儒林傳》作「禽滑氂」。

〔註44〕《韓非子·顯學篇》所謂「自墨子之死也……墨離為三。」《莊子·天下篇》有「……相謂別墨」之語，是否為墨家學派之稱，抑係後期墨者相稱之名，說甚不一。如鄧雲昭《墨經正文解·別墨考》，胡適之《中國哲學史大綱》第八篇〈別墨〉，梁啓超《墨經校釋》等多以為施龍輩確為別墨，其學說確從《墨經》衍出。而方授楚《墨學源流》第八章曾有駁辭。

下十餘篇，則又禽滑釐所受兵家之遺法，故墨學爲別傳。惟〈脩身〉、〈親士〉諸篇，誼正而文靡，校之它篇殊不類。〈所染〉篇又頗涉晚周之事，非墨子所得聞；疑皆後人以儒言緣飾之，非其本書也。」仲容以墨子不自著書，而復分其書爲四類。第一類即〈經說〉上下，原出《墨子》；後經諸鉅子所綴益。第二類〈備城門〉以下十餘篇，於墨學爲別傳。第三類〈脩身〉、〈親士〉諸篇，不類墨家言。第四類〈所染〉篇，爲儒言而雜入墨書者。今本《墨子》十五卷，五十三篇，既非墨子自著，又非一時所成，故視爲「墨學叢書」，最爲恰切。

古今辯墨書眞僞者甚多，析言之：有以墨子書中部分爲墨子自撰者，〔註45〕有言墨子爲僞書，或後人僞託而成者，〔註46〕有以爲墨子乃門人小子記錄所聞，非翟自著者，〔註47〕有言墨書中，雜有他家學說者，〔註48〕有稱墨書成書之時代者；〔註49〕墨書各篇之眞僞，經各家考辨，由於論者各是其是，致墨書眞僞問題，愈形複雜。故吾人欲追討墨學思想，於此尤不可不加之意也。

## （四）墨書篇目問題

仲容《墨子閒詁·敍》曰：「《漢志》墨子書七十一篇，今存者五十三篇。〈魯問〉篇墨子之語魏越云：『國家昏亂，則語之尙賢、尙同；國家貧，則語之節用、節葬；國家熹音湛湎，則語之非樂、非命；國家淫僻無禮，則語之尊天、事鬼；國家務奪侵凌，則語之兼愛、非攻。』今書雖殘缺，然自〈尙賢〉至〈非命〉三十篇，所論畧備，足以盡其悎要矣。」由《漢志·諸子畧·墨子》七十一篇之數，以今存五十三篇較之，亡佚十八篇；此十八篇究亡於何時乎？說亦不一。如畢沅《墨子注》云：

案舊本皆無目，《隋書·經籍志》云「《墨子》十五卷，《目》一卷。」馬總《意林》云「《墨子》十六卷。」則是古本有目也。考《漢書·藝文志》云「《墨子》七十一篇。」高誘注《呂氏春秋》云：「七十

---

〔註45〕 如《漢書·藝文志》、《隋書·經籍志》、晉魯勝《墨辯注·敍》、畢沅《墨子注·序》、孫星衍《墨子注·後序》、尹桐陽《墨子新釋》、梁啓超〈讀墨經餘記〉、張其鍠《墨經通解》。
〔註46〕 見張煊〈墨子經說新解〉、朱希祖〈墨子備城門以下二十篇係漢人僞書說〉。
〔註47〕 見《四庫提要》、王闓運《墨子校注》、胡適之《中國哲學史大綱》、梁啓超〈讀墨經餘記〉。
〔註48〕 如畢沅《墨子注·序》、王闓運《墨子校注》、張煊〈墨子經說新解〉。
〔註49〕 如馮友蘭《中國哲學史》。

二篇。」疑當時亦以目爲一篇耳。《道藏》本云「闕者八篇而有其目，〈節用〉下、〈節葬〉上中、〈明鬼〉上中、〈非樂〉中下、〈非儒〉上是也。」當是宋本如此。而《館閣書目》云「自〈親士〉至〈襍守〉爲六十一篇，亡九篇。」恐是八誨爲九，又七十一篇亡其九，當存六十二，而云六十一，亦二之誨也。其十篇者，《藏》本並無目，亦當是宋時亡之。然則宋時所存，實止五十三篇耳。然《詩正義》引〈備衝〉篇，則尚存其目，而不知列在第幾。《太平御覽》引有〈備衝法〉，正在此篇，則宋初尚多存與？南宋人所見十三篇之本，樂臺曾注之，即自〈親士〉至〈上同〉是耳。潛溪〈諸子辨〉云：「上卷七篇，號曰〈經〉，下卷六篇，號曰〈論〉，共十三篇。」又有可疑，夫《墨子》自有〈經〉上下，〈經說〉上下，在十三之後。此所謂〈經〉乃〈親士〉、〈修身〉、〈所染〉、〈法儀〉、〈七患〉、〈辭過〉、〈三辯〉七篇，與下〈尚賢〉、〈尚同〉各三篇，文例不異，似無經論之別，未知此說何據。以意求之，或以〈經〉上下、〈經說〉上下，及〈親士〉、〈修身〉六篇爲〈經〉，其說或近，以無子墨子云云故也。然古人亦未言之，至樂臺所注見鄭樵《通志・藝文畧》，而焦竑《國史經籍考》亦載之，似至明尚存，卒亦不傳何也。若錢曾云：藏會稽鈕氏世學樓本共十五卷七十一篇，內亡〈節用〉等九篇者，實即今五十三篇之本，內著闕字者八篇，錢不深核耳。

洪頤煊《讀書叢錄》云：

> 《墨子》今本十五卷，自〈親士〉至〈襍守〉，凡七十一篇，內闕有題八篇，無題十篇，據陳振孫《書錄解題》稱，《漢志》七十一篇，《館閣書目》有十五卷六十一篇者，多訛脫不相聯屬，是無題十篇，宋本已闕。有題八篇，闕文在宋本以後。

蔣伯潛《諸子通考・墨子考》云：

> 宋濂〈諸子辨〉曰：「《墨子》三卷，戰國宋大夫墨翟撰。上卷〈親士〉、〈脩身〉、〈所染〉、〈法儀〉、〈七患〉、〈辭過〉、〈三辯〉七篇，號曰〈經〉。中卷〈尚賢〉三篇，下卷〈尚同〉三篇，皆號曰〈論〉，共十三篇。」王、陳所見之別本，蓋即此本。又按：高誘《呂氏春秋》注云：「《墨子》七十二篇。」較《漢志》多一篇者，蓋併〈目〉計之也。宋《館閣書目》云「亡九篇。」七十一篇亡其九，當爲六

十二篇，而作六十一篇者，疑一字爲二字之誤也。《墨子》亦入《道藏》，《道藏》本云「亡八篇。」亦疑誤，《道藏》本列舉所亡八篇之目，其中〈非儒〉僅有上篇，今按自〈尚賢〉至〈非命〉，每篇各有上、中、下三篇，〈非儒〉列〈非命〉之次，疑亦有三篇；而亡其上篇、中篇，故疑亡八篇當作亡九篇。《道藏》本曰「亡八篇，并亡其目者十篇。」是七十一篇中，亡者共有十八篇也。即從宋《館閣書目》改作亡九篇，則〈非儒〉中篇不在「并亡其目」之十篇中。亡目者只有九篇矣。故總計亡佚之篇，仍爲十八。七十一篇，亡其十八篇，故存五十三篇。

羅根澤《墨子探源》云：

《漢志》，《墨子》七十一篇，今存五十三篇，亡八篇。〈節用〉下，〈節葬〉上中，〈明鬼〉上中，〈非樂〉中下，〈非儒〉上八篇，篇目尚存。孫詒讓據〈備城門〉篇所列攻具十二爲臨、鈞、衝、梯、堙、水、穴、突、空洞、蟻傅、轒轀、軒車，謂應有〈備鈞〉、〈備衝〉、〈備堙〉、〈備空洞〉、〈備轒轀〉、〈備軒車〉六篇。今案〈尚賢〉、〈尚同〉等十篇皆分上中下，惟〈非儒〉有上下無中，疑原有後佚。果爾，則十八篇中之篇目可考見者有十五篇，其餘三篇，無得詳矣。宋《中興館閣書目》稱一本自〈親士〉至〈尚同〉，凡十三篇。《通志·藝文署》、《直齋書錄解題》、《國史經籍改》，俱載三卷本。宋濂〈諸子辨〉云：《墨子》三卷，戰國時宋大夫墨翟撰。上卷七篇號曰〈經〉，中卷下卷六篇號曰〈論〉，共十三篇。是十三篇本即三卷本，以〈親士〉、〈修身〉、〈所染〉、〈法儀〉、〈七患〉、〈辭過〉、〈三辯〉七篇爲〈經〉，〈尚賢〉上中下、〈尚同〉上中下六篇爲〈論〉。黃震《日鈔》云：墨子之書凡二，其後以論稱者多衍復，其前以經稱者善文法。〔註50〕蓋亦指此而言。《通志》及《國史經籍改》俱云樂臺注，倘以樂臺注《墨》未終，僅成十三篇，遂傳爲別本與。錢曾《讀書敏求記》稱，藏有宏治己未舊鈔本，卷篇之數，恰與宋濂所言相合，今人吳毓江先生〈墨子舊本經眼錄〉猶有記載，惜余未得見焉。〈經〉、〈論〉之分，恐亦出樂臺，於古無徵，不足據也。

〈耕柱篇〉稱夏后開，蘇時學《墨子刊誤》云：「開即啓也，漢人避

〔註50〕《黃氏日鈔》，卷五十二，〈讀諸子·墨子〉。

諱而改之。」今人欒調甫先生作〈墨子書之傳本源流與篇什次第〉，據謂漢代「寫書之官，繕寫於帛。」故「墨子之有卷書實起于漢。」更以今書之有逸篇而無缺卷考之，其十八篇之亡，亦當在漢世。然孔穎達疏《詩·大雅·皇矣》引及〈備衝篇〉，則〈備衝篇〉唐初尚存。畢沅撰〈墨子篇目考〉，引舉馬總《意林》所引《墨子》，有原書闕而見《埤雅》引者三條，孫詒讓疑爲〈公輸篇〉後、〈兵法〉諸篇前之第五十一篇佚文，雖涉武斷，然《意林》所引，既軼出今本，則非據今本可知。畢、孫兩氏皆據《文選注》、《藝文類聚》、《太平御覽》諸書，輯《墨子佚文》，足徵宋人纂《御覽》時所見，亦較今本爲多。王應麟《玉海》稱「《書目》云，《墨子》十五卷，自〈親士〉至〈雜守〉，爲六十一篇。」注云：「亡九篇。」陳振孫《直齋書錄解題》亦云「《館閣書目》有十五卷六十一篇者，多訛脫相聯屬。」七十一減六十一，實亡十篇，王謂亡九篇，未悉何故。據此知宋人作《中興館閣書目》時止亡十篇，漢世當然未亡十八篇。然則十篇之亡，蓋當唐、宋之際，其餘八篇，則在南渡後也。

以上四氏於墨書之存亡篇目，經歷代史志與私家藏書之著錄，蒐討古本、別本、今本三者之歧異，然後得出闕佚之篇第，並攷證始闕之時代。其中固不免仍有參差待理之處，要墨書今本五十三篇流衍之眞像，已宛然如指諸掌矣。

## （五）儒墨異同問題

仲容《墨子閒詁·序》曰：「墨子之生蓋稍後於七十子，不得見孔子，然亦甚老壽。故前得與魯陽文子、公輸般相問答，而晚及見田齊太公和；又逮聞齊康公興樂，及楚吳起之亂。身丁戰國之初，感悕於獷暴淫侈之政，故其言諄復深切，務陳古以劌今。亦喜稱道《詩》、《書》及孔子所不修百國春秋。惟於禮則右夏左周，欲變文而反之質，樂則竟屛絶之，此其與儒家四術六蓻必不合者耳。至其接世，務爲和同，而自處絶難苦，持之太過，或流於偏激，而非儒尤爲乖盭。然周季道術分裂，諸子奔馳。荀卿爲齊、魯大師，而其書〈非十二子〉篇，於游、夏、孟子諸大賢，皆深相排笮。洙、泗齗齗，儒家已然。墨儒異方，跬武千里，其相非甯足異乎。綜覽厥書，釋其紕駮，甄其純實，可取者蓋十六七。其用心焉厚，勇於振世救敝，殆非韓、呂諸子之倫比也。莊周〈天下〉篇之論墨氏曰：『不侈於後世，不靡於萬物，不暉於數度，以繩墨自矯，而備世之

急。』又曰：『墨子眞天下之好也，將求之不得也，雖枯槁不舍也，才士也夫！』斯殆持平之論與。」墨子既不合於儒術，故古來排詰之者甚多，然亦有以爲儒、墨實同源而異流者也。此說如日人兒島獻吉郎《諸子百家考》：

> 論墨子之於儒者，同源而殊流者也。《淮南子‧主術訓》曰：「孔丘、墨翟修先聖之術，通六藝之論。」又〈要畧〉曰：「墨子學儒者之業，受孔子之術。」皆溯源而言者也。所謂先聖之術者，指堯、舜、禹、湯、文武之道。所謂六藝之道者，指《詩》、《書》、《易》、《春秋》、《禮》、《樂》六經。故其書中多稱二帝三王。〈所染篇〉稱舜、禹、湯、武之仁義，〈尚賢篇〉敘堯、舜、禹、湯、文、武之道，〈兼愛篇〉論禹、湯、文、武之兼愛，〈天志篇〉說堯、舜、禹、湯、文、武之能順天意與兼愛，〈魯問篇〉述禹、湯、文、武能自六百里而有天下，皆足證明其述先聖之術，與孔子祖述堯舜，憲章文武同。故韓非〈顯學篇〉曰：「孔子、墨子俱道堯舜，而取舍不同，皆自謂眞堯舜。」《隋書‧經籍志》曰：「墨者強本節用之術也，上述堯舜之道，夏禹之行。」然則二帝三王，乃彼所主述憲章者也。其中禹最爲墨子理想之人物。《莊子‧天下篇》，稱墨子之道曰：「昔者禹之湮洪水，決江河，而通四夷九州也。名川三百，支川三千，小者無數，禹親自操橐耜，而九雜天下之川，腓無胈，脛無毛，沐甚雨，櫛疾風，置萬國，禹大聖也，而形勞天下如此者」是也。彼以禹爲自己之理想人物，與孔子取禹之菲飲食、惡衣服、卑宮室，曰「禹吾無間然矣」者同。

> 六經爲先王聖人之經典，可視爲孔門三千人之教科書也。而《墨子》七十一篇中，引《詩》、《書》之語頗多。所引之《詩》，概取自孔子刪定之三百篇中。所引之《書》，亦取之孔子序次之百篇中。

更生案：兒島氏稱墨子引《詩》、《書》多從孔子刪訂之本，此說不甚確。國人羅根澤著〈由墨子引經推測儒墨兩家與經書之關係〉一文云：「其中引《詩》者十一則，校除重複一則，實十則。在此寥寥十則中，不見今本《詩經》者至有四則之多，其餘與今本次序不同者三則，字句不同者二則；大致從同者，止一則而已。引《書》者三十四則，校除重複五則，實二十九則。在此二十九則中，篇名文字俱不見今、古文《尚書》者，至有十四則之多；其餘篇名文字與《今文尚書》不同者一則；文字不見《今文尚書》者六則；引〈泰誓〉而不見

今本者二則，與今本有出入者二則（〈泰誓〉雖在今文，但傳出於河內女子，不得與伏生所傳並論），引《詩》、《書》不明而可附於《書》一則，亦不見於今、古文《尚書》。統上二十六則，非不見於今、古文《尚書》，即與今、古文《尚書》大異。與今、古文《尚書》雖字句有異同，而大體無殊者止有三則，而此三則又止在〈呂刑〉一篇。故概括言之，即謂墨子所引書，與今、古文《尚書》全殊，亦無不可也。古人引書，不沾沾於舊文，故字句每有改竄；然懸殊至此，則不能一委於引者所改竄也。」又方授楚《墨學源流》上卷第三章中述墨書第二組各篇，「乃弟子就墨氏語錄連綴成篇，亦有稱之為演講體者，其中語句或為當時方言俚語，今尚有可言者：（甲）引《詩》多散文化，（乙）引古書多改為當代語。」如依方氏之說，則墨子引《詩》、《書》之與今本《詩》、《書》文字不合，良有以也。但羅考墨書引《詩》不見今本《詩經》者有四則之多，引《書》不見於今、古文《尚書》者有十四則之多，故羅說仍不可易。兒島氏又云：

> 其於詩也，〈尚賢篇〉引〈大雅·桑柔〉篇；〈尚同〉篇引〈周頌·載見〉篇、〈小雅·皇皇者華〉篇；〈兼愛〉篇引〈小雅·大東〉篇、〈大雅·抑〉篇；〈天志〉篇兩引〈大雅·皇矣〉篇；〈明鬼〉篇引〈大雅·文王〉篇。其於《書》也，〈尚賢〉篇引〈湯誥〉及〈呂刑〉；〈尚同〉篇引〈呂刑〉及〈大禹謨〉；〈兼愛〉篇引〈泰誓〉、〈大禹謨〉、〈湯誥〉及〈洪範〉；〈天志〉篇引〈泰誓〉；〈明鬼〉篇引〈甘誓〉，〈非命〉篇三引〈仲虺之誥〉及〈泰誓〉，是也。

更生案：兒島氏謂墨子所引《詩》、《書》各篇，羅根澤〈由墨子引經推測儒墨兩家與經書之關係〉一文中均有駁正，因文長，於此不能一一備錄。兒島氏復云：

> 則《淮南子》稱墨子為「儒者之業，受孔子之術」，不亦宜乎？故韓愈之〈讀墨子〉，謂儒雖譏墨之上同、兼愛、上賢、明鬼，但孔子亦上同、兼愛、上賢、明鬼，辯者生於末學，孔墨不必相黜也。但當深慨世變與時弊之餘，墨子遂毀禮、非樂、非儒，而曰：「繁飾禮樂以淫人，久喪偽哀以謾親。」此其所以與孟、荀同源而殊流也。

近人張純一《墨子集解·附錄》，辨墨儒同異云：「大同無形，本同也。形而為有則異名。儒、墨兩家水火久矣，實無足異，蓋體道以致用者殊耳。」仍與兒島氏「同源殊流」之誼相合，惟其所列十二證，似博且辨。

（一）儒墨之所從出者，文質各異。蓋儒宗周禮，墨宗夏禮也。……雖

同一救世之心，而所趨之途則懸殊也。

（二）墨家立說，以天爲最高之標的，亦猶儒家之欽崇天道。顧墨子標示之天，賞善罰惡，顯有意志，殆始景教之上帝。……所異者，儒家惟游乎方之內，墨家則有游乎方外之精神，寓於方之內也。

（三）墨家重祭祀，務絜爲酒醴粢盛，以敬天事鬼。與孔子之「祭如在，祭神如神在」同，皆本歷史舊貫也。惟墨家著有〈明鬼〉之篇。……孔子則不語怪力亂神。……此又其異點也。

（四）喪葬之禮，儒墨甚不一致。墨子力主薄葬短喪，蓋本禹法也。……蓋儒重宗法之道德，墨務天下之富厚，所以異也。

（五）墨子非命，與子夏所謂「死生有命，富貴在天」之說，絕不相容。其振刷斯人之精神者至矣。……蓋於人生死之故，墨家所見，深於儒家也。

（六）墨子非樂，儒家則以禮樂爲治天下之要端，故荀子作〈樂論〉以敵之。此間墨主實利之普及，儒尚優美之感化，二家所見不同，而濟時之心一也。

（七）墨子主張，人己兩忘，直視「天下無人」。儒家惟教人汎愛而已。蓋墨本乎天，儒本乎人者異也。

（八）墨子力行兼愛故非攻，……孟子「善戰者服上刑」，實與墨子同一慈悲。然如墨子「取天之人，以攻天之邑，刺殺天民」云云，則兼之爲義，又孟子一間未達者。

（九）墨家節用，欲使天下無不富，且以限制在上者之屬民與儒家同。而其恐侈於性，尚質不尚文，極端反對美術，則與儒家異。

（十）墨子言修齊治平之道，與儒家同尚仁義。同說《詩》、《書》，同稱堯、舜，同非桀、紂，無異致也。惟儒家宗師仲尼，墨子不然。

（十一）儒家禮不往教，故公孟子曰：「君子共己以待，問焉則言，不問則止。」墨家則不憚勞，務「偏從人而說之」，是儒、墨二家施教之法異也。

（十二）政教不分，儒、墨皆同。然墨家有鉅子，又似政教已有分離之勢。儒仍舊貫，因君位世襲，有貴貴親親之義。墨主天子國君以及鄉里之長，皆由公選，又歧異也。

時人陳拱於民國五十六年著《儒墨平議》一書，專由兩家思想之本源，

並依其彼此對顯之方式，深究詳覈，冀澄清其在義理上之混淆；可謂於儒、墨學術異同問題之研究方面，別開新境。

## （六）闕文錯簡問題

仲容《墨子閒詁·序》曰：「漢、晉以降，其學幾絕，而書僅存，然治之者殊尠，故脫誤尤不可校。」俞蔭甫亦云：「傳誦既少，注釋亦稀；樂臺舊本，久絕流傳，闕文錯簡，無可校正。」〔註51〕王念孫亦曾云：「是書錯簡甚多，盧氏所已改者，唯〈辭過〉一條，其〈尚賢下〉篇，〈尚同中〉篇，〈非樂上〉篇，〈非命中〉篇，〈備城門〉、〈備穴〉二篇，皆有錯簡。自十餘字，至三百四十餘字不等，其他脫至數十字，誤字、衍字、顛倒字，及後人妄改者尚多。」以下就《墨子閒詁》中所考見者，畧示數例。

**闕文之例：**

「則必以爲有莫聞莫見則必以爲無」

　　仲容《閒詁》曰：舊脫「則必以爲有」以下九字，王據下文及〈非命〉篇補，今從之。（《墨子》卷八，〈明鬼下〉篇）

「鬼神之罰不可爲富貴眾強」

　　仲容《閒詁》曰：「爲」畢本作「恃」，云「舊脫此字，一本有。」王云：「『不可』下一字乃『爲』字，非『恃』字也。下文曰『此吾所謂鬼神之罰，不可爲富貴眾強、勇力強武、堅甲利兵者，此也』，文凡兩見，是其明證矣。上文曰『鬼神之明，不可爲幽閒廣澤、山林深谷，鬼神之明必見之』，與此文同一例。『不可爲富貴眾強』云云，猶孔子言仁不可爲眾也。其一本作『不可恃』，『恃』字乃後人以意補之，與上下文不合。」案：王說是也，今據補。（《墨子》卷八，〈明鬼下〉篇）

**錯簡之例：**

「而天下和庶民阜是以近者安之遠者歸之日月之所照舟車之所及雨露之所漸粒食之所養」

　　仲容《閒詁》曰：王云：「自『而天下和』至此，凡三十七字，舊本誤入下文『國家百姓之利』之下，今移置於此。」案：王校是也，

今依乙正。(《墨子》卷二,〈尚賢下〉篇)

「得此莫不勸譽且今天下之王公大人士君子中實將欲爲仁義求爲上士上欲中聖王之道,下欲中國家百姓之利」

> 仲容《閒詁》曰:王云:「自『得此莫不勸譽』至此,凡四十五字,舊本誤入上文『而天下和』之上,今移置於此。『得此莫不勸譽』,舊本脱『莫』字,今補。『求爲上士』,舊本脱『上』字,今據各篇補。」案:王校是也,今依乙補。(《墨子》卷二,〈尚賢下〉篇)

墨書闕文錯簡之例甚多,爲校讀者之最大障礙。前賢若畢秋帆、王念孫、俞蔭甫、蘇時學等,雖曾辛勤考訂,而其闕誤之待理者,仍如秋風落葉,邊掃邊生也。

## (七)古字古言問題

仲容《墨子閒詁·敍》曰:「古字古言,轉多沿襲未改,非精究形聲通叚之原,無由通其讀也。」又曰:「墨子書舊多古字,許君《說文》,舉其『羛繝』二文,今本並改易不見。」先秦諸子之譌舛不可讀,未有甚於此書者。茲就古字古言問題,畧示數例以明之。

### 古字之例:

「晉文染於舅犯高偃」

> 仲容《閒詁》曰:畢云:「《呂氏春秋》『高』作『卻』,疑當爲『郤』。晉有郤氏。」王云:「『高』當爲『章』,『章』即城郭之『郭』,形與『高』相近,因譌爲『高』。賈子〈過秦〉篇『據億丈之章』,今本『章』譌作『高』。《墨子》多古字,後人不識,故傳寫多誤耳。《左傳》晉大夫卜偃,〈晉語〉作『郭偃』,韋注曰:『郭偃,晉大夫卜偃也。』《商子·更法》篇、《韓子·南面》篇,並與〈晉語〉同。《呂氏春秋》作『郤偃』,『郤』即『郭』之譌,非郤氏之『郤』也。《太平御覽·治道部》一,引《呂氏春秋》正作『郭偃』。」梁玉繩云:「高與郭,聲之轉也。」俞云:「高亦可讀如郭,《詩·縣篇》毛傳曰:『王之郭門曰皋門』,郭偃之爲高偃,猶『郭門』之爲『皋門』也。」(《墨子》卷一,〈所染〉篇)

「以詬天侮鬼賊傲萬民」

> 仲容《閒詁》曰:王云:「『賤』亦當爲『賊』,『傲』當爲『殺』。《説

文》『教』字本作『敩』，『殺』字古文作『』，二形相似，『』誤爲『教』，又誤爲『敩』耳。《墨子》多古字，後人不識，故傳寫多誤。此說桀、紂、幽、厲之暴虐，故曰『詬天侮鬼，賊殺萬民』，非謂其賤傲萬民也。上文言堯、舜、禹、湯、文、武『尊天事鬼，愛利萬民』，愛利與賊殺亦相反。〈法儀〉篇曰『禹、湯、文、武兼愛天下之百姓，率以尊天事鬼，其利人多；桀、紂、幽、厲兼惡天下之百姓，率以詬天侮鬼，其賊人多。』故知『賤傲』爲『賊殺』之誤。〈魯問〉篇『賊敖百姓』，《太平御覽・兵部》七十七引『賊敖』作『賊殺』，是其明證也。」案：王說是也，今並據正。（《墨子》卷二，〈尚賢中〉篇）

墨書中古字特多，除上例外，他如其之作「亓」，〔註52〕諸字作「者」，〔註53〕作之作「乍」，〔註54〕晬之作「翠」，〔註55〕亟之作「苟」，〔註56〕域之作「或」，〔註57〕四之作「三」，〔註58〕柏之爲「掱」，〔註59〕等皆是。

至於古言，因墨子言多不辯，故說教常用口語。今人讀墨書，對此俚詞俗語，有不得其解者，即仲容所謂之古言也。茲依《閒詁》所載，示例如次。

## 古言之例：
「古者聖王唯毋得賢人而使之」

---

〔註52〕見〈非命上〉篇，仲容曰：「此書其字多作亓。」

〔註53〕見〈尚賢中〉篇，仲容曰：「者當爲諸之省也。」

〔註54〕見〈兼愛中〉篇，于省吾《諸子新證》云：「按古鉨作字作不从人，此可證墨書每存古字。」

〔註55〕見〈非儒下〉篇，畢云：「《廣雅》：睟，肥也。此古字。」王引之云：「古無晬字，故借翠爲之。」

〔註56〕見〈非儒下〉篇，仲容曰：「『苟』字不見經典，唯《爾雅》：『亟，速也。』《釋文》曰：『亟字又作苟，同居力反。』此《釋文》中僅見之字。《釋文》而外，則唯墨子書有之，亦古文之僅存者，良可貴也。」

〔註57〕見〈經下〉篇，仲容曰：「《說文・戈部》云：『或，邦也。或从土作域。』此即邦、域之正字，亦此書古字之一也。」

〔註58〕見〈耕柱〉篇，仲容引王說：「三足本作四足，此後人習聞鼎三足之說，而不知古鼎有四足者，遂以意改之也。」又案：「王說是也。此書多古字，舊本蓋作三足，故譌爲三。」

〔註59〕見〈備穴〉篇，仲容曰：「『掱』未詳，疑當爲『柏』。鐘鼎古文从台者，或兼从司省，今所見彝器款識〈公姐敦〉『始』字作『』，是其例也。此『掱』字亦當从木，《說文・木部》：『柏，耑耑也。』此疑叚爲『梓』字。……墨書多古文，此亦其一也。」

仲容《閒詁》曰：毋，畢本改「毌」，云：「毌讀如貫習之貫。」王云：「畢改非也。毋，語詞耳，本無意義。『唯毋得賢人而使之』者，唯得賢人而使之也。若讀毋爲貫習之貫，則文不成義矣。下篇云『今唯毋以尚賢爲政其國家百姓，使國之爲善者勸，爲暴者沮。』又曰『然昔吾所以貴堯、舜、禹、湯、文、武之道者，何故以哉？以其唯毋臨眾發政而治民，使天下之爲善者可而勸也，爲暴者可而沮也。』〈尚同〉中篇曰『上唯毋立而爲政乎國家，爲民正長，曰人可賞吾將賞之。若苟上下不同義，上之所賞，則眾之所非。上唯毋立而爲政乎國家，爲民正長，曰人可罰吾將罰之。若苟上下不同義，上之所罰，則眾之所譽。』下篇曰『故唯毋以聖王爲聰耳明目與？豈能一視而通見千里之外哉，一聽而通聞千里之外哉。』……以上諸篇其字或作『毋』，或作『無』，皆是語詞，非有實義也……。」案：王說是也。（《墨子》卷二，〈尚賢中〉篇）

「周公旦非其人也邪」

仲容《閒詁》曰：「非其人」疑當作「其非人」。人與仁字通。言周公不足爲仁，卻指下「舍其家室」而言。《三國志·魏志》裴松之注及《長短經·懼誡》篇亦引《尸子》云「昔周公反政，孔子非之曰：周公其不聖乎？以天下讓，不爲兆民也。」非仁與不聖之論畧同，蓋戰國時流傳有是語。」（《墨子》卷九，〈非儒下〉篇）

墨書除古字古言之外，叚借字亦最多。如胡作「故」，[註60] 降作「隆」，[註61] 誠作「情」又作「請」。[註62] 拂作「費」，[註63] 知作「智」，[註64] 志作「之」，[註65] 宇作「野」，[註66] 他作「也」，[註67] 睎作「欣」，[註68]

[註60] 〈尚賢中〉篇：「故不察尚賢爲政之本也。」故與胡同。
[註61] 〈尚賢中〉篇：「稷隆播種。」〈非攻下〉篇：「天命融隆火于夏之城。」隆字並與降同。
[註62] 〈尚同下〉篇：「今天下王公大人士君子中情將欲爲仁義，求爲上士。」〈節葬下〉篇：「今天下之士君子中請將欲爲仁義，求爲上士。」情、請並與誠同。書中凡誠作「情」作「請」者皆類此。
[註63] 〈兼愛下〉篇：「即此言行費也。」下文費作「拂」。
[註64] 〈節葬下〉篇：「智不智。」下智字與「知」同。
[註65] 〈天志中〉篇：「子墨子之有天之。」下之字與「志」同，天之即「天志」，本篇之名也。
[註66] 〈非樂上〉篇：「臺厚榭，遼野之居。」野與「宇」同。
[註67] 〈小取〉篇：「辟也者，舉也物而以明之也。」也物即「他物」，後凡他作「也」

管作「關」，〔註69〕悖作「費」，〔註70〕從作「松」，〔註71〕於此皆足見古字之借，古音之通，他書所罕有也。至於韻語之多，亦爲墨書之一大特色。茲就〈親士〉篇爲例，如：

　　「近臣則暗，遠臣則唫，怨結於民心。」〔註72〕

　　「諂諛在側，善議障塞。」〔註73〕

　　「是以甘井近竭，招木近伐。」〔註74〕

　　「靈龜近灼，神蛇近暴。」〔註75〕

墨書古字、古言、叚借、韵語既多，非精究形聲通叚之原，實無由通其讀也。故仲容覃思十年，商榷至再，足徵其凌襍疑滯及脫誤而不可曉者之眾也。

## （八）竄改貤謬問題

墨書既多古字古言，人不可盡識其體，亦無能悉會其誼；加以誦習者稀，故其經人譌亂迻竄，自漢以來，殆已不免。仲容《墨子閒詁·序》曰：「書雖僅存，然治之者殊尠，故挩誤尤不可校。」又曰：「其爲後人竄定者，殆不知凡幾。蓋先秦諸子之譌舛不可讀，未有甚於此書者。」然則墨書之譌舛究何如乎？仲容著《閒詁》，綜理各家，凡所發正，數十百事，歸而納之，條列如次。

## （1）衍　文

「子墨子言見染絲者而嘆曰」

　　仲容《閒詁》曰：「言」字疑衍。（《墨子》卷一，〈所染〉篇）

「刑罰深則國亂」

　　仲容《閒詁》曰：《治要》「國」上衍「固」字。（《墨子》卷一，〈辭過〉篇）

---

　　　者，放此。他本字作「佗」。

〔註68〕〈耕柱〉篇：「譬若築牆然，能築者築，能實壤者實壤，能欣者欣。」欣與「睎」同。

〔註69〕〈耕柱〉篇：「古者周公旦非關叔。」〈公孟〉篇：「關叔爲天下之暴人。」關並與「管」同。

〔註70〕〈魯問〉篇：「豈不費哉。」上文費作「悖」。

〔註71〕〈號令〉篇：「松上不隨下。」松與「從」同。

〔註72〕蘇氏《刊誤》云：「暗、唫、心爲韵。」

〔註73〕蘇氏《刊誤》云：「側塞爲韵。」

〔註74〕畢氏《墨子注》云：「竭伐爲韵。」

〔註75〕畢氏《墨子注》云：「灼暴爲韵。」

「無乃非有血氣者之所不能至邪」

　　仲容《閒詁》引俞說：「非」字衍文。（《墨子》卷一，〈三辯〉篇）

## （2）涉上文而衍

「故君子莫若欲爲惠君忠臣慈父孝子友兄悌弟」

　　仲容《閒詁》引王說：「若」上不當有「莫」字，蓋涉上文「莫若」
　　而衍。（《墨子》卷四，〈兼愛下〉篇）

「剝振神之位傾覆社稷攘殺其犧牲」

　　仲容《閒詁》引王說：……以下皆以四字爲句，今本作「剝振神之
　　位」，「之」字涉上文「取天之人，攻天之邑」而衍。「攘殺其犧牲」，
　　「其」字亦涉上文「攘殺其牲牷」而衍。（《墨子》卷五，〈非攻下〉
　　篇）

「殺一人以存天下，非殺一人以利天下也」

　　仲容《閒詁》曰：此對下「是殺己以利天下」爲文，當作「非殺人
　　以利天下也」，「一」字涉上而衍。（《墨子》卷十一，〈大取〉篇）

## （3）涉下文而衍

「是以民樂而利之法令不急而行」

　　仲容《閒詁》曰：令，《治要》作「禁」，「法」上舊本有「故」字。
　　王云：「上『故』字，涉下『故』字而衍，《羣書治要》無。」（《墨
　　子》卷一，〈七患〉篇）

「國無有旦暮以爲教誨乎天下」

　　仲容《閒詁》引王說：此文本作「旦暮以爲教誨乎天下」，今本「天
　　下」下有「之」字者，涉下句「天下之眾」而衍。（《墨子》卷八，〈明
　　鬼下〉篇）

「若以爲不然」

　　仲容《閒詁》引王說：此五字隔斷上下文義，蓋涉下文「若以爲不
　　然」而衍。（《墨子》卷八，〈明鬼下〉篇）

## （4）既誤且衍

「師不眾率不利和」

　　仲容《閒詁》引俞說：率讀爲「將率」之「率」，「利」即「和」字
　　之誤而衍者。（《墨子》卷五，〈非攻下〉篇）

「細計厚葬爲多埋賦之財者也」

　　　　仲容《閒詁》引蘇說：「之」字衍。又俞云：「細」字無義，蓋即上
　　　　句「維」字之誤而衍者。（《墨子》卷六，〈節葬下〉篇）

「不顧其國家百姓之政。繁爲無用，暴逆百姓，使下不親其上，是故國爲虛
厲，身在刑僇之中」

　　　　仲容《閒詁》曰：自「不顧其國家」以下至此，凡三十五字，舊本
　　　　誤入上文「必不能曰」之上，王移置於此。舊本「不顧」上又衍「一」
　　　　字，王據下篇刪。（《墨子》卷九，〈非命中〉篇）

## （5）誤　字

「行理性於染當」

　　　　仲容《閒詁》引畢說：「性」當爲「生」，一本作「在」，誤。（《墨子》
　　　　卷一，〈所染〉篇）

「此其離凶餓甚矣」

　　　　仲容《閒詁》曰：「凶餓」當作「凶饑」，即冢上三穀四穀不收而言，
　　　　下云「不可以待凶饑」，又云「民見凶饑則亡」，皆其證也。此涉下
　　　　「凍餓」而誤。（《墨子》卷一，〈七患〉篇）

「故倉無備粟不可以待凶饑」

　　　　仲容《閒詁》曰：「倉」舊本譌「食」。俞云：「『食』乃『倉』之誤，
　　　　『倉無備粟』與下句『庫無備兵』文正相對，若作『食』字，失其
　　　　旨矣。」……案：俞校是也，今據正。（同上）

## （6）篆文形似而誤

「女何擇言人」

　　　　仲容《閒詁》引王引之說：「言」當爲「否」，篆文「否」字作「否」，
　　　　「言」字作「言」，二形相似。隸書「否」字或作「吾」，言字或作
　　　　「否」，亦相似，故「否」誤爲「言」。（《墨子》卷二，〈尚賢下〉篇）

「且不惟誓命與湯說爲然」

　　　　仲容《閒詁》曰：「誓命」依上文當作「禹誓」，《漢書·藝文志》禹
　　　　作「命」，顏注云：「古禹字，此書多古字，蓋亦作「命」，與命相似
　　　　而譌。」（《墨子》卷四，〈兼愛下〉篇）

「卿制大極」

仲容《閒詁》曰：疑當爲「鄉制四極」。「鄉」與「卿」形近，「四」篆文作「」，與大篆文亦近，故互譌。(《墨子》卷五，〈非攻下〉篇)

**(7) 隸書相似而誤**

「則必得而序利焉」

仲容《閒詁》引王引之說：「序利」當爲「厚利」，隸書「厚」字或作「庢」，見漢〈荊州刺史度尚碑〉，又作「廜」，見〈三公山碑〉，形與「序」相似而誤。(《墨子》卷五，〈非攻下〉篇)

「於是利爲舟楫」

仲容《閒詁》引王說：「利」字義不可通，「利」當爲「制」，隸書「制」字或作「剁」，與「利」相似而誤。(《墨子》卷六，〈節用中〉篇)

「存乎匹夫賤人死者」

仲容《閒詁》曰：「匹」舊本譌作「正」。畢云：「正同『征』。」王云：「畢說非也。『正』當爲『匹』。《白虎通義》曰『庶人稱匹夫。』上文王公大人爲一類，此文匹夫賤人爲一類，無取於征夫也。隸書『匹』字或作『疋』，與『正』相似而誤。」(《墨子》卷六，〈節葬下〉篇)

**(8) 艸書相似而誤**

「今也天下之士君子，皆欲富貴而惡貧賤」

仲容《閒詁》曰：「之」舊本譌「言」，王云：「『言』當爲『之』，『天下之士君子皆欲富貴而惡貧賤』又見下文，草書『言』與『之』相似，故『之』譌爲『言』。」案：王說是也。今據正。(《墨子》卷二，〈尚賢下〉篇)

「沮以爲善垂其股肱之力」

仲容《閒詁》曰：「垂」義不可通，字當作「舍」。艸書二字形近而誤。(《墨子》卷二，〈尚賢下〉篇)

「素服三絶」

仲容《閒詁》曰：「三絶」無義，疑當作「玄純」。「玄」與「三」，「純」與「絶」，艸書並相近，因而致誤。(《墨子》卷八，〈明鬼下〉篇)

**(9) 楷書相似而誤**

「以遠至乎鄉里之長」

仲容《閒詁》曰：「遠」當爲「逮」，形近而誤。（《墨子》卷三，〈尚同中〉篇）

「然胡不賞使家君試用」

仲容《閒詁》曰：王云：「『賞』字義不可通，『賞』當爲『嘗』，嘗、賞字相似，又涉上下文『賞罰』而誤。」（《墨子》卷，〈尚同下〉篇）

「若予既率爾羣對諸羣以征有苗」

仲容《閒詁》曰：畢云：「孔《書》作『肆予以爾眾士奉辭伐罪』，羣猶眾。」惠棟云：「羣猶君也。《周書》『太子晉云：侯能成羣謂之君。』〈堯典〉言『羣后』。」蘇云：「『羣』字疑誤，或爲『辟』。辟，君也。」案：惠説近是。此「羣對諸羣」，當讀爲羣封諸君。封與邦古音近通用，「封」、「對」形近而誤。羣封諸君，言眾邦國諸君也。（《墨子》卷四，〈兼愛下〉篇）

## （10）古篆文相似而誤

「是以甘井近竭招木近伐靈龜近灼神蛇近暴」

仲容《閒詁》引俞云：四「近」字皆「先」字之誤。上文曰「今有五錐，此其銛，銛者必先挫；有五刀，此其錯，錯者必先靡。」然則「甘井」四喻正承上文而言，亦必是「先」字明矣。「先」篆書作「先」，「近」字古文作「斤」，篆書作「𫟒」，兩形相似而誤。（《墨子》卷一，〈親士〉篇）

「有神人面鳥身若瑾以侍」

仲容《閒詁》曰：「若瑾以侍」，義不可通。「若瑾」疑「奉珪」之誤。「若」，鐘鼎古文作「𦰩」，「奉」篆文作「𡤥」，二形相似，珪、瑾亦形之誤。（《墨子》卷五，〈非攻下〉篇）

「迎妻妻之奉祭祀」

仲容《閒詁》曰：吳鈔本「妻」不重，疑當作「迎妻與之奉祭祀」。《説文・舁部》：「與，古文作𢍐」，與妻篆文形近，又涉上而誤。（《墨子》卷九，〈非儒下〉篇）

## （11）俗書相似而誤

「鸛鳴十夕餘」

仲容《閒詁》曰：鸛，舊本作「鸕」。盧云：「『鸕』字未詳，若作『鸛』，

與「鶴」同。」案：盧說是也。《道藏》本、季本並作「鸛」，今據改。「鶴」字，唐〈姚元景造像記〉作「鸛」，〈楚金禪師碑〉作「鸛」，並俗書譌變。（《墨子》卷五，〈非攻下〉篇）

## 「強乎紡績織絍多治麻統葛緒」

仲容《閒詁》引王說：統，當為「絲」，〈非樂篇〉作「多治麻絲葛緒」，是其證。墨子書言「麻絲」者多矣，未有作「麻統」者。且麻、絲為古今之通稱，若統為絲曼延，則不得與麻並舉矣。蓋俗書「緂」字作「綵」，與「絲」相似，故「絲」譌為「統」，非《說文》之「緂」字也。（《墨子》卷九，〈非命下〉篇）

## 「須臾劉三寸之木」

仲容《閒詁》引王說：「劉」當為「剄」。《集韵》「斲或作剄。」《廣雅》曰「剄，斫也。」今本《廣雅》譌作「斷」。俗書「斷」字作「斷」，故「剄」字亦作「劉」。形與「劉」相似，因譌為「劉」。（《墨子》卷十三，〈魯問〉篇）

## （12）誤　倒

## 「已非其有所取之故」

仲容《閒詁》曰：此有誤，疑當云「以非其所有取之故」，「已」、「以」同，「所」、「有」一字誤倒，遂不可通。（《墨子》卷七，〈天志下〉篇）

## 「謹罪非其分職而擅取之」

仲容《閒詁》曰：「取之」舊本誤倒，王引之云：「『擅之取』當為『擅取之』，與『擅治』為之對文，今『取』、『之』二字倒轉，則文不成義。（《墨子》卷十五，〈號令〉篇）

## 「皆為平直其賈與主券人書之」

仲容《閒詁》曰：「舊本「券」、「人」二字到。王引之云：「『主人券』當作『主券人』，謂與主券之人使書其價也。……今本『券』、『人』二字誤倒，則義不可通。（《墨子》卷十五，〈號令〉篇）

## （13）音近致誤

## 「不識於兼之有是乎於別之有是乎」

仲容《閒詁》引戴說：「有」字皆「友」之聲誤。（《墨子》卷四，〈兼

愛下〉篇）

「子墨子曰然乎不已乎」

　　　　仲容《閒詁》曰：畢云：《太平御覽》引作「胡不已乎」。詒讓案：
　　　　上「乎」字蓋即「胡」之誤，二字音相近。（《墨子》卷十三，〈公輸〉
　　　　篇）

「五築有鏔」

　　　　仲容《閒詁》曰：「鏔」疑當作「銕」。「銕」即「夷」也，與古文鐵
　　　　字不同。《書・堯典》「宅嵎夷」，《史記》、《說文》並作「銕」，《國
　　　　語・齊語》云「惡金以鑄鉏夷斤欘」，韋注云：「夷，平也。所以削
　　　　平草地。」《管子・小匡篇》云「惡金以鑄斤斧鉏夷鋸欘。」尹知章
　　　　注云：「鏔，鏶鏔也。」案：「鏶」作「鏔」者，形聲相近而誤。（《墨
　　　　子》卷十四，〈備城門〉篇）

## （14）後人傳寫致誤

「不坏不崩若日之光若月之明與天地同常」

　　　　仲容《閒詁》引俞說：此文疑有錯誤，當云「聖人之德，昭於天下，
　　　　若天之高，若地之普，若山之承，不坏不崩，若日之光，若月之明，
　　　　與天地同常。」蓋首四句下、普隔句爲韵，中二句承、崩，末三句
　　　　光、明、常皆每句協韵。「昭於天下」句傳寫脫去，而誤補於「若地
　　　　之普」下，則首二句無韵矣。又增「其有也」三虛字，則非頌體矣。
　　　　既云「若地之普」，又云「若地之固」，重複無義，故知其錯誤也。（《墨
　　　　子》卷二，〈尚賢中〉篇）

「不若二目之視也一耳之聽也不若二耳之聽也」

　　　　仲容《閒詁》曰：以下二句文例校之，疑「二目之視」，視當作「覩」；
　　　　「二耳之聽」，聽當作「聰」；今本皆傳寫捝之。（《墨子》卷三，〈尚
　　　　同下〉篇）

「北降幽都」

　　　　仲容《閒詁》引王說：「降」字義不可通，降當爲「際」。《爾雅》「際，
　　　　接捷也。」郭注曰：「捷，謂相接續也。」「際」、「降」字形相似，
　　　　故傳寫易譌。（《墨子》卷六，〈節用中〉篇）

「土地之深」

　　　　仲容《閒詁》引王說：「土地」二字，文義不明。「土地」當爲「掘

地」，寫者脫其右半耳。下文曰「掘地之深，下無菹漏，氣無發洩於上。」〈節用〉篇曰「掘穴深，不通於泉。」皆其證。（《墨子》卷六，〈節葬下〉篇）

## （15）後人不曉文義妄加妄乙致誤

「生列兕虎」

仲容《閒詁》曰：生列，舊本作「主別」。畢云：「主別，《太平御覽》引作『生捕』。」王云：「『主別兕虎』，本作『生列兕虎』，『列』即今『裂』字也。《說文》『列，分解也』，『裂，繒餘也』，義各不同。〈艮〉九三『列其夤』，《大戴記·曾子天圓》篇『割列襀瘘』，《管子·五輔》篇『博帶梨，大袂列』，皆是古分列字。今分列字皆作『裂』，而『列』但爲行列字矣。鈔本《太平御覽·皇王部》七引《墨子》作『生裂兕虎』，故知今本『主別』爲『生列』之譌。刻本作『生捕』者，淺人以意改之耳。」案：王說是也，今據正。（《墨子》卷八，〈明鬼下〉篇）

「其說將必與賤人不與君子」

仲容《閒詁》引王說：此本作「必將與賤人與君子」，下文「與君子聽之，與賤人聽之。」即承此文而言。今本作「不與君子」，「不」字乃後人不曉文義而妄加之。（《墨子》卷八，〈非樂上〉篇）

「孰爲大人之聽治而廢國家之從事曰樂也」

仲容《閒詁》引俞說：「而廢」二字當在「大人」之上，「國家」二字當作「賤人」，後人不達文義而而誤改也。（《墨子》卷八，〈非樂上〉篇）

## （16）校者意見或舊注誤入正文

「用受夏之大命夏德大亂予既卒其命於天矣往而誅之必使汝堪之」

仲容《閒詁》曰：案：「夏德大亂」以下四句，文義與下文重複，疑校書者附記異同，遂與正文混淆。《文選·辯命論》、〈褚淵碑文〉注兩引，亦無此數語。（《墨子》卷五，〈非攻下〉篇）

「藉車夫長三尺四二三在上」

仲容《閒詁》曰：當作「四之三在上」，此二句即釋上「夫四分之三在上」之義，疑舊注之錯入正文者。（《墨子》卷四，〈備城門〉篇）

「壯者有挈弱者有挈皆稱六任凡挈輕重所爲吏人各得六任」

　　　仲容《閒詁》曰：蘇校「吏」作「使」是也。「吏」、「使」古字亦通，
　　　此釋皆稱其任句義，疑亦舊注錯入正文。（《墨子》卷十四，〈備城門〉
　　　篇）

## （17）因避諱改字

「故國貧而民難治也」

　　　仲容《閒詁》曰：《長短經》「治」作「理」，蓋避唐諱改。（《墨子》
　　　卷一，〈辭過〉篇）

「實不可以富貧眾寡安危理亂乎」

　　　仲容《閒詁》曰：「理」前作「治」。詒讓案：唐人避諱改。

「昔者夏后開」

　　　仲容《閒詁》曰：畢云：「『昔者』，《藝文類聚》引作『若』，《後漢
　　　書》注引云：『開，治。』詒讓案：「治」字不當有，〈崔駰傳〉注蓋
　　　誤衍。蘇云：「開，即啓也。漢人避諱而改之。」（《墨子》卷十一，
　　　〈耕柱〉篇）

## （18）後人誤讀誤識而致誤

「與不至鍾之至不異」

　　　仲容《閒詁》曰：「鍾」當爲「千里」二字，「之至」當作「之不至」。
　　　今本「千里」二字誤合爲重字，校者又益金爲「鍾」，遂不可通。《續
　　　漢書・五行志》童謠，以董字爲千里草，與此可互證。（《墨子》卷
　　　十一，〈大取〉篇）

「太誓之言也於去發」

　　　仲容《閒詁》引俞說：古人作書或合二字爲一，如〈石鼓文〉小魚
　　　作「𩵋」，〈散氏銅盤銘〉小子作「𡥀」是也。此文大子字，或合書
　　　作「𡗞」，其下闕壞，則似「去」字，因誤爲「去」耳。（《墨子》卷
　　　九，〈非命下〉篇）

「十日子路爲亨豚」

　　　仲容《閒詁》曰：「亨」，吳鈔本作「亨」。畢云：「《孔叢》、《太平御
　　　覽》引『亨』作『烹』，俗寫耳，『亨』即『烹』字。」王云：『爲』
　　　字後人所加，『亨』即今之『烹』字也，經典省作『亨』，後人誤讀

為燕享之『享』，故又加『為』字耳。(《墨子》卷九，〈非儒下〉篇)

總上十八類外，別有所謂壞字者，〔註76〕校者附記，誤屬入正文，又移著於前者，〔註77〕俗書形近又增益偏旁者，〔註78〕籀文相似而譌者，〔註79〕古文奇字形似而誤者，〔註80〕斯皆竄改貤謬之實例，足令治墨學者望而却步，更遑論其他。

近數十年來，墨學之研究，轉有復興之契機者，厥以仲容《墨子閒詁》之行世，始發蒙啓錮，使往士廢而不習之典，成今人展卷可誦之冊，吾人由其所發掘之十八類問題中，知先生均能由微至顯，因細即鉅，徵近代諸儒之說，而從善匡違，增補罅漏。正音聲之誤訛，糾篆隸之殊失，整紛理亂，批郤導窾，又豈僅為墨氏之功臣，尤為中國學術思想界綻開奇葩。

# 五、孫氏研究墨學之方法

夫墨氏之學既放失兩千年，尤以〈非儒〉、〈非樂〉之論，蒙世大詬，為人鄙棄而不屑置喙，是以研究者絕少。茲依前節所論仲容治墨學所發掘之問題觀之，書中古字古言之多，譌文錯句之眾，加以鉛槧疏失，校者擅乙，俗寫害真，篆體淆捏，諸難雜陳，讀者裹足。雖自鎮洋畢秋帆注《墨子》後，涂徑始闢，奧窔粗窺，但所遺問題仍指不勝屈，是以此又不能不待仲容先生理其紛而補其闕也。仲容治墨學之方法，在鎔段、王、俞各氏之長於一爐而冶之，並別其異同，獨抒己見。其對畢、王諸家舊注之評述曰：「畢、王諸家

〔註76〕　《墨子》卷一〈親士〉篇「內究其情」，仲容《閒詁》引俞說：「『內』當作『肭』，即『退』字也。『進不敗其志，退究其情』，正相對成文，所謂大行不加，窮居不損也。因『退』從或體作『肭』，又闕壞而作『內』。」

〔註77〕　《墨子》卷十〈經上〉『讀此書旁行，否無非。』仲容《閒詁》曰：「『否無非』，謂聖人以正道，有所非與無所非同。〈說〉云：『若聖人有非而不非』，即釋此經，可證。惟『讀此書旁行』五字，為後人校書者附記篇末，傳寫者誤屬入正文，又移著於『否無非』三字之上，而其義遂莫能通矣。」

〔註78〕　《墨子》卷十四〈備穴〉篇『皮及垃』，仲容《閒詁》曰：「疑當作『及瓦缶』，『缶』、『去』形近，俗書或增益偏旁作垃，又譌作『垃』，遂不可通。」

〔註79〕　《墨子》卷十四〈備穴〉篇『及以洰目』，仲容《閒詁》曰：「『洰』當為『洒』。《說文·水部》云：『洒，滌也。』〈西部〉籀文西作卤，故譌作『田』形。『洒目』即以救目也。」

〔註80〕　《墨子》卷十五〈號令〉篇：『男女老小先分守者人賜錢千』，仲容《閒詁》曰：「『先』當作『無』，《說文》『無』古文奇字作『旡』，與『先』相似，因而致誤。」

校訓畧備，然亦不無遺失；〈經說〉、〈兵法〉諸篇，文尤奧衍，淩襍檢攬，舊校疑滯殊眾。」其自述校訓本書之法曰：「謹依經誼字例爲之詮釋，至於訂補〈經說〉上下篇旁行句讀，正〈兵法〉諸篇之譌文錯簡，尤私所竊自喜以爲不謬者，輒就畢本更爲增定。」又曰：「今謹依《爾雅》、《說文》正其訓故，古文篆隸校其文字。」〔註81〕時黃紹箕跋《墨子閒詁》，於仲容治墨學之方法亦有所稱述，彼云：「先生援聲類以訂誤讀，宷文例以逆錯簡，推篆籀隸楷之遷變以刊正譌文，發故書雅記之晻昧以疏證軼事。」〔註82〕故參綜比勘，則仲容研究墨學之法，其例有六：即依《爾雅》、《說文》正其訓故，用古文篆隸校其文字，發故書雅記證其軼事，摭眾家之說擇善而從，援聲類同異訂其誤讀，審本書文例以逆錯簡。以下特輯《閒詁》之言，條別歸納，引說就例，以發仲容治《墨》之大凡也。

## （一）依《爾雅》、《說文》正其訓詁

「冬則練帛之中」

> 仲容《閒詁》曰：《說文‧系部》云「練，湅繒也。」「繒，帛也。」畢云：「中讀去聲。」案：畢說非也。中即中衣，凡上服以內之衣，通稱中衣。〈深衣〉鄭《目錄》云：「大夫以上，祭服中衣用素」，練帛即素也。《詩‧唐風‧揚之水》，孔穎達疏云：「中衣者，朝服、祭服之裏衣也，其制如深衣。」《儀禮‧聘禮》賈疏云：「凡服四時不同，假令冬有裘，襯身有禪衫，又有襦絝，襦絝之上有裘，裘上有裼衣，裼衣之上有上服，皮弁祭服之等。若夏以絺綌，絺綌之上則有中衣，中衣之上加以上服也。」案：裼衣亦通謂之中衣。冬或服裘，或服袍襺，皆有中衣。中，經典亦作「衷」。《說文‧衣部》云「衷，裏褻衣。」《穀梁》宣九年傳云「或衣其衣，或衷其襦」，范注云：「衷者，襦在裏也。」是對文衷爲裏衣，散文則通言衣，故〈節用中〉篇云「冬服紺緅之衣，足以爲輕且暖。」（《墨子》卷一，〈辭過〉篇）

「三后成功維假於民」

> 仲容《閒詁》曰：畢云：「假，一本作『叚』。《孔書》亦作『叚』。」

〔註81〕　以上所引見《墨子閒詁‧序》及〈後記〉。
〔註82〕　見黃紹箕《墨子閒詁‧跋》。

－281－

王鳴盛云：「疑隸變相似而誤。」詒讓案：《僞孔傳》云「各成其功，惟所以殷盛於民。言禮教備，衣食足。」此作「假」，蓋與「嘏」通。〈士冠禮〉釋文云「嘏，本或作『假』。」《爾雅・釋詁》云「嘏，大也。」《禮記・郊特牲》云「嘏，長也。」《說文・古部》云「嘏，大遠也。」「維嘏於民」，言其功施於民者大且遠，下文所謂「萬民被其利」也。王應麟《漢書藝文志攷證》引《墨子》亦作「假」，則宋本固如是。今本或作「殷」，乃據《孔書》改，非其舊也。（《墨子》卷二，〈尚賢中〉篇）

「是以先王之書術令之道曰唯口出好興戎」

仲容《閒詁》曰：蘇云「出《書・大禹謨》。」詒讓案：「術令」當是「說命」之叚字。《禮記・緇衣》云：「〈兌命〉曰：惟口起羞，惟甲冑起兵，惟衣裳在笥，惟干戈省厥躬」，鄭注云：「『兌』當爲『說』，謂殷高宗之臣傅說也。作書以命高宗，《尚書》篇名也。羞猶辱也，惟口起辱，當愼言語也。」案此文與彼引〈兌命〉辭義相類，「術」、「說」、「令」、「命」音並相近，必一書也。晉人作僞古文《書》不悟，乃以竄入〈大禹謨〉，疏繆殊甚。近人辯古文《書》者，亦皆不知其爲〈說命〉佚文，故爲表出之。《僞孔傳》云：「好謂賞善，戎謂伐惡。言口榮辱之主。」（《墨子》卷三，〈尚同中〉篇）

「舜西教乎七戎」

仲容《閒詁》曰：畢云：「《北堂書鈔》、《太平御覽》引俱作『犬戎』。」詒讓案：《爾雅・釋地》有七戎。《詩・蓼蕭》孔疏引李本《爾雅》云：「六戎在西方」。《周禮・職方氏》又云「五戎」。〈王制〉孔疏引李注云：「六戎：一曰僥夷，二曰戎夷，三曰老白，四曰耆羌，五曰鼻息，六曰天剛。」（《墨子》卷六，〈節葬下〉篇）

「袾子杖揖出與言曰」

仲容《閒詁》曰：《類篇・示部》引《廣雅》云「袾，詛也。」畢云：「『袾』，『祝』字異文。『袾子』即祝史也。《玉篇》云『袾，之俞切，呪詛也。又音注。』言神馮於祝子而言也。」蘇云：「下言『舉揖而槀之』，則『揖』宜从木爲『楫』。」俞云：「下文『袾子舉揖而槀之』，『揖』，未知何物，疑此文本作『袾子揖杖出』，下文本作『袾子舉杖而槀之』。《尚書大傳》『八十者杖於朝，見君揖杖』，鄭注曰：『揖，

挾也。』此『揖杖』之義也。因『揖杖』誤倒爲『杖揖』，後人遂改下文之『舉杖』爲『舉揖』以合之耳。舉杖而槀之，猶定二年《左傳》云『奪之杖以敲之』。槀即敲之叚音。」案：「祩」疑「禂」禂之異文。《說文・示部》云「禂，禱牲馬祭也。」《周禮・甸祝》「禂牲禂馬」，鄭注云：「禂讀如伏誅之誅，今『侏大』字也。」畢以「祩」爲「祝」異文，說無所據。上觀辜已是祝，則祩子不當復爲祝，竊疑當是巫，巫能接神，故厲神降於其身。謂之「祩子」，猶《楚辭》謂巫爲靈子也。蘇校謂「揖」當作「楫」，近是。《論衡・祀義》篇作「厲鬼杖楲而與之言」，又云「與楲而掊之」，「楲」即「楫」之俗。然《說文・木部》云「楫，舟櫂也」，於義無取。竊疑「楫」實當作「杸」，篆文形近而誤。《說文・殳部》云：「杸，軍中士所持殳也」，與殳音義同。《淮南子・齊俗訓》云「搢笏杖殳」，許慎注云「殳，木杖也。」但漢人引已作「楫」，未敢輒改。(《墨子》卷八，〈明鬼下〉篇)

「上帝山川鬼神必有幹主」

仲容《閒詁》曰：畢云：「『幹』當爲『榦』，此管字假音。」詒讓案：《後漢書・竇憲傳》李注云：「幹，主也。或曰古管字。」《漢書・食貨志》顏注云：「榦，讀爲管同，謂主領也。」漢隸「榦」、「幹」皆作「幹」。經典多通用。但此「幹」字似當讀如字。《說文・木部》云「榦，本也。」榦者，本榦，對枝言之也。《荀子・儒效篇》云「以枝代主而非越也」，楊注云：「枝，枝子。」若然，冢適謂之榦，支子謂之枝。榦主者，猶言宗主耳。(《墨子》卷九，〈非命上〉篇)

「儇秵柢」

仲容《閒詁》曰：吳鈔本作「祗」。畢云：「秵，〈經說上〉作『昫』。」詒讓案：當爲「環俱柢」，皆聲之誤。俱，〈說〉作「昫」，音亦相近。祗，〈說〉作「民」，當作「氐」，即「柢」之省。《爾雅・釋言》云「柢，本也。」《毛詩・節南山》傳云「氐，本。」是二字義同。凡物有耑則有本，環之爲物，旋轉無耑，若互相爲本，故曰俱柢。」(《墨子》卷十，〈經上〉篇)

「其類在譽石」

仲容《閒詁》曰：畢云：「疑『譽名』，言聖人有壽有不壽，其利天下同，則譽在也。」案：畢說未塙，疑當作「礜石」，《說文・石部》

云「礜，毒石也。」《山海經‧西山經》云「礜石可以毒鼠」，郭璞
注云：「今礜石殺鼠，蠶食之而肥。」此言礜石害鼠，而利於蠶，以
況或壽或卒之，利害不同也。（《墨子》卷十一，〈大取〉篇）

「評靈數千」

仲容《閒詁》曰：畢云：「《說文》云：『評，召也。』顧云：『靈，
令也。』戴云：『靈，令之叚字。』案：依畢、顧、戴說，則數千為
評令之人數，與上下文義竝不貫，殆非也。此「評靈」當為「呼虗」。
凡經典評召字多叚「呼」為之，二字互通。《周禮》大小鄭注、《漢書‧
高帝紀》應劭注，竝云「讙呼」，《文選‧蜀都賦》李注引鄭康成《易》
注云「坼呼」。《說文‧土部》云「墟，塸也。」呼即墟之叚字。墟本
訓塸，引申為墟隙。呼虗，謂間隙虗曠之地。此與上文竝即〈公輸篇〉
「荊國有餘於地而不足於民」之意。〈非攻中〉篇云「今萬乘之國，
虗數於千，不勝而入，廣衍數於萬，不勝而辟」，與此文義正同。「虗」、
「靈」俗書形近而誤。（《墨子》卷十一，〈耕柱〉篇）

「子墨子解帶為城以牒為械」

仲容《閒詁》曰：《史記索隱》云：「謂墨子為術，解身上革帶以為城
也。牒者，小木札也。械者，樓櫓等也。」畢本「牒」改作「褋」，
云：「舊作『牒』，《太平御覽‧兵部》引作『褋』，《北堂書鈔》作『襟』。
案作『褋』者是也。『褋』省為『褋』，《說文》云『南楚謂襌衣曰褋。』
《玉篇》云『褋，徒頰切，襌衣也，褋同。』又案陳孔璋〈為曹洪與
文帝書〉云『墨子之守，縈帶為垣，折箸為械』，則似以意改用之。」
王云：「襌衣不可以為械，畢改非也。《史記‧孟子荀卿傳‧集解》引
此正作『牒』，《索隱》曰：『牒者，小木札也。』《說文》『札，牒也。』
《廣雅》曰『牒，版也。』故可以為械。《後漢書‧張衡傳》注亦引
作『牒』。」洪頤煊說同。俞云：「畢據《太平御覽》改作『褋』，王
氏又以作『牒』為是。其實『牒』、『褋』皆叚字也，其本字當作『梜』。
『梜』與『牒』疊韵字，《玉篇‧久部》『渫，梜渫也。』〈虫部〉『蛺，
蛺蝶也』。『梜』之與『牒』，亦猶『决』之與『渫』，『蛺』之與『蝶』，
聲近而義通矣。《禮記‧曲禮》篇『羹之有菜者用梜』，鄭曰：『梜猶
箸也。』以梜為械者，以箸為械也。陳孔璋〈書〉曰『折箸為械』。」
案：俞說亦通。《世說》注引亦云：「墨子縈帶守之」，與陳琳文同。《神

仙傳》作「以幬爲械」，尤誤。(《墨子》卷十三，〈公輸〉篇)

例中孫氏雖不盡援《說文》、《爾雅》爲據，以說字釋義；但凡引《說文》、《爾雅》者，必以《說文》、《爾雅》爲主要論證。如釋「練帛之中」，引《說文·衣部》，以中即衷裏褻衣之衷。釋「維假於民」，引《說文·古部》，證假與嘏通；引《爾雅·釋詁》，以明假之本訓，可與《說文》相印證，然後知仲容訓故墨書之的當而不可易也。又畢、沅釋「七戎」，引《北堂書鈔》、《太平御覽》，疑「七戎」爲「犬戎」之訛，而仲容援《爾雅·釋地》及《毛詩》孔疏，知古確有七戎，並所處之方位，則畢氏原疑以爲訛者，至此轉知其有不考之失矣。「礜石」一詞，畢注《墨子》疑其爲「譽名」之誤；而仲容斥畢說未塙，並據《說文·石部》，確定「譽石」實「礜石」之譌，然後再以其通疏全句，又怡然理順，渙然冰釋。至於孫氏未引《說文》、《爾雅》以尋繹詞義者，重在考其史實或原文出處也，不然即廣蒐異說，從善匡違。如考「術令」即《書·說命》之佚文，魏、晉人作《僞古文尚書》，不知「術」爲「說」之叚字，「令」、「命」互通之理，遂摭其文，竄入〈大禹謨〉。於是原所以「先王之書，術令之道」，不得其解者，至此始知爲〈說命〉篇之佚文。牒者，小木札也，而雜引畢、王、俞三家之校釋，並各評其得失，說極中肯可信。故墨書之生難字詞，得仲容《閒詁》始洞然其本字本義，以及叚借引申之眞象。

## （二）用古文篆隸校其文字

「反天之意得天之罰者也大誓之道之」

> 仲容《閒詁》曰：「誓」，《道藏》本、吳鈔本竝作「明」。莊述祖云：「墨書引〈大誓〉，有〈去發〉，有〈大明〉。『去發』當爲『太子發』，爲〈大誓上〉篇。『大明』即《詩》所謂『會朝清明』也。《詩》、《書》皆曰〈大明〉。明武王之再受命，爲中篇。」案：此文〈非命〉上、中二篇，並作〈大誓〉，「明」塙爲譌字。蓋「誓」省爲「折」，「明」即隸古「折」字之譌。顏師古《匡謬正俗》引《書·湯誓》「誓」字作「㪿」，〈山井鼎〉、〈七經孟子考文〉，載古文〈甘誓〉「誓」字作「斳」。蓋皆「㪿」、「斳」二字傳寫譌舛，與「明」形畧相類。莊說不足據。(《墨子》卷七，〈天志中〉篇)

「業萬世子孫繼嗣毀之貴不之廢也」

> 仲容《閒詁》曰：「業萬世」，詳上篇。王云：「『貴』當爲『者』。隸

書『者』字或作「者」，見〈漢衛尉卿衡方邰陽令曹全碑〉，與『貴』
相似而誤。」（《墨子》卷七，〈天志下〉篇）

## 「農夫蚤出暮入耕稼樹藝多聚叔粟」

仲容《閒詁》曰：叔，舊本作「升」。王云：「『升』當爲『叔』，叔
與菽同。〈大雅・生民篇〉『蓺之荏菽』，〈檀弓〉『啜菽飲水』，《左氏
春秋》定元年『隕霜殺菽』，《釋文》並作『叔』。《管子・戒篇》『出
冬蔥與戎叔』，《莊子・列禦寇》篇『食以芻叔』，《漢書・昭帝紀》
『以叔粟當賦』，並與『菽』同。〈尚賢〉篇云『蚤出莫入，耕稼樹
藝，聚菽粟』，是其證也。草書『叔』、『升』二形相似。《晏子・諫》
篇『合升斗之微以滿倉廩』，《說苑・正諫》篇『升斗』作『菽粟』。
〈齊策〉『先生王斗』，《文選》任昉〈齊竟陵文宣王行狀〉注引作『王
叔』，《漢書・古今人表》作『王升』。《後漢書》周章字次叔，『叔』
或作『升』。《文選》左思〈魏都賦〉注引『張升〈反論〉』，陳琳〈答
東阿王牋〉注作『張叔〈及論〉』。昭七年《左傳正義》作『張叔〈皮
論〉』，皆以字形相似而誤。〈非命篇〉『多聚升粟』，誤與此同。（《墨
子》卷八，〈非樂上〉篇）

## 「舌而不可擔說在搏」

仲容《閒詁》曰：「擔」當作「搖」。《周禮・矢人》「夾而搖之」，《釋
文》云：「搖，本又作『搖』。」「搖」即搖之變體。漢隸凡从蚤之字，
或變从雩。《漢書・天文志》亦云：「元光中，天星盡搖。」「搖」與
「擔」形近而誤。《史記・建元以來王子侯表》「千鍾侯劉搖」，《漢
書・王子侯表》作「劉擔」，是其證。（《墨子》卷十，〈經下〉篇）

## 「義志以天下爲芬而能能利之不必用」

仲容《閒詁》曰：畢云：「此釋〈經上〉『義，利也』。言意以爲美，
而施之又忘其勞。」張云：「芬。美也。而能，才也。」俞云：「『志』
當作『者』，草書相似而誤。能能疊用無義，當作『而能利之，不能
必用』。下文『孝以親爲芬，而能能利親，不必得』，亦當作『而能
利親，不能必得』，誤與此同。」案：畢、張、俞說並非。此下「能」
字，當讀如《詩》、《書》「柔遠能邇」之「能」。《漢書・百官公卿表》
顏注云：「能，善也。」「能能利之」，言能善利之也。「志」字亦不
誤。惟「芬」義不可通，疑當爲「𦱤」之誤。「芬」篆文作「𮡧」，

與「苟」形近。「不必用」，言不必人之用其義也。（《墨子》卷十，〈經說上〉篇）

「劍尤早」

仲容《閒詁》曰：吳鈔本作「蚤」，此義未詳。以意求之，疑當作「劍戈甲」。「戈」、「尤」形近而譌。篆文早作「曽」，從「甲」，故「甲」譌作「早」。言劍戈以殺人求其死，甲以衛人求其生，故下云「死生」也。此與《孟子》矢函、《韓子》矛盾之喻，語意畧同。（《墨子》卷十，〈經說上〉篇）

「狗屍長三尺喪以弟」

仲容《閒詁》曰：案：當讀「喪以弟」句。「弟」當爲「茅」，「茅」、「弟」篆文形近，因而致誤。狗屍蓋以木爲之，而掩覆以茅，所以誤敵，使陷擠不得出也。（《墨子》卷十四，〈備城門〉篇）

「百步爲幽隤」

仲容《閒詁》曰：「隤」當爲「隫」之誤。《說文・阜部》云：「隫，通溝以防水者也。」與「竇」聲義並相近。凡從𦣞從肉字，隸變形近易譌，〈備蛾傳〉篇以「脾」爲「陴」，可與此互證。（《墨子》卷十四，〈備城門〉篇）

「遂以傅城後上先斷以爲沽程」

仲容《閒詁》曰：王云：「『沽』者，法」之誤。言敵人蛾附登城，後上者則斷之，以此爲法程也。《呂氏春秋・慎行》篇曰『後世以爲法程』，《說苑・至公》篇曰『犯國法程』，《漢書・賈誼傳》曰『後可以爲萬世法程』。篆書『去』字作『𠫓』，『缶』字作『𦈢』，二形相似。隸書『去』字作『去』，『缶』字作『缶』，亦相似，故從去從缶之字，傳寫多誤。」案：王說是也。「沽」即俗「法」字。〈隋鄧州舍利塔銘〉「法」作「沽」，與「沽」畧同。（《墨子》卷十四，〈備蛾傳〉篇）

「郭會舉四烽二藍城會舉五烽五藍」

仲容《閒詁》曰：王引之云：「『藍』字義不可通，蓋『鼓』字之誤。『鼓』字篆文作『𪔆』，上屮誤爲卝，中𠬝誤爲臥，下丷誤爲血，遂合而爲『藍』字。此文當云『望見寇，舉一烽一鼓；入境，舉二烽二鼓；射妻，舉三烽三鼓，郭會，舉四烽四鼓；城會，舉五烽五

鼓。』上文曰『烽火以舉,輒五鼓傳』,五與此『舉五烽五鼓』相應。《史記‧周本紀》『幽王爲烽燧大鼓,有寇至則舉烽火』,是有烽即有鼓也。今本『舉一烽』、『舉二烽』下,脫『一鼓二鼓』四字;舉『三烽三鼓』,『舉四烽四鼓』,『鼓』字既皆誤作『藍』,而上句『三』字又誤作『一』,下句『四』字誤作『二』,唯下文『舉五烽五藍』,『藍』字雖誤,而兩『五』字不誤,猶足見烽鼓相應之數。而自『一烽一鼓』以至『五烽五鼓』,皆可次第而正之矣。下文曰:『夜以火,如此數』,正謂如『五烽五鼓』之數,則『藍』爲『鼓』字之誤甚明。」案:王說以「藍」爲「鼓」,甚塙。惟依舊本,則前二烽皆無鼓,『三烽一鼓』,『四烽二鼓』,鼓數與烽亦不必盡相應。依王說,鼓數各如烽,則增改字太多,不知塙否?今未敢輕改。(《墨子》,卷十五,〈襍守〉篇)

仲容以古文篆隸校墨書,於本文前節(辛)竄改胇謬問題內(六)(七)(八)(九)(十)(十一)各目,以及該文結語中,迭加舉例闡明。誠以孫氏治古文大篆之學四十年,所見彝器款識逾二千種,﹝註83﹞故其校釋古籍往往運用鍾鼎文字,以尋繹其在古文篆籀隸草方面衍化譌誤之迹,然後再徵諸本書,揆之他說,彌縫其間,奄若合符。並且不以單辭定是非,亦不以孤證刪乙原書。以如此客觀之求眞態度,凡所考校,多堪採信。如「大明之道」,「明」即隸古「折」字之譌,而誓字作斳,斳、折形近,傳寫譌舛,並援顏師古《匡謬正俗》、〈山井鼎〉、〈七經孟子考文〉作旁證。至於考「舌而不可擔」,「擔」當作「撎」,「撎」即「搖」之變體;並引《漢書‧天文志》、《史記‧建元以來王子侯表》之同誤一字爲據,是皆信而有徵者也。仲容博採王引之說,證「四烽二藍」、「五烽五藍」,「藍」皆爲「鼔」之誤,說甚塙;惟依《墨子》舊本則前二烽皆無鼔,三烽一鼔,四烽二鼔,鼔數與烽亦不必盡相對應,如依王說鼔數各如烽,則改益之字太多,故仲容曰:「不知塙否,未敢輕改。」其是則從之,非則違之,決不擅加擅乙之態度,與時下所謂之「科學精神」,實遙相契合也。

## (三)發故書雅記證其軼事

「吳起之裂其事也」

---

﹝註83﹞ 二語見《契文舉例‧自序》。

仲容《閒詁》曰：《淮南子·繆稱訓》云「吳起刻削而車裂」，亦見
〈氾論訓〉及《韓詩外傳》一、《呂氏春秋·執一篇》高注。《史記》
本傳不云車裂，蓋文不具。畢云：「謂事功。」蘇云：「墨子嘗見楚
惠王，而吳起之死當悼王二十一年，上距惠王之卒已五十一年，疑
墨子不及見此事，此蓋門弟子之詞也。汪中説同。案〈魯問篇〉墨
子及見田齊太公和，和受命爲諸侯，當楚悼王十六年，距起之死僅
五年耳。況〈非樂上〉篇説「齊康公興樂萬」，康公之薨復在起死後
二年。然則此書雖多後人增益，而吳起之死非墨子所不及見，明矣。
（《墨子》卷一，〈親士〉篇）

「宋康染於唐鞅佃不禮」

仲容《閒詁》曰：宋王偃爲齊湣王所滅，謚康，見《國策·宋策》。
《呂氏春秋》作宋康王，《荀子·王霸篇》又作宋獻。佃不禮，《荀
子·解蔽篇》楊注引亦作田不禋。《漢書·古今人表》有田不禮，則
似據〈趙世家〉也。《呂氏春秋·淫辭篇》云「宋王謂其相唐鞅曰：
『寡人所殺戮者眾矣，而羣臣愈不畏，其故何也？』唐鞅對曰：『王
之所罪，盡不善者也，罪不善，善者故爲不畏。王欲羣臣之畏也，
不若無辨其善與不善，而時罪之，若此則羣臣畏矣。』居無幾何，
宋君殺唐鞅。」《荀子·解蔽》篇亦云「唐鞅蔽於欲權而逐戴子」，
又云「唐鞅戮於宋」，皆其事也。《史記·趙世家》載趙主父使田不
禮相太子章，後爲李兌所殺事，當宋康之末年，或即一人先仕宋而
後仕趙與？蘇云：「宋康之亡，當楚頃襄王十一年，上去楚惠王之卒
一百四十三年，此不獨與墨子時世不值，且與中山之亡相距止數年，
而皆在孟子之後。孟子言方千里者九，則中山未亡；言宋王行仁政，
則宋亦未亡。若此書爲墨子自著，則墨子時世更在孟子之後，不知
孟子之闢墨子，正在墨學方盛之時，其必不然也審矣。」（《墨子》
卷一，〈所染〉篇）

「故周書曰國無三年之食者國非其國也家無三年之食者子非其子也此之謂國
備」

仲容《閒詁》曰：畢云：「《周書》云『《夏箴》曰：小人無兼年之食，
遇天饑，妻子非其有也；大夫無兼年之食，遇天饑，臣妾輿馬非其
有也；國無兼年之食，遇天饑，百姓非其有也。』墨蓋夏教，故義

暑同。」案：畢據《周書‧文傳》篇文，此文亦本《夏箴》而與〈文傳〉小異。玫《穀梁》莊二十八年傳云「國無三年之畜，曰國非其國也」，與此文暑同。疑先秦所傳《夏箴》文本如是也。又《御覽》五百八十八引胡廣《百官箴敘》云「墨子著書稱《夏箴》之辭」，蓋即指此。若然，此書當亦稱《夏箴》，與《周書》同，而今本脫之。（《墨子》卷一，〈七患〉篇）

「陶河瀕漁雷澤」

仲容《閒詁》曰：《呂氏春秋‧慎人篇》云「陶於河濱」，高注云：「陶，作瓦器」。《史記‧五帝本紀》「瀕」亦作「濱」。畢云：「此古『濱』字，見《說文》。《史記集解》云：『皇甫謐曰：濟陰，定陶西南陶丘亭是也。』《正義》曰：『按於曹州濱河作瓦器也。《括地志》云：陶城在蒲州河東縣北三十里，即舜所都也，南去歷山不遠，或耕或陶，所在則可，何必定陶方得為陶也？舜之陶也，斯或一焉。』按：守節說本《水經注》，是也。雷澤則亦以山西永濟說為強也。」詒讓案：《水經‧濟水》注云「陶丘，《墨子》以為釜丘也。」今檢勘全書，無釜丘之文，疑古本此文或作「陶釜丘」矣。……案：今山西永濟縣南四十里雷首山下有澤，亦云舜所漁也。王云：「雷澤本作濩澤，此後人習聞舜漁雷澤之事，而以其所知改其所不知也。《漢書‧地理志》『河東郡濩澤縣』，應劭曰：『有濩澤在西北。』《穆天子傳》：『天子四日休于濩澤』，郭璞曰：『今平陽濩澤縣是也。濩音穫。』《水經‧沁水》注曰『濩澤水出濩澤城西白澗渠，東逕濩澤，墨子曰舜漁濩澤，又東逕濩澤縣故城南，蓋以澤氏縣也。』《初學記‧州郡部》正文出『舜澤』二字，注曰：『《墨子》曰舜漁于濩澤，在濩澤縣西。』今本《初學記》作雷澤，與注不合，明是後人所改。又《元和郡縣志‧河東道》下、《太平寰宇記‧河東道》下、《太平御覽‧州郡部》九、《路史‧疏仡紀》引《墨子》竝作『濩澤』。是《墨子》自作『濩澤』，與他書作『雷澤』者不同。濩澤在今澤州府陽城縣西，嶕嶢山下。」（《墨子》卷二，〈尚賢中〉篇）

「呂刑之道曰苗民否用練折則刑」

仲容《閒詁》曰：詒讓案：偽《孔傳》云「三苗之君，習蚩尤之惡，不用善化民，而制以重刑。三苗，帝堯所誅。」〈呂刑〉及〈緇衣〉

孔疏引《書》鄭注云:「苗民,謂九黎之君也。九黎之君於少昊氏衰
而棄善道,上效蚩尤重刑。必變九黎言苗民者,有苗,九黎之後,
顓頊代少昊誅九黎,分流其子孫,爲居於西裔者三國。至高辛之衰,
又復九黎之君,惡。堯興,又誅之。堯末又在朝,舜時又竄之。後
禹攝位,又在洞庭逆命,禹又誅之。後王深惡此族三生凶惡,故著
其氏而謂之民。民者,冥也,言未見仁道。」又鄭〈緇衣〉注云:「命,
謂政令也。高辛氏之末,諸侯有三苗者作亂,其治民不用政令,專
制御之以嚴刑,乃作五虐蚩尤之刑,以是爲法。」案:鄭《書》、《禮》
二注不同,《書》注與此合,於義爲長。《戰國策・魏策》「吳起云:
昔者三苗之居,左彭蠡之波,右洞庭之水,文山在其南,而衡山在
其北,恃此險也。爲政不善,而禹放逐之。」《史記・吳越傳》作「左
洞庭,右彭蠡」。〈五帝本紀〉張守節《正義》據彼云:「今江州、鄂
州、岳州,三苗之地也。」案古三苗國當在今湖南、湖北境。(《墨
子》卷三,〈尚同中〉篇)

「子夏之徒問於子墨子曰」

　　仲容《閒詁》曰:《史記索隱》引《別錄》云:「今按墨子書有文子,
　　文子即子夏之弟子,問於墨子。如此則墨子在七十子之後也。」案:
　　今本無文子,或在佚篇中。(《墨子》卷十一,〈耕柱〉篇)

「子墨子謂魯陽文君曰」

　　仲容《閒詁》曰:畢云:「《文選注》云『賈逵《國語注》曰:魯陽
　　文子,楚平王之孫,司馬子期之子,魯陽公』,即此人。其地在魯山
　　之陽。〈地理志〉云『南陽魯陽有魯山』,師古曰『即《淮南》所云
　　魯陽公與韓戰,日反三舍者也。』」蘇云:「魯陽文君即魯陽文子也。
　　《國語・楚語》曰『惠王以梁與魯陽文子,文子辭,與之魯陽。』
　　是文子當楚惠王時,與墨子時世相值。」詒讓案:〈楚語〉韋注說與
　　賈同。文君即《左》哀十九年傳之公孫寬,又十六年傳云:「使寬爲
　　司馬」。《淮南子・覽冥訓》高注云:「魯陽,楚之縣公,楚平王之孫,
　　司馬子期之子,今南陽魯陽是也。」(《墨子》卷十一,〈耕柱〉篇)

「子墨子南游於楚見楚獻惠王獻惠王以老辭」

　　仲容《閒詁》曰:畢云:「檢《史記》。楚無獻惠王也,《藝文類聚》
　　引作『惠王』,是。又案《文選》注引本書云『墨子獻書惠王,王受

而讀之，曰良書也』，恐是此間脫文。」蘇云：「獻惠王即楚惠王也。蓋當時已有兩字之譌。」詒讓案：此文脫佚甚多。余知古《渚宮舊事》二云「墨子至郢，獻書惠王，王受而讀之，曰：『良書也。是寡人雖不得天下，而樂養賢人，請過，進曰百種以待官，舍人不足須天下之賢君。』墨子辭曰：『翟聞賢人進道不行，不受其賞；義不聽，不處其朝。今書未用，請遂行矣。』將辭王而歸，王使穆賀以老辭。魯陽文君言於王曰：『墨子，北方賢聖人，君王不見，又不爲禮，毋乃失士。』乃使文君追墨子，以書社五里封之，不受而去。」此與《文選》注所引合，必是此篇佚文。但余氏不明著出《墨子》，文亦多刪節譌舛，今未敢據增。余書「獻惠王」亦止作「惠王」，疑故書本作「獻書惠王」，傳寫脫「書」存「獻」，校者又更易上下文以就之耳。　又案：《渚宮舊事》注云：「時惠王在位已五十年矣。」余說疑本《墨子》舊注。然則此事在周考王二年，魯悼公之二十九年也。(《墨子》卷十二，〈貴義〉篇）

「魯陽文君曰先生何止我攻鄭也我攻鄭順於天之志鄭人三世殺其父」

仲容《閒詁》曰：蘇云：「『父』當作『君』。據《史記‧鄭世家》云『哀公八年，鄭人弒哀公而立聲公弟丑，是爲共公。三十年，共公卒，子幽公已立。幽公元年，韓武子伐鄭，殺幽公，鄭人立幽公弟駘，是爲繻公。二十七年，子陽之黨共弒繻公』，是三世弒君之事也。」案：黃式三《周季編畧》亦同蘇說，黃氏又據此云：「『三年不全』，以魯陽文君攻鄭在安王八年，即鄭繻公被弒後三年也。」然二說並可疑。攷文君即公孫寬，爲楚司馬子期子，據《左傳》，子期死白公之難，在魯哀公十六年，次年寬即嗣父爲司馬，則白公作亂時，寬至少亦必已弱冠。鄭繻公之弒，在魯穆公十四年，上距哀公十六年已八十四年，文子若在，約計殆逾百歲，豈尚能謀攻鄭乎？竊疑此「三世」並當作「二世」，蓋即在韓殺幽公之後。幽公之死當魯元公八年，時文子約計當七十餘歲，於情事儻有合耳。(《墨子》卷十三，〈魯問〉篇）

「公輸盤爲楚造雲梯之械成將以攻宋」

仲容《閒詁》曰：畢云：「《文選》注引作『必取宋』三字。《太平御覽》云『《尸子》云：般爲蒙天之階，階成，將以攻宋。』」蘇云：「《呂

氏春秋》云『聲王圍宋十月』。考墨子時世與聲王相值，疑公輸爲楚攻宋，在是時。」案《國策・宋策》鮑彪注以此事爲在宋景公時，於楚則謂當昭王或惠王，與蘇說不同。今攷鮑、蘇二說皆非也。墨子晚年逮見田和，又得聞楚悼王、吳起之亂，其生蓋當在魯哀公之末，悼公之初，則非徒不及見楚昭王，即宋景公末年亦恐未逾弱冠。是鮑說與墨子之年不合。公輸盤，或謂魯昭公子，固未必塙，然〈檀弓〉載季康子母死，時公輸若方小，而般與斂事，則般必年長於若可知。攷康子父桓子卒於哀公三年，其母死或亦在哀公初年，則般當生於昭、定間，自昭公卒年下距楚聲王元年，亦已逾百歲，則蘇說與公輸之年又不合。竊以墨、輸二子年代參合校之，墨子之止攻宋，約當在宋昭公、楚惠王時，蓋是時楚雖有伐宋之議，而以墨子之言中輟，故史無其事耳。《渚宮舊事》謂公輸子南游楚在惠王時，其說蓋可信。(《墨子》卷十三，〈公輸〉篇)

　　綜觀上例，則仲容於墨子生前軼事輟聞，均就史實可改者，旁搜冥索，遠徵先秦典籍，近紹時賢成說，參合各家，而折衷至當。說雖不盡詳塙，猶愈於憑虛肛測，舛謬不驗者爾。如引墨書互證，知吳起之死，非墨子所不及見，駁畢、蘇、汪三氏之考，不盡可信。說墨子止楚攻宋事，據《禮記・檀弓》，與余知古《渚宮舊事》之記載，知約當宋昭公、楚惠王時；而譏爻山《刊誤》依《戰國策》鮑注立論，與墨子之年不合。其他如援《史記索隱》引《別錄》，證墨子生當七十子之後，由《國語・楚語》韋注、《淮南子・覽冥訓》高注，考文君之姓氏與魯陽之方位。因《渚宮舊事》二之記載，明墨子游楚之年代，以及「楚獻惠王」實即「獻書惠王」，傳寫者挩「書」存「獻」，校者又更易上下文，致文義闇然不章也。至於徵史訂篇，《閒詁》之爲說，尤爲賅備。如引《太平御覽》五百八十八胡廣《百官箴・敘》，證〈七患〉篇《墨子》引《書》當亦稱《夏箴》，與《周書》同，而今本挩之；辭雖孤證，但斟情度理，實至塙不易也。又檢《水經・濟水》注、〈沁水〉注、《漢書・地理志》應劭說、《穆天子傳》郭璞注、《初學記》，以及《元和郡縣志・河東道》、《太平寰宇記・河東道》、《太平御覽・州郡部・路史疏仡紀》等書，考「陶河濱漁雷澤」之史實，兼明今本墨書爲後人所改，非原來之舊。至於博採故書雅記，證三苗國被我古代聖王放逐之經過，與其地當今兩湖境內，說皆確鑿不刊，對闡揚墨學之功，信歷千載而不朽也。

## （四）摭衆家之說擇善而從

「仕者持祿游者愛佼」

　　仲容《閒詁》曰：舊本「持」譌「待」，「愛佼」譌「憂反」。《羣書治
要》引「待」作「持」，「反」作「佼」。王云：「『待』當爲『持』，『憂
反』當爲『愛交』。《呂氏春秋·愼大篇》注：『持，猶守也。』言仕
者守其祿，游者愛其交，皆爲己而不爲國家也。《管子·明法篇》曰
『小臣持祿養交，不以官爲事』，《晏子春秋·問篇》曰『士者持祿，
游者養交』，『養交』與『愛交』同意。今本『持』作『待』，『愛交』
作『憂反』，則義不可通。《逸周書·大開篇》『禱無愛玉』，今本『愛』
譌作『憂』，隸書『交』字或作『𠨵』，與『反』相似而譌。」俞云：
王說是矣，然以『憂』爲『愛』字之誤，恐未必然。古書多言持祿養
交，尟言持祿愛交者。且持、養二字同義，《荀子·勸學篇》『除其害
者以持養之』，〈榮辱篇〉『以相羣居，以相持養』，〈議兵篇〉『高爵豐
祿以持養之』，《呂氏春秋·長見篇》『申侯伯善持養吾意』，並以『持
養』連文。《墨子·天志篇》亦云『持養其萬民』。然則此文既云『持
祿』，必云『養交』，不當云『愛交』也。《墨子》原文蓋本作『恙交』，
『恙』即『養』之叚字，古同聲通用，後人不達叚借之旨，改其字作
『憂』，而《墨子》原文不可復見矣。」案：王校是也，今據正。「佼」
即「交」，字通，今从《治要》正。《管子·七臣七主篇》云「好佼友
而行私請」，又〈明法篇〉云「以黨舉官，則民務佼而不求用」，〈明
法解〉云「羣臣相推以美名，相假以功伐，務多其佼，而不爲主用」，
並以「佼」爲「交」。此云「愛佼」，猶《管子》云「好佼」、「務佼」
也。《韓非子·三守篇》云「羣臣持祿養交」，《荀子·臣道篇》云「偷
合苟容，以之持祿養交而已耳」，諸書並云「持祿」，與此書同，而「養
交」之文，則與此書微異。俞校必欲改「憂」爲「恙」，以傅合之，
則又求之太深，恐未塙。（《墨子》卷一，〈七患〉篇）

　　此仲容是王而非俞之例。並以俞氏必欲改「憂」爲「恙」，恙、養通叚，
以傅合墨書，則求之太深，恐原本未必如是。夫校書之難，非照本改字，不
譌不漏之難也，定是非之難，〔註84〕仲容從善匡違，不以私見定是非之態度，

----

〔註84〕　此語見段玉裁〈與諸同志論校書之難〉。

於此可見一斑。

「五皆喪之三年」

　　　　仲容《閒詁》曰：畢云：「《左傳》曰『王一歲有三年之喪二』，《周禮》
　　　　如此。」案：〈喪服經〉「父爲長子斬衰三年，夫爲妻齊衰期。」畢據
　　　　《左》昭十五年傳證此文，是也。彼叔向語，指景王有穆后、太子壽
　　　　之喪，而云「三年之喪二」，是妻亦有三年之義。杜注云：「天子絕期，
　　　　唯服三年。故后雖期，通謂之三年喪。」孔疏云：「〈喪服傳〉曰：父
　　　　必三年然後娶，達子之志也。父以其子有三年之戚，爲之三年不娶，
　　　　則夫之於妻，有三年之義，故可通謂之三年之喪。」孔廣森云：「〈襍
　　　　記〉云：期之喪，十一月而練，十三月而祥，十五月而禫。有練、有
　　　　祥、有禫，故妻喪禫期，兼得三年之稱也。假令遭喪於甲年之末，除
　　　　禫於丙年之首，前後已涉三年。」王云：「『者五』當爲『五者』，謂
　　　　君、父、母、妻與後子也。〈非儒篇〉曰『妻、後子三年』。今本『五
　　　　者』二字倒轉，則義不可通。」俞云：「上文君死、父母死，既已別
　　　　而言之，此不當總數爲五，『五』疑『二』字之誤。」案：王、俞二
　　　　說不同，未知孰是。（《墨子》卷六，〈節葬下〉篇）

「今有醫於此和合其祝藥之于天下之有病者而藥之」

　　　　仲容《閒詁》曰：畢云：「『祝』謂祝由，見〈素問〉。或云『祝藥』
　　　　猶言疰藥，非。一本無『祝』字，非也。」案：畢說非也。《周禮・
　　　　瘍醫》「掌腫瘍、潰瘍、金瘍、折瘍之祝藥」，鄭注云：「『祝』當爲
　　　　『注』，讀如注病之注，聲之誤也。注謂附著藥。」彼「祝」藥爲創
　　　　瘍附著之藥。此下文云「食」，則與彼義異。畢云「祝由」，又與此
　　　　書及《周禮》義並不合，不可信也。惠士奇謂「祝藥」猶行藥，亦
　　　　未知是否。（《墨子》卷五，〈非攻中〉篇）

　　此乃仲容援引各說以校字釋義，但意有未洽，特發其伏而擿其疑，如王、
俞二氏校「五皆喪之三年」句，孫氏以爲二說不同，未知孰是。畢依〈素問〉
釋「祝」爲「祝由」，與墨書、《周禮・瘍醫》皆不合，故不可信；惠士奇謂「祝
藥」猶「行藥」，憑虛臆測，亦未知是否。先生皆置而不定，亦存疑之意也。

「上之所非必亦非之己有善傍薦之」

　　　　仲容《閒詁》曰：王云：「『己』字義不可通。『己』當爲『民』字之

誤也。傍者，溥也，徧也。《說文》『旁，溥也。』旁與傍通。言民有善則眾共薦之，若〈堯典〉所云『師錫』也。上篇曰『上有過則規諫之，下有善則傍薦之』，下亦民也。」案：此「己」字可通，不必與上篇同義，王失檢〈魯問篇〉文，故不得其解。（《墨子》卷三，〈尚同中〉篇）

「何以知尚同一義之可而爲政於天下也」

　　仲容《閒詁》曰：而，陳壽祺讀爲能。今案而亦猶以也，說詳〈尚賢〉下篇。下文「諸侯可而治其國」、「家君可而治其家」，同。（《墨子》卷三，〈尚同下〉篇）

「君子特不識其利辯其故也」

　　仲容《閒詁》曰：俞云：「『辯其』下脫『害』字。下文『愛人者人必從而愛之，利人者人必從而利之，是其利也；惡人者人必從而惡之，害人者人必從而害之，是其害也。』」案：「害」字似不必增。（《墨子》卷四，〈兼愛中〉篇）

「越王親自鼓其士」

　　仲容《閒詁》曰：畢本「鼓」改「鼓」云：「鼓擊之字从攴，鐘鼓之字从壴。」案：《周禮·小師》鄭注云：「出音曰鼓。」此與六鼓之鼓字同，而義小異，經典凡鐘鼓與鼓擊字通如此作。《說文·攴部》雖別有「鼓」字，而音義殊異，畢從宋毛晃說，強爲分別，非也。（《墨子》卷四，〈兼愛中〉篇）

「然即交若之二君者」

　　仲容《閒詁》曰：戴云：「『然即交』三字無義，當是衍文。」案：以上文校之，疑當作「然即交兼交別，若之二君者」，今本交下脫三字耳，戴校未塙。（《墨子》卷四，〈兼愛下〉篇）

「天乃命湯於鑣宮」

　　仲容《閒詁》曰：王紹蘭云：「『鑣宮』即《孟子》『牧宮』。天乃命湯於鑣宮，往而誅之，即『天誅造攻自牧宮』也。」案：《孟子·萬章篇》趙注云：「牧宮，桀宮。」似與此「鑣宮」異，王說未塙。（《墨子》卷五，〈非攻下〉篇）

「泰顛來賓」

　　仲容《閒詁》曰：蘇云：「《孟子》云『太公避紂，居北海之濱，聞

文王作興，曰：盍歸乎來！』即來賓之事也。」案：泰顛與太公非
一人，詳〈尚賢上〉篇。（《墨子》卷五，〈非攻下〉篇）

「鬼非人也兄之鬼兄也」

　　仲容《閒詁》曰：王引之云：「『鬼非人也』，當作『人之鬼非人也』，
　　寫者脫去『人之』二字耳。〈小取〉篇云『人之鬼，非人也；兄之鬼，
　　兄也』，是其證。」案：無「人之」二字，義自可通，今不據增。（《墨
　　子》卷十一，〈大取〉篇）

「而足以應之此守術之數也」

　　仲容《閒詁》曰：顧校移上文「凡守圍城之法」至「不然則賞明可
　　信，而罰嚴足畏也」一段，又「城下里中家人，各葆其左右前後，
　　如城上」至「時召三老在葆宮中者，與計事得」一段，著此下，恐
　　不搞，今不從。（《墨子》卷十四，〈備城門〉篇）

　　上列九例皆駁舊說之不搞，未敢據以刪乙原書者。如指王念孫失檢〈魯
問〉篇文，致舉一概全，不得真解。畢秋帆誤從宋毛晃說，強別文字之非是。
王紹蘭以「鑣宮」即《孟子‧萬章》篇之「牧宮」，蘇時學認「泰顛」與「太
公」為一人，曲相牽合，其他如陳壽祺之讀「而」為「能」，俞蔭甫、王引之
之肆意增字，戴子高妄乙原文，顧千里竄亂簡次。仲容皆辨其謬誤，祛其舛
駁，並一一刊正而不隨聲附和也。

「周成王因先王之樂又自作樂命曰騶虞」

　　仲容《閒詁》曰：王云：「《御覽》引作『周成王因先王之樂，又自
　　作樂，命曰《騶吾》』，是也。上文云：『湯因先王之樂，又自作樂，
　　命曰〈護〉。武王因先王之樂，又自作樂，命曰〈象〉』，即其證。今
　　本脫去『又自作樂』四字，則義不可通。《困學紀聞》所引已同今本。
　　書傳中『騶虞』字多作『騶吾』，故《困學紀聞‧詩類》引《墨子》
　　尚作『騶吾』，今作『騶虞』者，後人依經典改之。」案：王說是也，
　　今據增。（《墨子》卷一，〈三辯〉篇）

「小人見姦巧乃聞不言也發罪鈞」

　　仲容《閒詁》曰：畢云：「《孔書》無此文。」蘇云：「『發』當作『厥』，
　　今〈泰誓〉云『厥罪惟鈞』。」江聲云：「發，謂發覺也。鈞，同也。
　　言知姦巧之情而匿不以告，比事發覺，則其罪與彼姦巧者同。」（《墨
　　子》卷一，〈三辯〉篇）

「焚舟失火」

　　仲容《閒詁》曰：舟非藏寶之所，《御覽・宮室部》引《墨子》作「自焚其室」。疑「舟」當爲「內」，內謂寢室。《呂氏春秋・用民》篇云「句踐試其民於寢宮，民爭入水火，死者千餘矣，遽擊金而卻之」，劉子《新論・閱武篇》同。《韓非子・儲說上》篇亦云「焚宮室」，並與此事同。「內」、「舟」形近而譌。〈非攻中〉篇「徙大舟」，「舟」譌作「內」，與此可互證。下篇亦同。黃紹箕云：「《御覽》引作『焚其室』，竊疑本當作『焚舟室』。《越絕外傳・記越地傳》云『舟室者，句踐船宮也。』蓋即教舟師之地。故下篇云『伏水火而死者，不可勝數也』，言或赴火或蹈水，死者甚眾也。後人不喻舟室之義，則誤刪『舟』字，校本書者又刪『室』字，遂致歧互矣。」案：黃說亦通。（《墨子》卷四，〈兼愛中〉篇）

「自夫費之非特注之汙壑而棄之也」

　　仲容《閒詁》曰：俞云：「一本作『非直注之』，是也。直、特固得通用，而『非』字則必當有。墨子蓋謂非空棄之而已，且可以合驩聚眾也。今脫『非』字，則義不可通。下文正作『非直注之汙壑而棄之也』，當據補。」案：俞校是也，今據補。（《墨子》卷八，〈明鬼下〉篇）

「君子共己以待」

　　仲容《閒詁》曰：蘇云：「共讀如恭。」詒讓案：《荀子・王霸》篇云「則天子共己而已」，楊注云：「共讀爲恭，或讀爲拱，垂拱而已也。」案此「共己」當讀爲「拱己」，〈非儒篇〉云「高拱下視」是也。（《墨子》卷十二，〈公孟〉篇）

「息於聆缶之樂」

　　仲容《閒詁》曰：王云：「今本《墨子》作『聆缶』者，『聆』乃『瓵』之譌，『瓵』即『瓴』字也，但移瓦於左，移令於右耳。《北堂書鈔・樂部》七〈缶〉下、鈔本《太平御覽・樂部》三及二十二〈缶〉下引《墨子》並作『吟缶』。『吟』亦『瓵』之譌。蓋墨子書瓴字本作『瓵』，故今本譌作『聆』，諸類書譌作『吟』，而『缶』字則皆不譌也。其刻本《御覽》作『吟謠』者，後人不知『吟』爲『瓵』之譌，遂改『吟缶』爲『吟謠』耳。上文云『諸侯息於鐘鼓，上大夫息於竽瑟』，此云『農夫息於瓵缶』，鐘鼓、竽瑟、瓵缶皆樂器也。《淮南・精神》篇

『叩盆拊瓴，相和而歌』，盆即缶也。若吟謠則非樂器，不得言吟謠之樂矣。」案：王說是也。《說文・瓦部》云「瓴，罌也，似絣者。」又〈缶部〉云「缶，瓦器，所以盛酒漿，秦人鼓之以節歌。」《詩・陳風・宛丘》篇「坎其擊缶」，《毛傳》云：「盎謂之缶。」《爾雅・釋器》同，郭注云：「盆也。」《史記・李斯傳》云「擊甕叩缻，真秦之聲也。」瓴、甕同物，缻即缶之俗。（《墨子》卷一，〈三辯〉篇）

此仲容就各說之塙而可信者校釋墨書之例。惟蘇校「君子共己以待」，與王校「息於聆缶之樂」，二說之後，仲容皆別加考辨，以證成其說；然後始知蘇、王援據之不盡周延，而孫氏學識之豐贍也。

## （五）援聲類同異訂其誤讀

「因先王之樂又自作樂命曰護又脩九招」

仲容《閒詁》曰：畢云：「『脩』舊作『循』，今以意改。已上十六字舊脫，今據《太平御覽》增。《呂氏春秋》云「湯命伊尹作爲〈大護〉，歌〈晨露〉，脩〈九招〉、〈六列〉。」案：《道藏》本雖亦有脫文，然尚有「自作樂命曰〈九招〉」七字，則未全脫也，畢說未審。《風俗通義・聲音篇》云「湯作〈護〉，護言救民也」，《藝文類聚・帝王部》引《春秋元命苞》云「湯之時，民大樂其救於患害，故護者救也」，《白虎通義・禮樂》篇云「湯曰〈大護〉者，言湯承衰能護民之急也」，《公羊》隱五年何注云：「殷曰〈大護〉，殷時民樂，大其護己也」，並與此同。《周禮・大司樂》「護」作「濩」，《漢書・禮樂志》同。「護」、「濩」字亦通。〈九招〉即《書・皋陶謨》篇「〈簫韶〉九成」，舜樂也。《史記・夏本紀》云「禹興〈九招〉之樂」，《呂氏春秋・古樂篇》云「譽作〈九招〉，舜令質脩之」，《山海經・大荒西經》云「啓始歌〈九招〉」，《周禮・大司樂》作〈九磬〉。招、韶、磬字並通。（《墨子》卷一，〈三辯〉篇）

「曰羣后之肆在下」

仲容《閒詁》曰：畢云：「肆，《孔書》作『逮』。」孫星衍云：「《說文》云『肆，極陳也』。」詒讓案：肆，正字作「枲」，與逮聲類同，古通用。此「肆」即「逮」之叚字。僞《孔傳》云：「羣后諸侯之逮在下國。」（《墨子》卷二，〈尚賢中〉篇）

「溱溱而至者」

　　仲容《閒詁》曰：畢云：「『溱』同『臻』，《太平御覽》作『臻』，《史記‧三王世家》云『西溱月氏』，《正義》云：『溱，音臻』。」詒讓案：溱溱，言風雨之盛也。《詩‧小雅‧無羊》云：「室家溱溱」，《毛傳》云「溱溱，眾也。」《廣雅‧釋言》云「蓁蓁，盛也。」溱、蓁聲同字通。中篇作「薦臻」。（《墨子》卷三，〈尚同上〉篇）

「注后之邸」

　　仲容《閒詁》曰：畢讀「注」屬上句，非。此與下「注五湖之處」文例正同。后之邸，疑即〈職方氏〉并州澤藪之昭余祁也。《爾雅‧釋地》十藪，燕有昭餘祁，《釋文》引孫炎本，「祁」作「邸」，祁、邸、邸並音近相通。「昭」作「后」者，疑省「昭」爲「召」，又誤作「后」。之、余音亦相轉。《漢書‧地理志》「太原郡鄔，九澤在北，是爲昭余祁，并州藪。」在今山西太原府祁縣東七里。（《墨子》卷四，〈兼愛中〉篇）

「亦以攻戰雖北者且不一著何」

　　仲容《閒詁》曰：《道藏》本如此，畢本作「中山諸國」，云：「四字舊作『且一不著何』五字，一本如此。《史記‧趙世家》云『惠文王三年滅中山，遷其王於膚施』，〈表〉作四年。《元和郡縣志》云『定州，戰國時爲中山國。中山之地方五百里，城中有山，故曰中山。』今直隸定州是。」蘇云：「中山之亡當魏文侯世，墨子與子夏門人同時，此事猶當及見之。畢引《史記》趙惠文王三年滅中山，非是。」詒讓案：中山初滅於魏，後滅於趙，詳〈所染〉篇。然此「中山諸國」四字乃後人肊改，實當作「且不著何」四字，舊本作「且一」，《道藏》本作「且不一」，並衍「一」字。「且」疑「徂」之借字，《國語‧晉語》「獻公田，見翟徂之氛」，韋注云：「翟徂，國名。」是也。不著何亦北胡國。《周書‧王會篇》云「不屠何青熊」，孔晁注云：「不屠何亦東北夷也。」《管子‧小匡》篇「敗胡貉，破屠何」，尹注云：「屠何，東胡之先也。」劉恕《通鑑外紀》「周惠王三十三年，齊桓公救燕，破屠何。」「屠」、「著」聲類同，「不著何」即「不屠何」也。又〈王會〉伊尹獻令，正北有且略、豹胡。且略即此且及《左傳》「翟徂」，豹胡亦即不屠何。「豹」、「不」，「胡」、「何」，並一聲之轉。不

屠何，漢爲徒何縣，屬遼西郡，故城在今奉天錦州府錦縣西北。柤，
據《國語》爲晉獻公所滅，所在無考。(《墨子》卷五，〈非攻中〉篇)

「以兵刃毒藥水火退無罪人乎道路率徑」

仲容《閒詁》曰：蘇云：「『退』疑當作『遇』，下文同。」俞云：「『退』
字無義，疑『迫』字之誤。謂迫而奪其車馬衣裘也。『率徑』二字亦
無義，據下文，此語兩見而皆無『率徑』二字，疑爲衍文。」案：
二說皆非也。「退」當爲「迌」字之誤。迌與禦通，《書·牧誓》「弗
迌克奔」，《釋文》引馬融本「迌」作「禦」，云：「禁也。」《史記·
周本紀》「弗迌」作「不禦」，《集解》引鄭注云：「禦，彊禦，謂彊
暴也。」《孟子·萬章》篇云「今有禦人於國門之外者」，趙注云「禦
人，以兵禦人而奪之貨。」即其義也。「率徑」當讀爲「術徑」，屬
上「道路」爲句。率聲與术聲古音相近。《廣雅·釋詁》云「率，述
也。」《白虎通義·五行篇》云「律之言率，所以率氣令生也。」《周
禮·典同》鄭注云：「律，述氣者也。」述氣即率氣，是其證。《說
文·行部》云「術，邑中道也。」〈月令〉「審端徑術」，鄭注云：「術，
《周禮》作『遂』。夫閒有遂，遂上有徑。遂，小溝也，步道曰徑。」
杜臺卿《玉燭寶典》引蔡邕《月令章句》云：「術，車道也；徑，步
道也。」鄭、蔡說並通。《漢書·刑法志》亦云「術路」，如淳注云：
「術，大道也。」俞以「率徑」爲衍文，亦誤。(《墨子》卷八，〈明
鬼下〉篇)

「以爲事乎國家非直掊潦水折壤坦而爲之也」

仲容《閒詁》曰：折，舊本譌「拆」，今據《道藏》本、吳鈔本及王
校正。坦，畢本改作「垣」，云：「舊作『坦』，以意改。」俞云：「畢
改『坦』爲『垣』，是也。『壤』疑『壞』字之誤。掊者，《說文·手
部》云『杷也。今塩官入水取鹽爲掊。』拆者，《說文·广部》云『庌，
卻屋也。』《一切經音義》引《說文》作『卸屋也』。隸變作『斥』，
俗又加『手』耳。行潦之水而掊取之，毀壞之垣而拆卸之，不足爲
損益。若王公大人造爲樂器，豈直如此哉？故曰『非直掊潦水、拆
壞垣而爲之也』。」案：畢、俞說並非也。此「折」當讀爲「摘」，〈耕
柱篇〉云「夏后開使飛廉折金於山川」，此義與彼正同，說詳彼注。
「壤」謂土壤，「坦」讀爲壇，聲近叚借字。《韓詩外傳》「閔子曰：

出見羽蓋龍旂游裘相隨，視之如壇土矣」，《莊子·則陽篇》「觀乎大
山，木石同壇」，與此書義并同。壞坦，猶言壇土也。墨子意謂王公
大人作樂器，非掊取之於水，摘取之於地所能得，故下文即言「將
必厚措斂乎萬民」以爲鍾鼓等也。諸說並未得其恉。(《墨子》卷八，
〈非樂上〉篇)

「禍厥先神禔不祀」

仲容《閒詁》曰：〈天志中〉篇「禍」作「棄」，「禔」作「祇」。畢
云：「《孔書》作『遺厥先宗廟弗祀』。禔同示。」詒讓案：《說文·
示部》云「禔，安也。《易》曰『禔既平』。」今《易·坎》九五作
「祇既平」，《釋文》云：「祇，京作禔。」是祇、禔聲近古通用之證。」
(《墨子》卷九，〈非命上〉篇)

「公孟子戴章甫搢忽」

仲容《閒詁》曰：畢云：「搢，即晉字俗寫。忽，即笏字。《古文尚
書》『在治忽』，亦用此字。舊作『祒』，誤。」詒讓案：《儀禮·既
夕》「木笏」，鄭注云：「今文『笏』作『忽』。」《史記·夏本紀·集
解》引鄭康成注《尚書》作「在治曶」，云「曶者，笏也。」忽、曶、
笏字並通。《釋名·釋書契》云「笏，忽也，君有教命及所啓白，則
書其上，借忽忘也。」《荀子·哀公》篇「夫章甫、絢屨，紳而搢笏。」
(《墨子》卷十二，〈公孟〉篇)

「譬猶跂以爲長隱以爲廣」

仲容《閒詁》曰：畢云：「『跂』舊作『跋』，據《文選》注改。此『企』
字假音，《爾雅》云『其踵企』，陸德明《音義》云：『去跂反，本或
作跂。』《說文》云『企，舉踵也。』『跂，足多指』二字異。」又，
畢云：「隱，《文選》注引作『偃』。『隱』、『偃』音相近，亦通。言
企足以爲長，仰身以爲廣，偃猶仰。」(《墨子》卷十二，〈公孟〉篇)

夫訓詁之旨，本於聲音，故有聲同字異，聲近義同，雖或類聚群分，實
亦同條共貫；譬如振裘必提其領，舉網必挈其綱，故曰本立而道生，知天下
之至賾而不亂也，〔註85〕仲容治墨書即擷王氏校勘之精義，就古音以求古義，
引伸觸類，不限形體，苟可以發明前訓，斯凌雜之譏亦所不辭。如於上列十
例中，以「護」、「濩」字通，「招」、「韶」、「磬」亦通之理駁畢說未審；「肆」

〔註85〕 以上見王念孫《廣雅疏證·序》。

正字作「隸」,「隸」、「逮」聲同,以推衍畢、孫二氏之說;至於訂「后之邸」即孫炎本《爾雅·釋地》之「昭餘底」,亦即《周禮·職方氏》之「昭餘祁」,今本「召」譌「后」,其義不可解,畢氏遂失其句讀矣;「且不一著何」即《周書·王會》之「不屠何」,畢氏不憭,依俗本改爲中山,遂與《墨子》舊文不合;「折壞坦」「折」即《周禮·哲族氏》之「哲」,今本「迓」譌爲「退」,「折」譌爲「拆」,畢、蘇諸家各以意改,遂重牲虵繆,不可究詰矣。仲容於此均能因聲求形,比類見誼,正前賢校釋之誤,發千年未宣之秘,還墨書之舊觀,啓學界之新運,致來者仰止,不亦宜乎。

## （六）審本書文例以逐錯簡

「正五諾」

　　仲容《閒詁》曰:自此至篇末,似皆釋五諾正負之義,以〈經〉校之,當屬上文「五也」之下,而傳寫貿亂,誤錯箸於末也。楊以此下並說〈經上〉「正,無非」,非是。(《墨子》卷十,〈經說上〉篇)

「若殆於城門與於臧也」

　　仲容《閒詁》曰:此九字上下文無所屬,張并上「堯霍」爲一條,云:「城門,守門者,臧僕也。『城門』舉實,『臧』舉名」,其說殊迂曲。審校文義,疑當在上文「無讓者酒,未讓,始也,不可讓也」之下,皆釋〈經下〉「無不讓也,不可」之義。(《墨子》卷十,〈經說下〉篇)

「久有窮無窮」

　　仲容《閒詁》曰:此五字與上下文皆不屬,張、楊並屬上爲一章,以〈經〉校之,亦不相應,疑當在後「民行脩必以久也」之下,而誤錯在此。(《墨子》卷十,〈經說下〉篇)

「害之中取小求爲義非爲義也」

　　仲容《閒詁》曰:此疑當接後「不可正而正之」句。按下文「不可正而正之,利之中取大」下,仲容曰:此節疑當接上文「非爲義也」下。(《墨子》卷十一,〈大取〉篇)

「愛眾眾世與愛寡世相若」

　　仲容《閒詁》曰:王引之云:「『愛眾眾也』,下『眾』字衍,當作『愛眾也與愛寡也相若』。又案下文『凡學愛人』與『小圓之圓』云云,文義不相屬,疑當在『愛眾也』上。『凡學愛人』乃統下文之詞,『愛

眾也』云云則承上句而詳言之也，古書錯簡耳。」案：此當作「愛眾世與愛寡世相若」。「眾世」、「寡世」以廣狹言，下文「尚世」、「後世」以古今言，文自相對。「凡學愛人」句，亦非此處錯簡。王校未允。（《墨子》卷十一，〈大取〉篇）

「然之同同根之同」

仲容《閒詁》曰：此四字（案指同根之同）疑當在前「同名之同」下。此下文「有非之異，有不然之異」二句，正與上文「是之同，然之同」相對，明不當以此句廁其間也。（《墨子》卷十一，〈大取〉篇）

「先行德計謀合乃入葆葆入守無行城無離舍諸守者審知卑城淺池而錯守焉晨暮卒歌以爲度用人少易守」

仲容《閒詁》曰：以上四十三字，舊本誤錯入〈襍守〉篇，今審定與此上下文正相承接，移著於此。卒歌，「歌」疑「鼓」之誤，兵法禁歌哭，不當使卒歌也。末句有誤。（《墨子》卷十四，〈備城門〉篇）

「夫姦之所生也不可不審也」

仲容《閒詁》曰：自「城下里中家人，各葆其左右前後，如城上」至此，並通論守法，與前後文論守備器物數度者不同，疑皆他篇文之錯誤。以「先行德計謀合」一段在〈襍守〉篇證之，或故書本皆在彼篇與？王云：「各本此下有『候望適人』至『穴土之攻敗矣』，凡三百四十五字，乃〈備穴〉篇之錯簡。」詒讓案：舊本此篇「穴土之攻敗矣」下，又有「斬艾與柴長尺」至「男女相半」，凡三百九十四字，亦〈備穴篇〉文，今並移正。（《墨子》卷十四，〈備城門〉篇）

「候無過五十寇至葉隨去之唯弇逮」

仲容《閒詁》曰：「寇至葉隨去之」，舊本作「寇至隨葉去」五字，畢以意改「葉」爲「棄」。王云：「畢改非也。此當作『寇至葉隨去之』，言候者無過五十人，及寇至堞時，即去之也。〈號令〉篇曰『遣卒候者無過五十人，客至堞，去之』，是其證。今本『去』下脫『之』字，又升『隨』字於『葉』字上，則義不可通。」又云：「葉與堞同，上文『樹渠無傳葉五寸』，亦以『葉』爲『堞』。」案：王校是也，今據乙增。又此十四字，舊本誤錯入上文「事即急，則使積門內」下，今移於此。〈號令〉篇云「遣卒候無過五十人，客至堞，去之，慎無厭建。候者曹無過三百人，日暮出之，爲微職」，與此上下文正

同，則其爲錯簡無疑矣。「唯弇逮」亦當作「無厭逮」，逮、怠通，〈號令〉篇作「無厭建」。（《墨子》卷十五，〈襍守〉篇）

「相錯穿室治復道爲築墉墉善其上」

> 仲容《閒詁》曰：蘇云：「善與繕通。」案：蘇說未塙，此「善」下有挩字，後文說轀車云「善蓋」，上〈備穴〉篇云「善塗亓實際」，此疑亦當云「善蓋其上」，或云「善塗其上」。又此下舊本有「先行德」至「用人少易守」凡四十三字，當爲前〈備城門〉篇之錯簡，今審定移正。（《墨子》卷十五，〈襍守〉篇）

　　墨書錯簡甚多，於本文前節（己）闕文錯簡中曾舉例言及，惟彼例均屬〈兼愛篇〉以前者，〈非攻〉篇以下，尤其〈經說〉、〈大〉、〈小取〉及〈兵法〉諸篇文之互相錯着，更不勝枚舉，仲容均能遍援各家之說，審究本書行文之例，與上下文義之關聯，一一爲之發伏刊正，是則從之，非則違之，不知則闕疑而俟之。凡所推迻，皆塙鑿可信，以上十例，僅豹窺一斑而已。待下節（辛）諟正〈兵法〉各篇之譌文錯簡內，再詳加摘錄，以明仲容覃思冥想之功。

# 六、孫氏研究墨學之成就

　　瑞安孫仲容先生，采諸家之長，抒獨得之見，以成《閒詁》一書，譌文隱義，宣究殆盡。信乎體大思精，日月不刊者矣。惟質之當代通學，頗以爲不謬，然多苦其奧衍，瀏覽率不能終卷，〔註86〕洎乎今日，繼《閒詁》之後，能通究墨義，踐履而篤行者，甚或緪汲孫氏，恢廓而光大之者，舉目斯世，闃無聞焉。光緒三十年（公元 1904）梁任公著《子墨子學說》，〈敘論〉云：「今舉中國皆楊也，有儒其言而楊其行者，有楊其言而楊其行者，甚有墨其言而楊其行者，亦有不知楊不知墨而楊行於無意識之間者，嗚呼！楊學遂亡中國，楊學遂亡中國！今欲救之，厥惟墨學。惟無學別墨而學眞墨。」高葆光於民國四十三年（公元1954）著《墨學概論》末章有言：「民國十餘年之時，研究墨學者風起雲湧，而梁任公、胡適之最稱佳製。但曾如張溥泉先生所謂衹昌明墨經，未明墨道。」墨道果何是乎？竊意即仲容敘《閒詁》曰：「〈魯問〉篇墨子之語魏越云：『國家昏亂，則語之尚賢、尚同。國家貧，則語之節用、節葬。國家憙音湛湎，則語之非樂、非命。國家淫僻無禮，則語之尊天、事鬼。國家務奪侵凌，則語之兼

---

〔註86〕　語見孫氏《墨子閒詁》光緒丁未四月〈自序〉。

愛、非攻。」今書雖殘闕，然自〈尚賢〉至〈非命〉三十篇，所論略備，足以
盡其悟要矣。〈經說〉上、下篇，與莊周書所述惠施之論及公孫龍書相出入，似
原出《墨子》，而諸鉅子以其說綴益之。〈備城門〉以下十餘篇，則又禽滑釐所
受兵家之遺法，於墨學爲別傳。」於此則墨道與別傳之學固皎然分明矣。此先
生所自喜而以爲不謬者，即不欲以〈經〉與〈說〉汩沒墨道之大義也。竊以此
爲先生治墨學之最大成就者，庶幾近之。時下學人，好言墨經，以爲足與印度
因明、歐西科學邏輯相合；不知所謂名學、光、重、熱學者墨經未優於西法也，
然則鉤稽雖密，何異玩塚中之枯骨乎。其於墨子諄諄然言兼愛、非攻以備世之
急者何當乎。況世局如棼，國事如麻，以近今所務，校先生之所說，而後知先
生之卓識特見，夐乎其不可尚矣。〔註87〕

　　茲綜理《閒詁》所述，摘其碩然成就者八項，昌明於下，非謂僅此足以盡
先生對墨學之卓越貢獻也；實爲好先生之學者，得此聊爲研究張皇之一助耳。

## （一）墨子身世之考索

　　墨氏之學，亡於秦漢之交，故墨子遺事，在西漢時已莫得其詳，太史公
著《史記》，僅於〈孟荀傳〉末，附綴姓名，尚不能質定其時代，遑論行事。
今去史公又幾二千年，周、秦故書雅記，百無一存；而《墨子》七十一篇亦
復書闕簡脫，徵討之難，不啻倍蓰。然就今存墨書五十三篇鉤攷之，尚可得
其犖較也。仲容乃甄稽羣言，次第其先後，整齊其始末，以補史遷之闕，俾
學者知墨家持論雖間有偏頗，而墨子立身應世具有本末，自非孟、荀大儒，
不宜輕予排擊也。以下將孫纂〈墨子傳略〉與〈年表〉，分列如下，以示仲容
於墨子身世考鑑之精，及其張皇幽眇之苦心也。

**墨子傳畧一**　更生案：下錄《墨傳》原文，近今學者於此傳雖間致不滿，要多疑辭，無
　　　　　　　礙孫氏鉅構也。見《墨子閒詁》頁680。

墨子名翟，《漢書·藝文志》、《呂氏春秋》〈當染〉、〈愼大〉篇、《淮南子·脩務訓》高注。
姓墨氏。《廣韻·二十五德》、《通志·氏族畧》引《元和姓纂》云：「墨氏，孤竹君之後，
本墨台氏，後改爲墨氏，戰國時宋人，墨翟著書號《墨子》。」魯人，《呂覽》〈當染〉、〈愼
大〉篇注。或曰宋人。葛洪《神仙傳》、《文選·長笛賦》李注引《抱朴子》、《荀子·修身》
篇楊注，《元和姓纂》。

---

〔註87〕　以上語意採自楊寬〈墨經科學辨妄〉及蔣禮鴻〈墨子閒詁述畧〉之前半段。

案：此蓋因墨子爲宋大夫，遂以爲宋人。以本書攷之，似當以魯人爲是。

〈貴義〉篇云：「墨子自魯即齊。」又〈魯問〉篇云：「越王爲公尚過束車五十乘，以迎子墨子於魯。」《呂氏春秋・愛類》篇云：「公輸般爲雲梯欲以攻宋，墨子聞之，自魯往，見荊王曰：臣北方之鄙人也。」《淮南子・修務訓》亦云：「自魯趨而往，十日十夜至於郢。」並墨子爲魯人之塙證。畢沅、武億以魯爲魯陽，畢說見《墨子注・序》，武說見《授堂文鈔・墨子跋》。則是楚邑。攷古書無言墨子爲楚人者。《渚宮舊事》載魯陽文君說楚惠王曰：「墨子，北方賢聖人」，則非楚人明矣，畢、武說殊謬。

蓋生於周定王時。

《漢書・藝文志》云：「墨子在孔子後」。案：詳〈年表〉。

魯惠公使宰讓請郊廟之禮於天子，桓王使史角往，惠公止之，其後在於魯，墨子學焉。《呂氏春秋・當染》篇高注云：「其後，史角之後也。」

案：《漢書・藝文志》墨家以《尹佚》二篇列首，是墨子之學出於史佚。史角疑即尹佚之後也。墨子學於史角之後，亦足爲是魯人之證。

其學務不侈於後世，不靡於萬物，不暉於數度，以繩墨自矯而備世之急。作爲〈非樂〉，命之曰〈節用〉，生不歌，死無服，氾愛兼利而非鬭，好學而博，不異。《莊子・天下》篇。又曰兼愛、尚賢、右鬼、非命，《淮南子・氾論訓》。以爲儒者禮煩擾而不悅，厚葬靡財而貧民，久服傷生而害事，故背周道而用夏政。《淮南子・要略訓》。其稱道曰：「昔者禹之湮洪水，決江河而通四夷九州也，名川三百，支川三千，小者無數；禹親自操橐耜而九襍天下之川，腓無胈，脛無毛，沐甚雨，櫛疾風，置萬國。禹大聖也，而形勞天下如此。」故使學者以裘褐爲衣，以跂蹻爲服，日夜不休，以自苦爲極，曰：「不能如此，非禹之道也，不足謂墨。」《莊子・天下》篇。亦道堯舜，《韓非子・顯學》篇。又善守禦，《史記・孟荀傳》。爲世顯學，《韓非子・顯學》篇。徒屬弟子充滿天下。《呂氏春秋・尊師》篇。

案：淮南王書謂孔、墨皆修先聖之術，通六藝之論。〈主術訓〉。今攷六藝爲儒家之學，非墨氏所治也。墨子之學蓋長於《詩》、《書》、《春秋》，故本書引《詩》三百篇與孔子所刪同；引《尚書》如〈甘誓〉、〈仲虺之誥〉、〈說命〉、〈大誓〉、〈洪範〉、〈呂刑〉，亦與百篇之《書》同。又曰：「吾嘗見百國春秋」。《隋書・李德林傳》。此與孔子所修《春秋》異。本書〈明鬼〉

篇亦引周、燕、宋、齊諸國春秋。而於禮則法夏絀周，樂則又非之，與儒家六藝之學不合。淮南所言非其事實也。《淮南子‧要畧》又云：「墨子學儒者之業，受孔子之術」，尤非。

其居魯也，魯君謂之曰：「吾恐齊之攻我也，可救乎？」墨子曰：「可。昔者三代之聖王禹、湯、文、武，百里之諸侯也，說忠行義取天下；三代之暴王桀、紂、幽、厲，讎怨行暴失天下。吾願主君之上者尊天事鬼，下者愛利百姓，厚爲皮幣，卑辭令，亟徧禮四鄰諸侯，歐國而以事齊，患可救也。非此，顧無可爲者。」本書〈魯問〉篇。案：魯君頗疑其即穆公，則當在楚惠王後，然無塙證。以墨子本魯人，故繫於前。魯君謂墨子曰：「我有二子，一人者好學，一人者好分人財，孰以爲太子而可？」墨子曰：「未可知也。或所爲賞譽爲是也，釣者之恭，非爲魚賜也；餌鼠以蟲，疑當作「蠱」。非愛之也。吾願主君之合其志功而觀焉。」同上。楚人常與越人舟戰於江，楚惠王時，《渚宮舊事》二。公輸般自魯南游楚焉，始爲舟戰之器，作爲鉤拒之備，楚人因此若勢，亟敗越人。公輸子善其巧，以語墨子曰：「我舟戰有鉤拒，不知子之義亦有鉤拒乎？」墨子曰：「我義之鉤拒，賢於子舟戰之鉤拒。我鉤拒，我鉤之以愛，揣之以恭；弗鉤以愛則不親，弗揣以恭則速狎，狎而不親則速離。故交相愛、交相恭，猶若相利也。今子鉤而止人，人亦鉤而止子，子拒而距人，人亦拒而距子，交相鉤、交相拒，猶若相害也；故我義之鉤拒，賢子舟戰之鉤拒。」本書〈魯問〉篇。《渚宮舊事》在止攻宋前，今故次於此。公輸般爲楚造雲梯之械，成，將以攻宋。墨子聞之，起於魯，本書作「齊」，今據《呂氏春秋》、《淮南子》改。行十日十夜而至於郢，見公輸般。公輸般曰：「夫子何命焉爲？」墨子曰：「北方有侮臣，願藉子殺之。」公輸般不說。墨子曰：「請獻十金。」公輸般曰：「吾義固不殺人。」墨子起，再拜，曰：「請說之。吾從北方聞子爲梯，將以攻宋，宋何罪之有？荊國有餘於地，而不足於民，殺所不足而爭所有餘，不可謂智；宋無罪而攻之，不可謂仁；知而不爭，不可謂忠；爭而不得，不可謂強；義不殺少而殺眾，不可謂知類。」公輸般服。墨子曰：「然，胡不已乎？」公輸般曰：「不可。吾既已言之王矣。」墨子曰：「胡不見我於王？」公輸般曰：「諾。」墨子見王，曰：「今有人於此，舍其文軒，鄰有敝轝而欲竊之；舍其錦繡，鄰有短褐而欲竊之；舍其粱肉，鄰有糟糠而欲竊之，此爲何若人？」王曰：「必爲竊疾矣。」墨子曰：「荊之地方五千里，宋之地方五百里，此猶文軒之與敝轝也；荊有雲

夢，犀兕麋鹿滿之，江、漢之魚鼈黿鼉爲天下富，宋所爲無雉兔鮒魚者也，此猶粱肉之與糟糠也；荊有長松文梓梗枏豫章，宋無長木，此猶錦繡之與短褐也。臣以王吏之攻宋也，爲與此同類。」王曰：「善哉！雖然，公輸般爲我爲雲梯，必取宋。」於是見公輸般。墨子解帶爲城，以牒爲械。公輸般九設攻城之機變，墨子九距之。公輸般之攻械盡，墨子之守圉有餘。公輸般詘，而曰：「吾知所以距子矣，吾不言。」墨子亦曰：「吾知子之所以距我，吾不言。」楚王問其故，墨子曰：「公輸子之意，不過欲殺臣。殺臣，宋莫能守，乃可攻也。然臣之弟子禽滑釐等三百人，已持臣守圉之器在宋城上，而待楚寇矣。雖殺臣，不能絕也。」楚王曰：「善哉！吾請無攻宋矣。」本書〈公輸〉篇。公輸子謂墨子曰：「吾未得見之時，我欲得宋。自我得見之後，予我宋而不義，我不爲。」墨子曰：「翟之未得見之時也，子欲得宋；自翟得見子之後，予子宋而不義，子弗爲，是我予子宋也。子務爲義，翟又將予子天下。」本書〈魯問〉篇。

案：墨子止楚攻宋，本書不云在何時，鮑彪《戰國策》注謂當宋景公時，至爲疏謬。詳〈年表〉。惟《渚宮舊事》載於惠王時，墨子獻書之前，最爲近之。蓋公輸子當生於魯昭、定之間，至惠王四十年以後，五十年以前，約六十歲左右，而是時墨子未及三十，正當壯歲，故百舍重繭而不以爲勞。惠王亦未甚老，故尙能見墨子。以情事揆之，無不符合。蘇時學謂即聲王五年圍宋時事，《墨子刊誤》。非徒與王曰「請無攻宋」之言不合，而公輸子至聲王時殆逾百歲，其必不可通明矣。詳〈公輸〉篇。

楚惠王五十年，墨子至郢獻書惠王。王受而讀之，曰：「良書也。寡人雖不得天下，而樂養賢人。」墨子辭曰：「翟聞賢人進，道不行不受其賞，義不聽不處其朝。今書未用，請遂行矣。」將辭王而歸，王使穆賀以老辭。《渚宮舊事》二。穆賀見墨子，墨子說穆賀，穆賀大說，謂墨子曰：「子之言則誠善矣。而君王，天下之大王也，毋乃曰賤人之所爲而不用乎？」墨子曰：「唯其可行。譬若藥然，一草之本，天下食之以順其疾；豈曰一草之本而不食哉？今農夫入其稅於大人，大人爲酒醴粢盛以祭上帝鬼神，豈曰賤人之所爲而不享哉？故雖賤人也，上比之農，下比之藥，曾不若一草之本乎？」本書〈貴義〉篇。魯陽文君言於王曰：「墨子，北方賢聖人，君王不見，又不爲禮，毋乃失士。」乃使文君追墨子，以書社五里疑當作「五百里」。封之，不受而去。《渚宮舊事》二。

案：楚惠王在位五十七年，墨子獻書在五十年，年齒已高，故以老辭。余知古之說蓋可信也。《舊事》一亦云「惠王之末，墨翟重繭趨郢，班子折謀」。以墨子生於定王初年計之，年蓋甫及三十，所學已成，故流北方賢聖之譽矣。

嘗游弟子公尚過於越。公尚過說越王，越王大悅，謂公尚過曰：「先生苟能使墨子至於越而教寡人，請裂故吳之地方五百里以封墨子。」公尚過許諾。遂為公尚過束車五十乘以迎墨子於魯，曰：「吾以夫子之道說越王，越王大說，謂過曰：『苟能使墨子至於越而教寡人，請裂故吳之地方五百里以封子。』」本書〈魯問〉篇。墨子曰：「子之觀越王也，能聽吾言，用吾道乎？」公尚過曰：「殆未能也。」墨子曰：「不唯越王不知翟之意，雖子亦不知翟之意。《呂氏春秋·高義篇》。意越王將聽吾言，用吾道，則翟將往，量腹而食，度身而衣，自比於羣臣，奚能以封為哉？抑越不聽吾言，不用吾道，而吾往焉，則是我以義糶也。鈞之糶，亦於中國耳，何必於越哉？」本書〈魯問〉篇。案：疑王翁中晚年事。後又遊楚，謂魯陽文君曰：「大國之攻小國，譬猶童子之為馬也。童子之為馬，足用而勞。今大國之攻小國也，攻者，農夫不得耕，婦人不得織，以守為事；攻人者，亦農夫不得耕，婦人不得織，以攻為事。故大國之攻小國也，譬猶童子之為馬也。」又謂魯陽文君曰：「今有一人於此，羊牛犓豢，雍人但割而和之，食之不可勝食也，見人之作餅，則還然竊之，曰：『舍余食。』不知明安不足乎？其有竊疾乎？」魯陽文君曰：「有竊疾也。」墨子曰：「楚四竟之田，曠蕪而不可勝辟，呼虛數千，不可勝入，見宋、鄭之閒邑，則還然竊之。此與彼異乎？」魯陽文君曰：「是猶彼也，實有竊疾也！」本書〈耕柱〉篇。魯陽文君將攻鄭，墨子聞而止之，謂文君曰：「今使魯四竟之內，大都攻其小都，大家伐其小家，殺其人民，取其牛馬狗豕、布米粟貨財，則何若？」文君曰：「魯四竟之內，皆寡人之臣也。今大都攻其小都，大家伐其小家，奪之貨財，則寡人必將厚罰之。」墨子曰：「夫天之兼有天下也，亦猶君之有四竟之內也。今舉兵將以攻鄭，天誅其不至乎？」文君曰：「先生何止我攻鄭也？我攻鄭順於天之志。鄭人三世殺其父，天加誅焉，使三年不全，我將助天誅也。」墨子曰：「鄭人三世殺其父而天加誅焉，使三年不全，天誅足矣。今又舉兵將以攻鄭，曰：『吾攻鄭也，順於天之志。』譬有人於此，其子強梁不材，故其父笞之，其鄰家之父舉木而擊之，曰：『吾擊之也，順於其父之志。』則豈不悖哉！」本書〈魯問〉篇。

案：「三世殺其父」當作「二世殺其君」。此指鄭人弒哀公及韓武子殺幽公而言，蓋當在楚簡王九年以後，鄭繻公初年事也。或謂三世兼駟子陽弒繻公而言，蘇時學《墨子刊誤》、黃式三《周季編畧》說。則當在楚悼王六年以後，與魯陽文君年代不相及，不足據。魯陽文君，即司馬子期之子公孫寬也。魯哀公十六年已嗣父爲司馬，事見《左傳》。逮鄭繻公被弒之歲，積八十四年，即令其爲司馬時年才及冠，亦已百餘歲，其不相及審矣。

宋昭公時，嘗爲大夫。《史記‧孟荀列傳》、《漢書‧藝文志》並不云何時，今攷定當在昭公時。

案：墨子仕宋，鮑彪謂當景公、昭公時，《戰國策‧宋策》注。非也。以墨子前後時事校之，其爲宋大夫當正在昭公時。景公卒於魯哀公二十六年，見《左傳》，而《史記‧宋世家》及〈六國表〉謂景公卒於魯悼公十七年，殊謬。下距齊太公田和元年，凡八十三年，墨子晚年及見田和之爲諸侯，則必不能仕於景公時審矣。

嘗南遊使於衛，謂公良桓子曰：「衛，小國也，處於齊、晉之間，猶貧家之處於富家之間也。貧家而學富家之衣食多用，則速亡必矣。今簡子之家，飾車數百乘，馬食菽粟者數百匹，婦人衣文繡者數百人。吾取飾車食馬之費與繡衣之財以畜士，必千人有餘。若有患難，則使數百人處於前，數百人處於後，與婦人數百人處前後，孰安？吾以爲不若畜士之安也。」本書《貴義》篇。案：此不詳何年，據云「使於衛」，或仕宋時奉宋君之命而使衛也。昭公末年，司城皇喜專政劫君，《韓非子‧內儲說下》篇云：「戴驩爲宋大宰，皇喜重於君，二人爭事而相害也。皇喜遂殺宋君而奪其政。」又〈外儲說右下〉篇云：「司城子罕殺宋君而奪政。」〈說疑〉篇云：「司城子罕取宋」，又〈二柄〉篇云：「子罕劫宋君」，《韓詩外傳》七、《史記‧李斯傳》、〈上二世書〉、《淮南子‧道應訓》說並同。《說苑‧君道》篇亦云：「司城子罕相宋，逐其君而專其政」。司城子罕當即皇喜。本梁履繩《左通說》。春秋時名「喜」者多以「罕」爲字，見王引之《春秋名字解詁》。王應麟謂即《左傳》之樂喜，則非也。樂喜，宋賢臣，無劫君之事，且與墨子時不相直，《史記索隱》已辯之矣。《呂氏春秋‧召類》篇說前子罕相宋平、元、景三公，亦不逮昭公。梁玉繩《史記志疑》謂後子罕蓋子罕之後，以字爲氏，非是。其事《史記‧宋世家》不載，《史記‧鄒陽傳》稱子罕囚墨子。以墨子年代校之，前不逮景公，後不逮辟公，所相直者惟昭公、悼公、休公三君。《呂氏春秋‧召類》篇高注云：「《春秋》：子罕殺昭公。」攷宋有兩昭公，一在魯文公時，與墨子相去遠甚；一在春秋後魯悼公時，與墨子時代正

相當。子罕所殺宜爲後之昭公。惟高云春秋時，則誤并兩昭公爲一耳。〈宋世家〉雖不云昭公被弒，然秦漢古籍所紀匪一，高說不爲無徵。賈子《新書·先醒》篇、《韓詩外傳》六並云昭公出亡而復國。而《說苑》云子罕逐君專政，或昭公實爲子罕所逐而失國，因誤傳爲被殺，李斯、韓嬰、淮南王書並云「劫君」，劫亦即謂逐也。亦未可知。〈宋世家〉於春秋後事頗多疏畧，如宋辟公被弒，見《索隱》引《紀年》。而《史》亦不載，是其例矣。

而囚墨子。

《史記·鄒陽傳》云：「宋信子罕之計而囚墨翟」，《索隱》云：「《漢書》作子冄，不知子冄是何人。文穎云：子冄，子罕也。」《文選》鄒陽獄中上書自明，亦作子冄，注引文穎說同，又云：「冄音任，善云：未詳。」「冄」不得有任音，疑《史記》「信」字《漢書》、《文選》並作「任」，此或校異文云：「信作任」，誤作「冄音任」也。《新序》三亦作子冄，蓋皆子罕之誤。

老而至齊，見太王田和，曰：「今有刀於此，試人之頭，倅然斷之，可謂利乎？」太王曰：「利」。墨子曰：「多試之人頭，倅然斷之，可謂利乎？」太王曰：「利。」墨子曰：「刀則利矣，孰將受其不祥？」太王曰：「刀受其利，試者受其不祥。」墨子曰：「并國覆軍，賊殺百姓，孰將受其不祥？」太王俯仰而思之曰：「我受其不祥。」本書〈魯問〉篇。《北堂書鈔》八十三引《新序》，有齊王問墨子語，蓋亦太公田和也。此皆追稱爲王，當在命爲諸侯以後事。齊將伐魯，墨子謂齊將項子牛曰：「伐魯，齊之大過也。昔者吳王東伐越，棲諸會稽；西伐楚，葆昭王於隨；北伐齊，取國子以歸於吳。諸侯報其讎，百姓苦其勞，而弗爲用，是以國爲虛戾、身爲刑戮也。昔者智伯伐范氏與中行氏，兼三晉之地，諸侯報其讎，百姓苦其勞，而弗爲用，是以國爲虛戾、身爲刑戮。用是也，故大國之攻小國也，是交相賊也，過必反於國。」同上。卒，蓋在周安王末年，當八、九十歲。

案：墨子卒年無攷，以本書校之，〈親士〉篇說吳起車裂事，在安王二十一年，〈非樂〉篇說齊康公興樂，康公卒於安王二十三年，自是以後，更無所見。〈親士〉篇有孟賁，〈所染〉篇有宋康王，皆後人增益，非墨子所逮聞也。則墨子或即卒於安王末年。安王二十六年崩，距齊康公之卒僅三年。葛洪《神仙傳》載墨子年八十有二，入周狄山學道。其說虛誕不足論，然墨子年壽必逾八十，則近之耳。互詳〈年表〉。

所箸書，漢劉向校錄之，爲七十一篇。《漢書·藝文志》。

案：《墨子》書今存五十三篇，蓋多門弟子所述，不必其自箸也。《神仙

傳》作十篇，《荀子》楊注作三十五篇，並非。

**墨子年表二**　更生案：仲容〈墨子年表〉係取定王元年迄安王二十六年，凡九十有三年，表其年數。而以五十三篇書，關涉諸國及古書說墨子佚事，附著之。今依原表，畧加改作，便觀覽也。

| 西元前甲子 | 君主紀元 | 列國大事紀要 | 墨 子 時 事 |
|---|---|---|---|
| 468 癸酉 | 周貞定王元　年 | 魯哀公卒。 | 〈親士〉篇：越王句踐遇吳王之醜而尚攝中國之賢君。亦見〈所染〉、〈兼愛〉、〈非攻〉、〈公孟〉諸篇。 |
| 465 丙子 | 四　年 | 越王句踐卒。 | |
| 455 丙戌 | 十四年 | 鄭人弑其君哀公。 | 〈魯問〉篇：鄭人三世殺其君。哀公或即其一。 |
| 454 丁亥 | 十五年 | 魏、韓、趙與智伯分范中行地。 | 〈非攻中〉篇：智伯攻中行氏、范氏，并三家以為一家。 |
| 453 戊子 | 十六年 | 智伯與魏、韓圍趙襄子於晉陽，魏、韓、趙反殺智伯。 | 〈非攻中〉篇：智伯圍趙襄子於晉陽，韓、魏、趙氏擊智伯，大敗之。亦見〈魯問〉篇。 |
| 448 癸未 | 廿一年 | | 〈魯問〉篇：公尚過說越王，越王使公尚過迎墨子於魯。疑為王翁中晚年事。 |
| 448 甲午 | 廿二年 | 楚滅蔡。 | 〈非攻中〉篇：蔡亡於吳、越之間。 |
| 440 辛丑 | 周考王元　年 | | 〈魯問〉篇：公輸般至楚，為舟戰器，敺敗越人。墨子與論鉤拒。〈公輸〉篇：般為雲梯將攻宋，墨子至郢，見楚王，乃不攻宋。《渚宮舊事》並在惠王五十年以前。附記於此。 |
| 439 壬寅 | 二　年 | 楚惠王五十年 | 〈貴義〉篇：墨子遊楚，見惠王，王以老辭。《渚宮舊事》：惠王以書社封墨子，不受而歸。 |
| 431 庚戌 | 十　年 | 楚簡王元年滅莒。 | 〈非攻中〉篇：莒亡於齊、越之間。 |
| 425 丙辰 | 周威烈王元　年 | | |
| 422 戊午 | 三　年 | 韓武子伐鄭殺幽公。 | 〈魯問〉篇：魯陽文君將攻鄭，曰：鄭人三世殺其父。疑當作二世殺其君，即指哀公、幽公被殺也。詳本篇。 |

| 411 己巳 | 十四年 | 田莊子伐魯，攻葛及安陵。 | 〈魯問〉篇：齊項子牛三侵魯地。此攻葛及安陵，或即三侵之一。 |
|---|---|---|---|
| 410 庚午 | 十五年 | 齊伐魯取都，田和繼爲相。 | 齊伐魯取都，或亦三侵之一。 |
| 409 壬申 | 十七年 | 魯穆公元年。 | 〈魯問〉篇：魯君謂墨子曰：恐齊攻我。疑即穆公。 |
| 408 癸酉 | 十八年 | 田和伐魯取郕。 | 齊伐魯取郕，或亦三侵之一。 |
| 406 乙亥 | 二十年 | 魏滅中山。 | 〈所染〉篇：中山尙染於魏義、偃長。案：中山尙疑即中山桓公，爲魏文侯所滅。 |
| 404 丁丑 | 廿二年 | 宋昭公薨。案：疑爲皇喜所弒。齊康公元年。 | 《呂氏春秋·召類》篇注：子罕殺昭公。《史記》：宋信子罕之計而囚墨翟。疑昭公實被弒，囚墨子即其季年事。 |
| 403 戊寅 | 廿三年 | 魏文侯廿二年，韓景侯六年，趙烈侯六年，始命爲諸侯。 | 〈公輸〉篇：公輸般爲楚造雲梯，將攻宋。墨子至郢，說止之。當在惠王時。蘇時學謂即此年聲王圍宋時事，非是。 |
| 401 庚辰 | 周安王元　年 | | |
| 396 乙酉 | 六　年 | 鄭人弒繻公。 | 〈魯問〉篇：魯陽文君曰鄭人三世殺君，或謂指哀、幽、繻三君，然與文君年不合。 |
| 394 丁亥 | 八　年 | 田和伐魯取最。 | 黃式三謂魯陽文君將攻鄭在此年，未塙。齊伐魯或即〈魯問〉篇三侵魯地事。 |
| 386 乙未 | 十六年 | 田齊太公和元年始命爲諸侯。 | 〈魯問〉篇：墨子見齊太王，即太公和。〈新序〉亦載齊王與墨子問答，即田和也。 |
| 385 丙申 | 十七年 | 田齊二伐魯，破之。 | 齊伐魯，或即〈魯問〉篇三侵魯地事。 |
| 381 庚子 | 廿一年 | 楚悼王薨，羣臣殺吳起。 | 〈親士〉篇：吳起之裂，其事也。 |
| 379 壬寅 | 廿三年 | 齊康公卒，田氏并其國。 | 〈非樂上〉篇：齊康公興樂萬。 |
| 378 癸卯 | 廿四年 | 田齊威王元年 | 以後時事，本書無所見，疑墨子之卒即在安王末年。 |

## （二）墨學傳授之斠理

觀古籍所載墨子遺事，知墨家徒屬之眾，學術之昌，幾與洙泗相埒，然逮及秦漢，墨學蒙世詬病，其徒屬之名籍亦莫能紀述，使後之好墨道者，於墨學傳授頗多揣測，仲容著《閒詁》，特刊集《墨子》本書及先秦諸子之述墨學傳授者，叱摘而鉤稽之，成〈墨學傳授攷〉。綜其所著，僅得墨子弟子十五人，附存三人。再傳弟子三人，三傳弟子一人，治墨術而不詳其傳授系次者十三人，襍家四人。繼而嘆曰：「彼勤生薄死，以赴天下之急，而姓名漸滅，與艸木同盡者，殆不知凡幾，嗚呼！悕已！」孫氏之覽文興感，非治墨學者所同具耶！

仲容之考墨學傳授，舉廢鉤沈，至爲精博；欲加傳錄，恐或不易。茲謹依孫著製〈墨學傳授表〉一通，取精用弘，袪繁竭累，以見其要。惟禽滑釐於墨門關係特鉅，雖列諸表中，仍述其行事如次。

> 禽子名滑釐，本書〈公輸〉篇。案：司馬貞《史記索隱》、成玄英《莊子疏》並以滑釐爲字，非是。滑釐，《呂氏春秋·當染》篇作「滑黎」，〈尊師〉篇作「滑黎」，《列子·楊朱》篇作「骨釐」，《漢書·古今人表》及《列子釋文》並作「屈釐」，《漢書·儒林傳》作「滑氂」，疑正字當作「屈氂」，詳〈公輸〉篇。與田子方、段干木、吳起受業於子夏，《史記·儒林傳》。後學於墨子，《呂氏春秋·當染》篇。盡傳其學，與墨子齊俌。《莊子·天下篇》以墨翟、禽滑釐並傳。禽子事墨子三年，手足胼胝，面目黎黑，役身給使，不敢問欲，墨子甚哀之，乃具酒脯，寄於太山，擞茅坐之，以醮禽子。禽子再拜而嘆。墨子曰：「亦何欲乎？」禽子再拜再拜曰：「敢問守道。」本書〈備梯〉篇。又曰：「由聖人之道，鳳鳥之不出，諸侯畔殷、周之國，甲兵方起於天下，大攻小，強執弱，吾欲守小國，爲之奈何？」墨子曰：「何攻之守？」禽子對曰：「今之世，常所以攻者：臨、鉤、衝、梯、堙、水、穴、突、空洞、蛾傳、轒轀、軒車，敢問守此十二者奈何？本書〈備城門〉篇。」墨子遂語以守城之具六十六事。李筌《太白陰經·守城具》篇六十六事，一作「五十六事」，今本書〈備城門〉以下十餘篇皆其語也。楚惠王時，公輸般爲楚造雲梯之械成，將以攻宋，墨子自魯至郢止之，使禽子諸弟子三百人持守圉之器在宋城上而待楚寇，楚卒不攻宋。本書〈公輸〉篇。禽子問於墨子曰：「錦繡絺紵，將安用之？」墨子曰：「惡！是非吾用務也。古有無文者得之矣，夏禹是也。卑小宮室，損薄飲食，土階三等，衣裳細布。

當此之時，黼黻無所用，而務在於完堅。殷之盤庚，大其先王之室，而改遷於殷，茅茨不翦，采椽不斲，以變天下之視。當此之時，文采之帛將安所施？夫品庶非有心也，以人主爲心，苟上不爲，下惡用之？二王者以身先於天下，故化隆於其時，成名於今世也。且夫錦繡絺紵，亂君之所造也，其本皆興於齊景公喜奢而忘儉，幸有晏子以儉鐫之，然猶幾不能勝。夫奢安可窮哉！紂爲鹿臺糟邱，酒池肉林，宮牆文畫，雕琢刻鏤，錦繡被堂，金玉珍瑋，婦女優倡，鍾鼓管絃，流漫不禁，而天下愈竭，故卒身死國亡，爲天下戮，非惟錦繡絺紵之用邪！今當凶年，有欲予子隨侯之珠者，不得賣也，珍寶而以爲飾。又欲予子一鍾粟者，得珠者不得粟，得粟者不得珠，子將何擇？」禽子曰：「吾取粟耳，可以救窮。」墨子曰：「誠然，則惡在事夫奢也。長無用，好末淫，非聖人之所急也。故食必常飽，然後求美；衣必常暖，然後求麗；居必常安，然後求樂。爲可長，行可久，先質而後文，此聖人之務。」禽子曰：「善！」《說苑‧反質》篇。禽子問：「天與地孰仁？」墨子曰：「翟以地爲仁。太山之上則封禪焉，培塿之側則生松柏，下生黍苗莞蒲，水生黿鼉龜魚，民衣焉，食焉，死焉，地終不責德焉。故翟以地爲仁。」《藝文類聚‧地部》引本書。禽子問曰：「多言有益乎？」墨子曰：「蝦蟆蛙黽日夜而鳴，舌乾擗，然而人不聽之。今鶴雞時夜而鳴，天下振動。多言何益？唯其言之時也。」《太平御覽‧言語部》引本書。楊朱後於墨子，其說在愛己，不拔一毛以利天下，與墨子相反。《荀子‧王霸》篇楊注、殷敬順《列子釋文》。墨子兼愛、尚同、右鬼、非命，而楊朱非之，《淮南子‧氾論訓》。禽子與之辯論。《荀子》注、《列子釋文》。禽子問楊朱曰：「去子體之一毛，以濟一世，汝爲之乎？」楊子曰：「世固非一毛之所濟。」禽子曰：「假濟，爲之乎？」楊子弗應。禽子出，語孟孫陽。孟孫陽曰：「子不達夫子之心，吾請言之。侵若肌膚獲萬金者，若爲之乎？」曰：「爲之！」孟孫陽曰：「有斷若一節得一國，子爲之乎？」禽子默然。有閒，孟孫陽曰：「一毛微於肌膚，肌膚微於一節，省矣。然則積一毛以成肌膚，積肌膚以成一節，一毛固一體萬分之一物，奈何輕之乎？」禽子曰：「吾不能所以答子。然以子之言問老耼關尹，則子言當矣；以吾言問大禹墨翟，則吾言當矣。」《列子‧楊朱》篇。列子又云：「衛端木叔者，子貢之世也。藉其先貲，家累萬金，不治世故。及其死也，無瘞埋之資，一國之人受其施者，相與賦而藏之。禽骨釐聞之，曰：端木叔，狂人也，辱其祖矣。」此與墨學無與，附箸於此。

更生案：以上為仲容所作〈禽子小傳〉。惟末引《列子‧楊朱》篇禽子
楊朱問荅語，《列子》乃魏晉間人所偽造，其言右楊朱而左墨家，若禽
子果與楊朱辯論，其言論之價值，恐尚不止此也。禽子初受文學於子
夏，後從墨子，更講守禦之道，其人文武之才，蓋如吳起，而道德高
尚，用之以救當世之急，而無一毫利祿功名之心，墨子之化也。其於
墨家地位之高，頗似顏元門下之李塨，故〈耕柱〉篇亦稱子禽子，墨
學之顯於當世，禽子蓋大有力焉。

# 墨學傳授統緒表

## （一）墨子親炙弟子十八人

| 姓　名 | 生地 | 傳授系次 | 生　平　事　蹟 | 根　據 | 備　注 |
|---|---|---|---|---|---|
| 禽滑釐 | | 初受業於子夏後學於墨子與墨子齊稱 | 事墨子三年，手足胼胝，面目黎黑，役身給使，不敢問欲，墨子哀而醮之，禽子因問守道，墨子遂語以守城之具六十六事。 | 見《史記‧儒林傳》、《呂氏春秋‧當染》篇，本書〈公輸〉篇、〈備城門〉篇、〈備梯〉及《藝文類聚》、《太平御覽》引本書。 | |
| | | | 楚欲攻宋，禽子受墨子命與同門三百人為宋守城。與墨子論文質先後，及天地孰仁。多言是否有益。又與楊朱辯論。 | 「楚欲」說之根據見《說苑‧反質》篇、《列子‧楊朱》篇。 | |
| 高石子 | | 墨子弟子 | 仕衛，衛君致祿甚厚，而言不行。去而往齊，見墨子，墨子告禽子譽為倍祿向義者。 | 見本書〈耕柱〉篇。 | |
| 高　何 | 齊人 | 墨子弟子 | 初為暴者，指於鄉曲，學於墨子，為天下名士顯人。 | 《呂氏春秋‧尊師》篇。 | |
| 縣子碩 | 齊人 | 墨子弟子 | 行事與高何同。問墨子為義孰為大務。 | 《呂氏春秋‧尊師》篇，本書〈耕柱〉篇。 | 《呂覽》「碩」作「石」，字通。 |
| 公尚過 | | 墨子弟子 | 墨子嘗言過於同歸之物，信有誤者，既已知其要矣，是以不教以書。 | 《呂氏春秋‧高義》篇。 | 《呂覽》作「公上過」。 |
| | | | 過曾仕越，並為越王迎墨子，墨子不就。 | 本書〈貴義〉篇、〈魯問〉篇。 | |

| | | | | | |
|---|---|---|---|---|---|
| 耕柱子 | | 墨子弟子 | 墨子嘗稱耕柱子足以責比之敺驥。<br>耕柱子仕楚曾遺十金於墨子。 | 本書〈耕柱〉篇。 | |
| 魏越 | | 墨子弟子 | 魏越問:「既得見四方之君子,則將孰先語?」墨子曰:凡入國必擇務而從事焉。 | 本書〈魯問〉篇。 | |
| 隨巢子 | | 墨子弟子 | 墨子尙儉,隨巢子傳其術,著《隨巢子》六篇。 | 《漢書・藝文志》、《史記自序・正義》引韋昭說。 | 《隋書・經籍志注》云:巢似墨翟弟子。則以巢爲名。 |
| 胡非子 | 齊人 | 墨子弟子 | 著有《胡非子》三篇。 | 《漢書・藝文志》 | 《隋書・經籍志》亦非爲名,但《元和姓纂》有胡非氏,梁玉繩以胡非子爲齊人。 |
| 管黔遨 | 齊人 | 墨子弟子 | 嘗遊高石子於衛。 | 本書〈耕柱〉篇。 | |
| 高孫子 | | 墨子弟子 | 勝綽從項子牛三侵魯地,墨子使高孫子請而退之。 | 本書〈魯問〉篇。 | |
| 治徒娛 | | 墨子弟子 | 與縣子碩同問爲義之大務於墨子。 | 本書〈耕柱〉篇。 | |
| 跌鼻 | | 墨子弟子 | 跌鼻問墨子何故有疾,墨子曰:人之所得於病者多方。 | 本書〈公孟〉篇。 | |
| 曹公子 | | 墨子弟子 | 曾仕於宋,反而疑墨子之道,墨子責之。 | 本書〈魯問〉篇。 | |
| 勝綽 | | 墨子弟子 | 墨子使勝綽事齊項子牛,三侵魯地而綽從之,墨子責其以祿勝義,請而退之。 | 本書〈魯問〉篇。 | |
| 鼓輕生子 | | 墨子弟子 | 墨子與之論知來。 | 本書〈魯問〉篇。 | 此三人並見本書,是否墨子弟子,無可質證,謹附此以備攷。 |
| 孟山 | | 墨子弟子 | 墨子與之論王子閭。 | 本書〈魯問〉篇。 | |
| 弦唐子 | | | 墨子南遊,載書甚多,弦唐子怪而問之,墨之與之論書。 | | |

## (二)墨子再傳弟子三人

| 姓　名 | 生地 | 傳授系次 | 生　平　事　蹟 | 根　據 |
|---|---|---|---|---|
| 許犯 | | 禽子弟子 | 許犯學於禽滑釐。 | 《呂氏春秋・當染》篇。 |
| 索盧參 | | 禽子弟子 | 東方之鉅狡,學於禽滑釐,爲天下名士顯人。 | 《呂氏春秋・尊師》篇。 |
| 屈將子 | 楚人 | 胡非子弟子 | 屈將子好勇,胡非子爲言五勇,將悅稱善,乃請爲弟子。 | 《太平御覽》引《胡非子》。 |

（三）墨子三傳弟子一人

| 姓　名 | 生地 | 傳授系次 | 生　平　事　蹟 | 根　　據 |
|---|---|---|---|---|
| 田　繫 | | 許犯弟子 | 田繫學於許犯，顯榮於天下。 | 《呂氏春秋・當染篇》。 |

（四）治墨術而不詳其傳授系次者十人

更生案：仲容原作，於此類共十三人，惟其中三人如孟勝、田襄子、腹䵍乃墨家鉅子，允宜另列，故茲不并錄。

| 姓　名 | 生地 | 傳授系次 | 生　平　事　蹟 | 根　　據 | 備　注 |
|---|---|---|---|---|---|
| 田俅子 | 齊人 | | 學墨子之術，曾遊秦仕楚，與楚王論墨子之言所以多而不辯。著有《田俅子》三篇。 | 《呂氏春秋・道時》篇、《韓非子・問田》篇及〈外儲說・左上篇〉、《漢書・藝文志》。 | |
| 相里勤 | | | 南方之墨師也，為三墨之一。著書七篇。 | 《韓非子・顯學》篇、《莊子・天下篇》、《元和姓纂》。 | |
| 相夫氏 | | | 三墨之一。 | 《韓非子・顯學》篇。 | 《元和姓纂》作伯夫氏 |
| 鄧陵子 | 楚人 | | 南方之墨者，誦《墨經》，亦三墨之一，有著書。 | 《莊子・天下》篇、《韓非子・顯學》篇。 | |
| 苦　獲 | 楚人 | | 南方之墨者，誦《墨經》。 | 《莊子・天下》篇。 | |
| 己　齒 | 楚人 | | 南方之墨者，誦《墨經》。 | 《莊子・天下》篇。 | |
| 五侯子 | | 相里勤之弟子 | 與南方之墨者苦獲、己齒、鄧陵子之屬俱誦《墨經》。 | 《莊子・天下》篇。 | |
| 我　子 | | | 為墨子之學，著書二篇。 | 《漢書・藝文志》及顏注引劉向《別錄》。 | |
| 纏　子 | | | 修墨子之業以教於世，與儒者董無心論難，著書一卷。 | 《論衡・福虛》篇、《意林》引《纏子》。 | |
| 徐　弱 | | 孟勝弟子 | 與孟勝同死楚陽城君之難。 | 《呂氏春秋・上德》篇。 | |

仲容案曰：「《墨經》即《墨辯》，今書〈經〉、〈說〉四篇及〈大取〉、〈小取〉二篇，蓋即相里子、鄧陵子之倫所傳誦而論說者也。」又案：「《陶潛集聖賢羣輔錄》末附載三墨云：『不累於俗，不飾於物，不尊於名，《莊子・天下》篇作「不

苟於人」。不忮於眾，此宋鈃、尹文之墨。鈃，從《莊子》作「銒」，即《孟子》之宋牼也。裘褐爲衣，跂蹻爲服，日夜不休，以自苦爲極者，相里勤、五侯子之墨。俱誦《墨經》而背誦不同，相爲別墨；以堅白，此亦本《莊子》而文義未全，豈僞託者失其句讀，抑傳寫有脫誤邪？此苦獲、己齒、鄧陵子之墨。』此別據《莊子・天下》篇爲三墨，與《韓非》書殊異。北齊陽休之所編《陶集》即有此條。宋本《陶集》宋庠〈後記〉云：「八儒三墨二條，此似後人妄加，非陶公本意。」攷《莊子》本以宋鈃、尹文別爲一家，不云亦爲墨氏之學。以所舉二人學術大畧攷之，其崇儉非鬭雖與墨氏相近，《荀子・非十二子》篇以墨翟、宋鈃並稱。而師承實迥異，乃強以充三墨之數，而《韓非》所云相夫氏之墨者反置不取，不知果何據也？宋鈃書《漢書・藝文志》在小說家，云黃老意。尹文書在名家，今具存，其〈大道上〉篇云：『大道治者，則名、法、儒、墨自廢。』又云：『是道治者，謂之善人；藉名、法、儒、墨者，謂之不善人。』則二人皆不治墨氏之術，有明證矣。近俞正燮《癸巳類稿・墨學論》亦以宋牼爲墨徒，誤與《羣輔錄》同。《羣輔錄》本依託，不出淵明，而此條尤疏謬，今不據補錄。」

（五）墨家鉅子者三人

　　案，仲容考鉅子之義曰：「《莊子・天下》篇說墨云『以巨子爲聖人，皆願爲之尸，冀得爲其後世』，郭象注云：『巨子最能辯其所是，以成其行。』《釋文》：『巨，向秀、崔譔本作「鉅」。向云：墨家號其道理成者爲鉅子，若儒家之碩儒。』《呂氏春秋・上德》篇云：『墨者以爲不聽鉅子不察』，又有墨者鉅子孟勝、田襄子、腹䵍三人，高誘以鉅子爲人姓名，非也。以莊、呂二子所言推之，墨家鉅子蓋若後世儒家大師，開門授徒，遠有端諸，非學行純卓者，固不足以當之矣。」

| 孟　勝 | | 爲墨者鉅子，死楚陽城君之難，弟子隨而死者百八十五人。 | 《呂氏春秋・上德》篇 |
| 田襄子 | 宋人 | 田襄子宋之賢者，孟勝死，使弟子二人屬鉅子於襄。 | 《呂氏春秋・上德》篇 |
| 腹　䵍 | | 墨者鉅子，居秦，其子殺人，惠王令吏勿誅，腹䵍不許，卒以墨子之法殺之。 | 《呂氏春秋・去私》篇 |

（六）墨學雜家四人

　　案，仲容曰：「凡治墨術而無從攷其學業優劣及傳授端緒者」，列爲墨氏襍家。

| 夷　之 | | 治墨家之道者，因徐辟求見孟子。孟子與之論難，並斥之葬其親厚，則是以所賤事親也。 | 《孟子·滕文公上》篇及趙岐注 |
| 謝　子 | 國東人 | 東方之墨者，西見秦惠王以賢於唐姑果，為其所譖而說不行。 | 《呂氏春秋·去宥》篇及高誘注 |
| 唐姑果 | 秦人 | 秦之墨者，其譖謝子曰：「謝子東方之辯士也，其為人甚險，將奮其說以取少主也。」 | 《呂氏春秋·去宥》篇 |
| 某　翟 | 鄭人 | 兄緩為儒，而翟為墨，儒墨相與辯，其父助翟。十年而緩自殺。 | 《莊子·列禦寇》篇 |

　　案，仲容又曰：「唐姑果媢賢自營，違墨氏尚賢、尚同之恉。鄭人翟爭論儒墨而殺其兄，則亦非悌弟也，故附於墨學襍家之末。又《孟子·告子》篇趙注謂告子兼治儒墨之學，其人無可攷。本書〈公孟〉篇有告子，亦恐非一人。《淮南子·人閒訓》云，『代君為墨而殘』，許注云：『代君，趙之別國，不詳其名及時代。』則疑是趙武靈王子代君章，〔註88〕此並無可質證，謹附識於此，以備攷。」

## （三）墨書眞僞之辨別

　　墨書多非墨子自著，此一事實已於本文第四節（丙）項墨書眞僞問題內畧發其凡。就仲容《墨子閒詁·序》所言，自〈尚賢〉至〈非命〉等三十篇，似為墨家之基本思想，是及門弟子所傳述者。〈經說〉上下及〈大取〉、〈小取〉，似原出墨子，而諸鉅子以其說綴益之。〈備城門〉以下十一篇，則又禽滑釐所受兵家之遺法。〈脩身〉、〈親士〉、〈所染〉三篇，皆後人以儒言緣飾之，非其本書。仲容參綜各篇文義詞例，以及前人之成說，對全書五十三篇之眞僞嘗有考辨，其分析或未盡謹嚴，體類或間有闕罅，措辭或有所疏畧，但椎輪大輅，亦不無參攷之價值，特分類輯錄其說如下。

### （1）墨子之基本思想而為及門弟子所傳述者

〈尚賢〉　《經典釋文·敘錄》引鄭康成《書贊》云：「尚者，上也。」《淮南子·氾論訓》云：「兼愛、上賢、右鬼、非命，墨子之所立也，而楊子非之。」

〈尚同〉　「尚」亦與「上」通，《漢書·藝文志》作「上同」，注：「如淳云：言皆同，可以治也。」趙岐《孟子章指》云：「墨子玄同質而違中」亦指此。

---

〔註88〕　見《趙世家》。

〈兼愛〉　刑昺《爾雅疏》引《尸子・廣澤》篇云:「墨子貴兼。」畢云:
　　　　　「𢘥好之字作𢘥。从夂者行兒,經典通用此。」

〈非攻〉　〈淮南子・氾論訓〉高注云:「非,猶譏也。」

〈節用〉　更生案:仲容於此篇題下無說。

〈節葬〉　畢云:「《說文》云:『葬,臧也。从死在茻中,一其中,所以
　　　　　薦之。《易》曰:古之葬者,厚衣之以薪。』又云:『節,竹
　　　　　約也。』經典借爲約之義。」

〈天志〉　〈春秋繁露・楚莊王〉篇云:「事君者儀志,事父者承意,事
　　　　　天亦然」,此天志之義也。畢云:「《玉篇》云『志,意也。』
　　　　　《說文》無志字,鄭君注《周禮》云:『志古文識。』則識與
　　　　　志同。又篇中多或作『之』,疑古文『志』亦只作『之』也。」

〈明鬼〉　《淮南子・氾論訓》作「右鬼」,高注云:「右,猶尊也。」《漢
　　　　　書・藝文志》亦同,顏注引此作「明鬼神」,疑衍「神字」。
　　　　　明,謂明鬼神之實有也。

〈非樂〉　《荀子・富國》篇楊注云:「墨子言樂無益於人,故作〈非樂〉
　　　　　篇。」

〈非命〉　《漢書・藝文志》注:「蘇林云:非有命者言儒者執有命而反
　　　　　勸人修德積善,政教與行相反,故譏之也。如淳云:言無吉
　　　　　凶之命,但有賢不肖善惡。」〈祭法〉孔疏引《孝經援神契》
　　　　　云:「命有三科:有受命以任慶,有遭命以謫暴,有隨命以督
　　　　　行。受命謂年壽也,遭命謂行善而遇凶也,隨命謂隨其善惡
　　　　　報之。」《白虎通義・壽命》篇及王充《論衡・命義》篇說三
　　　　　命略同。墨子所非者,即三命之說也。

〈非儒〉　畢云:「《孔叢・詰墨》篇多引此詞,此述墨氏之學者設師言
　　　　　以折儒也。故〈親士〉諸篇無『子墨子言曰』者,翟自著也,
　　　　　此無『子墨子言曰』者,門人小子臆說之詞,并不敢以誣翟
　　　　　也,例雖同而異事。後人以此病翟,非也。《說文》云:『儒,
　　　　　柔也,術士之稱。』」案:《荀子・儒效》篇云:「逢衣淺帶,
　　　　　解果其冠,畧法先王而足亂世;術繆學雜,舉不知法後王而
　　　　　一制度,不知隆禮義而殺《詩》、《書》,其衣冠行僞已同於世
　　　　　俗矣,然而不知惡者,其言議談說已無以異於墨子矣,然而

明不能分別；呼先王以欺愚者而求衣食焉，得委積足以揜其口，則揚揚如也；隨其長子，事其便辟，舉其上客，億然若終身之虜而不敢有他志，是俗儒者也。」是周季俗儒信有如此所非者，但并以此非孔子，則大氏誣詆增加之辭，儒墨不同術，亦不足異也。畢氏強為之辯，理不可通。

〈耕柱〉　　更生案：仲容於此篇題下無說。

〈貴義〉　　更生案：仲容於此篇題下無說。

〈公孟〉　　更生案：仲容於此篇題下無說。

〈魯問〉　　更生案：仲容於此篇題下無說。

〈公輸〉　　《淮南子‧道應訓》云：「墨子為守攻，公輸般服，而不肯以兵知。」即本此篇。

更生案：自〈尚賢〉至〈非命〉二十三篇內，除〈非攻上〉篇無「子墨子曰」外，其餘各篇皆引，疑此篇上有脫文。〈魯問〉篇云：「子墨子曰：凡入國，必擇務而從事焉。國家昏亂，則語之尚賢、尚同；國家貧，則語之節用、節葬；國家憙音湛湎，則語之非樂、非命；國家淫僻無禮，則語之尊天、事鬼；國家務奪侵凌，則語之兼愛、非攻。」所言篇目與此二十三篇合，故自來學者均以此為墨子之基本思想。至於分作上、中、下三篇，或闕或存，信其內容必大同而小異。《韓非子‧顯學》篇云：「自墨子之死也，有相里氏之墨，有相夫氏之墨，有鄧陵氏之墨；……墨離為三。」足證三派各說所聞，後人合以成書，致一篇而有三也。一如《論語》之有齊、魯、古三家，想孔、墨之時，學術傳授，大抵如此。至於〈非儒〉下篇，內容多與〈非樂〉、〈非命〉、〈節用〉、〈節葬〉等相似；惟闕「上篇」，依仲容駁畢氏之言推之，墨之非儒，實不足異，故係墨子後學所說無疑。

〈耕柱〉、〈公孟〉、〈魯問〉、〈公輸〉四篇，似係墨子門人或後學記述墨子與弟子，及弟子與時人問答之語，體裁頗類《論語》，〈耕柱〉篇又論明鬼、貴義、非攻；〈公孟〉篇又言非攻、非樂、節用、節葬；〈魯問〉篇又言非攻、天志、尚同、節用、明鬼以及貴義等，〈公輸〉篇則逐言非攻與守禦之法。此四篇雖系統條貫，但其傳述墨子學說，應毋庸疑。是以仲容《墨子閒詁‧序》曰：「自〈尚賢〉至〈非命〉三十篇，所論署備，足以盡其恉要矣。」〈非儒〉以下各篇，仲容固不言其類別，但究其文誼，實多與其他二十三篇相出入，同係墨子弟子或後學所記，特本孫氏之意，并入第一類內。

（2）疑係墨子基本思想之餘義或係脫簡

〈法儀〉　畢云：「法，《說文》云：『灋，刑也，平之如水，从水。廌，所以觸不直者去之。法，今文省。』此借爲法度之義。儀，義如渾天儀之儀。《說文》云：『儀，榦也。』儀與橀音相近。又《說文》云：『橀，度也。』亦通。」詒讓案：《爾雅・釋詁》云：「儀，榦也。」與《說文》「橀」說解同。《管子・形勢解》篇云：「法度者萬民之儀表也。」此篇所論，蓋〈天志〉之餘義。

〈七患〉　以下二篇所論皆〈節用〉之餘義。

〈辭過〉　畢云：「辭受之字从受，經典假借用此。過，謂宮室、衣服、飲食、舟車、蓄私五者之過也。」詒讓案：此篇與〈節用〉篇文意畧同，《羣書治要》引并入〈七患〉篇，此疑後人妄分，非古本也。

〈三辯〉　畢云：「此辯聖王雖用樂，而治不在此。三者，謂堯舜及湯及武王也。」詒讓案：此篇所論蓋〈非樂〉之餘義。

（3）疑與莊周所述惠施公孫龍之論相出入爲名家言

〈經上〉　畢云：「此翟自著，故號曰〈經〉，中亦無『子墨子曰』云云。按宋潛谿云：『上卷七篇號曰〈經〉，中卷、下卷六篇號曰〈論〉。』上卷七篇則自〈親士〉至〈三辯〉也。此〈經〉似反不在其數。然本書固稱〈經〉，詞亦最古，豈後人移其篇第與？唐、宋傳注亦無引此，故譌錯獨多，不可句讀也。」案：以下四篇皆名家言，又有算術及光學、重學之說，精眇簡奧，未易宣究。其堅白異同之辯，則與公孫龍書及《莊子・天下》篇所述惠施之言相出入。《莊子》又云：「相里勤之弟子五侯之徒，南方之墨者苦獲、己齒、鄧陵子之屬，俱誦《墨經》而倍譎不同，相爲別墨，以堅白同異之辯相訾，以觭偶不仵之辭相應」，《莊子》言即指此〈經〉。《晉書・魯勝傳・注墨辯敘》云：「《墨辯》有〈上〉、〈下經〉，〈經〉各有〈說〉，凡四篇，與其書眾篇連第，故獨存」，亦即此四篇也。《莊子・駢拇》篇又云：「駢於辯者，纍瓦結繩竄句，遊心於堅白同異之間，而敝跬譽無用之言非乎？而楊墨是已。」據《莊子》所

言，則似戰國之時墨家別傳之學，不盡墨子之本恉。畢謂翟所自著，攷之未審。

〈經下〉　更生案：仲容於此篇題下無說。

〈經說上〉更生案：仲容於此篇題下無說。

〈經說下〉此篇以〈經下〉校之，文有闕佚，畢注疏繆殊甚，與〈經〉尤多不相應，今並依張氏別爲攷正。畢本句讀亦多舛誤，今不悉論。篇中論景鑑及升重、轉重諸法，與今泰西光、重學說畧同，掌涉未深，以竢達者。

〈大取〉　畢云：「篇中言『利之中取大』即『大取』之義也。意言聖人厚葬固所以利親，盛樂固所以利子，而節葬、非樂則利尤大也，墨者固取此。」案：畢說非也。此與下篇亦《墨經》之餘論，其名〈大取〉、〈小取〉者，與取譬之取同。〈小取〉篇云：「以類取，以類予」，即其義。篇中凡言「臧」者，皆指臧獲而言。畢並以「葬親」爲釋，故此亦有「厚葬」、「節葬」之說，並謬。此篇文多不相屬，蓋皆簡札錯亂，今亦無以正之也。

〈小取〉　更生案：仲容於此篇題下無說。

## （4）墨者守禦之法

〈備城門〉自此至〈襍守〉，凡二十篇，皆禽滑釐所受守城之法也。畢云：「《說文》云：『備，愼也。』『葡，具也。』經典通用偹爲葡具之字，此二義俱通。」詒讓案：「五十二」吳鈔本作「五十四」，則前當有兩闕篇，未知是否？李筌《太白陰經·守城具》篇云：「禽滑釐問墨翟守城之具，墨翟荅以六十六事」，即指以下數篇言之。「六十六事」別本《陰經》作「五十六事」。今兵法諸篇，闕者幾半，文字復多脫互，與李筌所舉事數不相應，所記兵械名制，錯襍舛誤，無可質證。

〈備高臨〉更生案：仲容於此篇題下無說。

〈備梯〉　更生案：仲容於此篇題下無說。

〈備水〉　更生案：仲容於此篇題下無說。

〈備突〉　此篇前後疑有挩文。

〈備穴〉　〈備城門〉篇說攻其十二，穴在突前，此次與彼不同，疑亦傳

寫移易，非其舊也。

〈備蛾傅〉　前〈備城門〉篇「蛾」作「蟻」，俗「螘」字。《孫子・謀攻》篇作「蟻附」，曹注云：「使士卒緣城而上，如蟻之緣牆。」《周書・大明武》篇云：「俄傅器櫓」，「俄」亦「蛾」之誤。畢云：「蛾同螘。《說文》云：『螘，蚍蜉也。』『蛾，羅也。』又云：『蟲，蠶化飛蟲也。』經典多借爲『螘』者，音相近耳。傅亦附字假音。」

〈迎敵祠〉　更生案：仲容於此篇題下無說。

〈旗幟〉　畢云：「……案《漢書》亦作『志』，而無从巾字。」王改『幟』並爲『識』，云「墨子書『旗識』字如此，舊本從俗作『幟』，篇內放此。」案：「幟」正字當作「識」，〈號令〉、〈襍守〉二篇「微職」字並作「職」者，叚借字也。王校甚是。但司馬貞、玄應所引並作「幟」，則唐本如是，以相承已久，未敢輒改。

〈號令〉　蘇云：「墨子當春秋後，其時海內諸國自楚、越外，無稱王者，故〈迎敵祠〉篇言『公誓太廟』，可證其爲當時之言。若〈號令〉篇所言令丞尉、三老、五大夫、太守、關內侯、公乘，皆秦時官，其號令亦秦時法，而篇首稱王，更非戰國以前人語，此蓋出於商鞅輩所爲，而世之爲墨學者取以益其書也。倘以爲墨子之言，則誤矣。」案：蘇說未塙，令丞尉、三老、五大夫等制並在商鞅前，詳篇中。

〈襍守〉　更生案：仲容於此篇題下無說。

更生案：綜理以上十一篇之文，就其文例可分二組。即〈備城門〉、〈備高臨〉、〈備梯〉、〈備穴〉、〈備蛾傅〉、〈襍守〉等六篇皆禽子與墨子問荅之詞，中有「子墨子曰」，乃至稱「禽滑釐」爲「禽子」，據此可知文非墨翟自撰，乃禽滑釐所受兵家之遺法，於墨學爲別傳也。

〈備水〉、〈備突〉、〈迎敵祠〉、〈旗幟〉、〈號令〉等五篇俱無「子墨子曰」，但〈備水〉、〈備突〉二篇文字過分簡短，疑前後並有脫文。《列子・說符》篇云：「墨子爲守攻，公輸般服，而不肯以兵知。」〈公輸〉篇亦云：「子墨子解帶爲城，以牒爲械，公輸盤九設攻城之機變，子墨子九距之；公輸盤之攻械盡，子墨子之守圉有餘。」〈尚賢中〉篇亦云：「入守則固，出誅則彊。」足

見墨子攻守有術，但此數篇雖無「子墨子曰」，亦不足以構成完整之攻守體系，非墨子自著，乃後人衍墨子之意爲之。

### （5）襍有他家之言論思想

〈親士〉 畢沅云：「《眾經音義》云：『《倉頡》篇曰：親，愛也，近也。』《說文解字》云：『士，从一，从十。孔子曰：推十合一爲士。』《玉篇》云：『傳曰：通古今，辯然不，謂之士。』此與〈脩身〉篇無稱『子墨子云』，疑翟所著也。」案：畢說未塙。此書文多闕失，或稱「子墨子曰」，或否，疑多非古本之舊，未可據以定爲墨子所自著之書也。又此篇所論，大抵〈尙賢〉篇之餘義，亦似不當爲第一篇。後人因其持論尙正，與儒言相近，遂舉以冠首耳。以馬總《意林》所引校之，則唐以前本已如是矣。

〈脩身〉 畢云：「脩治之字从彡。从肉者脩脯字，經典假借多用此。」

〈所染〉 畢云：「《呂氏春秋》有〈當染〉篇，文畧同。」蘇云：「篇中言中山尙、宋康，皆墨子後事，而禽子爲墨子弟子，至與傳說並稱，此必非墨子之言，蓋亦出於門弟子。」汪中云：「宋康之滅在楚惠王卒後一百五十七年，墨子蓋嘗見染絲者而歎之，爲墨之學者，增成其說耳。」案：此篇固不出墨子，但中山尙疑即桓公時代，正與墨子相及，蘇說未審。

更生案：〈親士〉篇文意與「尙賢」相合。魏徵《羣書治要》不錄。〈脩身〉篇云：「君子戰雖有陳，而勇爲本焉；喪雖有禮，而哀爲本焉。」《禮記・祭義》：「戰陣無勇爲非孝。」《論語・八佾》：「臨喪不哀，吾何以觀之哉？」全與儒家思想相同。故仲容《墨子閒詁・序》曰：「惟〈脩身〉、〈親士〉諸篇，誼正而文靡，校之它篇殊不類。〈當染〉篇又頗涉晚周之事，非墨子所得聞，疑皆後人以儒言緣飾之，非其本書也。」

## （四）墨書篇目之審訂

《漢志・諸子畧・墨家》有《墨子》七十一篇，自注曰：「名翟，爲宋大夫，在孔子後。」《隋書・經籍志》：《墨子》十五卷、《目》一卷。《宋館閣書目》：《墨子》十五卷、六十一篇。《四庫全書》列入〈子部・雜家類〉，共十五卷、五十三篇。卷數與《隋志》合，篇數較《漢志》少十八篇。此即今本

《墨子》之殘闕情形，本文第四節（丁）項墨書篇目問題中，曾援畢秋帆、洪頤煊、蔣伯潛、羅根澤四家之說，就墨書之古本、別本、今本三者之歧異，抉發其存佚之眞象。惟畢氏《墨子注》，〈敘〉末有〈墨子篇目考〉，仲容著《閒詁》，即就畢氏所已考者，復增其未備，辨其疑誤；使學者覽卷而知墨書兩千年來流衍之事實，不僅爲研究墨學之良好資材，亦係治目錄學者之重要依據也，爰錄之如下：

## 墨子篇目考　　畢沅述，今仲容重加校補。

《漢書・藝文志》：

　　《墨子》七十一篇。名翟，爲宋大夫，在孔子後。

《隋書經籍志》：

　　《墨子》十五卷，目一卷。宋大夫墨翟撰。

庾仲容《子鈔》：見高似孫《子畧》，畢本無，今補。

　　《墨子》十六卷。

馬總《意林》：

　　《墨子》十六卷。案：墨子名翟，高誘曰魯人，一曰宋人，爲宋大夫。善守禦，務儉嗇。所著書，《漢志》七十一篇，《隋・唐志》十五卷、目一卷，《宋志》十五卷，楊倞《荀子注》云三十五篇，宋濳溪曰二卷、〈親士〉至〈經說〉十三篇。明《堂策檻》刊本十五卷、七十一篇，與舊志合，闕〈節用下〉、〈節葬上〉〈中〉、〈明鬼上〉〈中〉、〈非樂中〉〈下〉、〈非儒上〉共八篇。蓋楊據篇名總計之，宋則未見全書也。明刻文多重複，似亦非古本，但次第正與此同。」

《唐書・經籍志》：

　　《墨子》十五卷。墨翟撰。

《新唐書・藝文志》：

　　《墨子》十五卷。墨翟。

《宋史・藝文志》：

　　《墨子》十五卷。宋墨翟撰。

《崇文總目》：畢本無，今補。

　　《墨子》十五卷。墨翟撰。

鄭樵《通志・藝文略》：

　　《墨子》十五卷。宋大夫墨翟撰。墨翟與孔子同時。《漢志》注「在孔子後」。又三

卷樂臺注。《唐志》不載，當考。

馬端臨《文獻通考·經籍考》：

　　《墨子》十五卷。

王應麟《玉海》：

　　《書目》云：「《墨子》十五卷。自〈親士〉至〈雜守〉爲六十一篇。亡九篇。一本自〈親士〉至〈上同〉凡十三篇者。」詒讓案：此即《中興館閣書目》，王氏所引非全文。

晁公武《郡齋讀書志》：

　　《墨子》十五卷，宋墨翟撰。戰國時爲宋大夫，著書七十一篇，以貴儉、兼愛、尊賢、右鬼、非命、尚同衢本作「上」。爲說云。荀、孟皆非之，而韓愈獨謂辨生於末學，非二師之道本然也。

陳振孫《直齋書錄解題》：

　　《墨子》三卷，宋大夫墨翟撰，孟子所謂邪說詖行，與楊朱同科者也。韓吏部推尊孟子，而〈讀墨〉一章，乃謂孔、墨相爲用，何哉？《漢志》七十一篇，《館閣書目》有十五卷、六十一篇者，多訛脫不相聯屬。又二本止存十三篇者，當是此本也。方楊、墨之盛，獨一〈孟子〉訟言非之，諄諄焉惟恐不勝。今楊朱書不傳，《列子》僅存其餘，墨氏書傳於世者亦止於此。孟子越百世益光明，遂能上配孔氏，與《論語》並行。異端之學，安能抗吾道哉！

焦竑《國史經籍志》：

　　《墨子》十五卷。又三卷。樂臺注。

《四庫全書總目》：畢本無，今補。

　　《墨子》十五卷。兩江總督採進本。舊本題宋墨翟撰。考《漢書·藝文志》「墨子七十一篇」，注曰「名翟，宋大夫」。《隋書·經籍志》亦曰：「宋大夫墨翟撰。」然其書中多稱子墨子，則門人之言，非所自著。又諸書多稱墨子名翟，《因樹屋書影》則曰：「墨子姓翟，母夢烏而生，因名之曰烏，以墨爲道。今以姓爲名，以墨爲姓，是老子當姓老耶？」其說不著所出，未足爲據也。詒讓案：周亮工說，本元伊世珍《瑯嬛記》。宋《館閣書目》稱《墨子》十五卷、六十一篇。此本篇數與《漢志》合，卷數與《館閣書目》合。惟七十一篇之中，僅佚〈節用下〉第二十二、〈節葬上〉第二十三、〈節葬中〉第二十四、〈明鬼上〉第二十九、〈明鬼中〉第三十、〈非樂中〉第三十三、

〈非樂下〉第三十四、〈非儒上〉第三十八，凡八篇，尚存六十三篇者，詒讓案：此未數失目十篇也，今本實存五十三篇。與《館閣書目》不合。陳振孫《書錄解題》又稱有一本止存十三篇者，今不可見。或後人以兩本相校互有存亡，增入二篇歟？抑傳寫者誤以六十三爲六十一也？墨家者流，史罕著錄，蓋以孟子所闢，無人肯居其名。然佛氏之教，其清淨取諸老，其慈悲則取諸墨。韓愈〈送浮屠文暢序〉稱儒名墨行，墨名儒行，以佛爲墨，蓋得其眞。而〈讀墨子〉一篇乃稱墨必用孔，孔必用墨，開後人三教歸一之說，未爲篤論。特在彼法之中，能自嗇其身，而時時利濟於物，亦有足以自立者，故其教得列於九流，而其書亦至今不泯耳。第五十二篇以下皆兵家言，其文古奧，或不可句讀，與全書爲不類。疑因五十一篇言公輸般九攻、墨子九拒之事，其徒因採摭其術，附記其末。觀其稱弟子禽滑釐等三百人已持守圉之器在宋城上，是能傳其術之徵矣。

更生案：近人余嘉錫著《四庫提要辨證》，駁《提要》誤援稗官野史之言云：「元伊世珍《瑯嬛記》卷下云：『墨子姓翟名烏，其母夢赤烏飛入室，驚覺，生烏，遂名之。』注云：『出賈子《說林》。』《因樹屋書影》」周亮工撰。即本於此。考《墨子》〈公孟〉、〈魯問〉二篇，記墨子之言，率自名曰翟，若謂翟爲姓，世豈有與人言而自稱其姓者哉。自《孟子》、《莊子》、《史記·孟荀列傳》、《漢書·藝文志》以及其他周、秦、兩漢之書，無不曰墨翟者，下至魏、晉、南北朝、唐、宋以來，皆相承無異說。所謂賈子《說林》者，獨云云如此，不知其說何所受耶。《瑯嬛記》之爲書，至爲荒誕不經，《提要》謂其所引書名，大抵眞僞相雜，蓋亦雲仙散錄之類。錢希言《戲瑕》以明桑懌所僞託，必有所據，其說是也。周亮工文人無識，陰襲其說，而沒所自來，又從而傅會之，以爲墨子以墨爲道，墨非其姓，猶之老子不姓老，然則老子果以老爲道乎？墨子以墨爲道而姓翟，曰墨翟；則老子當以老爲道而姓耼，不當姓李也。且孟子以楊朱、墨翟并稱，墨翟以墨爲道而姓翟，則楊朱亦當以楊爲道而姓朱矣。楊朱何道耶？楊朱又何名耶？此其爲說之妄，雖三尺童子，猶知笑之。稗官小說似此者，何可勝道。《提要》竟不惜加以援引，其亦昧於斷制矣。乃近人有爲《諸子卮言》者，猶主姓翟名烏之說，喋喋不休，甚矣其好怪也。」

錢曾《讀書敏求記》詒讓案：畢本在焦竑《國史經籍志》前，今移此。

《墨子》十五卷，潛溪《諸子辨》云：「《墨子》三卷，戰國時宋大夫墨翟

撰。上卷七篇號曰〈經〉，中卷、下卷六篇號曰〈論〉，共十三篇。考之
《漢志》七十一篇，《館閣書目》則六十一篇，已亡〈節用〉、〈節葬〉、〈明
鬼〉、〈非樂〉、〈非儒〉等九篇，今書則又亡多矣。」潛溪之言如此。予
藏弘治己未舊抄本，卷篇之數恰與其言合；又藏會稽鈕氏世學樓本，共
十五卷七十一篇，內亡〈節用〉等九篇，蓋所謂《館閣書目》本或即此
歟？潛溪博覽典籍，其辨訂不肯聊且命筆，而止題為三卷，豈猶未見完
本歟？抑此書兩行於世，而未及是正歟？姑識此，以詢藏書家。

詒讓案：「《墨子》書七十一篇，即漢劉向校定本，箸於《別錄》，而劉
歆《七畧》、班固〈藝文志〉因之，舊本當亦有劉向進書奏錄，宋以後
已不傳。《史記・孟子荀卿傳・索隱》：「按《別錄》云：今按《墨子》
書有文子，文子即子夏之弟子，問於墨子，如此，則墨子者在七十子之
後也。」此即劉《錄》之佚文。攷文子今書未見，它書載子夏弟子亦無
文子，唯《史記・儒林傳》云：「如田子方、段干木、吳起、禽滑釐之
屬，皆受業於子夏之倫」，則疑文子當為禽子。又〈耕柱〉篇「子夏之
徒問於子墨子曰：君子有鬥乎」，子政或兼據彼文也。

又案：《漢志・兵技巧家》注云：「省，《墨子》重。」則《七畧・墨子》
書，〈墨家〉與〈兵書〉蓋兩收，班〈志〉始省〈兵〉而專入〈墨〉，此
亦足考劉、班箸錄之異同。謹附記之。劉《畧》入《兵技巧家》者，蓋即《備
城門》以下二十篇也。

仲容既承畢氏之緒，詳考墨書之箸錄竟，而於舊本《墨子》七十一篇之
目錄，仿《隋志》目別為卷之例，更成《墨子目錄》一卷，廣徵唐、宋
史志，公私藏目，就現存墨書篇目之分合存佚闕畧情形，細加審訂；匡
繆補闕，致舊本墨目得還舊觀，特為甄錄如次：

# 墨子目錄

卷之一

親士第一

脩身第二

所染第三　魏徵《羣書治要》引篇目同。

法儀第四　《治要》引篇目同。

七患第五　《治要》引篇目同。

辭過第六　　《治要》引此篇文并入〈七患〉篇，疑唐以後人所分。

三辯第七　　黃震、宋濂所見別本，以上七篇題曰〈經〉，蓋宋人所加。

卷之二

尚賢上第八　　《治要》引篇目同，《漢書‧藝文志》顏師古注引作〈上賢〉。

尚賢中第九

尚賢下第十

卷之三

尚同上第十一　　《漢書》顏注引作「上同」。

尚同中第十二

尚同下第十三　　《中興館閣書目》云「一本自〈親士〉至〈上同〉十三篇」，即

此。黃震、宋濂所見別本，以上六篇題曰〈論〉，亦宋人所加。

卷之四

兼愛上第十四　　《漢書》顏注引同。

兼愛中第十五

兼愛下第十六

卷之五《道藏》本六同卷。

非攻上第十七

非攻中第十八

非攻下第十九

卷之六

節用上第二十　　《漢書》顏注引同。

節用中第二十一

節用下二十二闕。

節葬上第二十三闕。

節葬中第二十四闕。

節葬下第二十五

卷之七

天志上第二十六

天志中第二十七

天志下第二十八

卷之八

　　明鬼上第二十九　闕，《漢書》顏注引作「明鬼神」。

　　明鬼中第三十　闕。

　　明鬼下第三十一

　　非樂上第三十二

卷之九

　　非樂中第三十三　闕。

　　非樂下第三十四　闕。

　　非命上三十五《治要》引篇目及《漢書》顏注引並同。

　　非命中第三十六

　　非命下第三十七

　　非儒上第三十八　闕。

　　非儒下第三十九

卷之十

　　經上第四十《晉書・魯勝傳》〈墨辯注敘〉云：「《墨辯》有上下〈經〉，〈經〉各
有〈說〉，凡四篇」，即此。

　　經下第四十一

　　經說上第四十二

　　經說下第四十三

卷之十一

　　大取第四十四

　　小取第四十五

　　耕柱第四十六

卷之十二　畢云：「舊云『十三同卷』者，梵本分帙如此。」詒讓案：此明人編入《道
藏》所合并，非古本也。畢謂梵本，亦非。

　　貴義第四十七《治要》引篇目同。

　　公孟第四十八

卷之十三

　　魯問第四十九

　　公輸第五十

　　□□第五十一

卷之十四

備城門第五十二　明吳寬鈔本無目錄，其當卷篇目，以〈備城門〉為五十四，〈備高臨〉為五十五。冊末，吳氏手跋云：「本書七十一篇，其五十一之五十三、五十七、五十九之六十、六十四之六十七，篇目并闕，當訪古本考入云。」是吳所據舊本實如此，則當闕五十二、五十三，二篇，未知孰是。

備高臨第五十三

□□第五十四　依〈備城門〉篇所列攻具十有二，臨第一，鉤第二，則此篇疑當為〈備鉤〉。

□□第五十五　〈備城門〉篇十二攻具，衝第三，則此篇疑當為〈備衝〉。《詩‧大雅‧皇矣》孔疏引有〈備衝〉篇，蓋唐初尙未佚也。

備梯第五十六

□□第五十七　十二攻具，梯第四，堙第五，則此篇疑當為〈備堙〉。

備水第五十八

□□第五十九　十二攻具，水第六，穴第七，突第八，空洞第九，蟻傅第十，今唯闕〈備空洞〉一篇，其次又不當列水、突之間，豈為後人所貿亂與？

□□第六十

備突第六十一

備穴第六十二　十二攻具，穴在突後，此篇次與彼不合。

備蛾傅第六十三

卷之十五

□□第六十四　十二攻具，轒轀第十一，軒車第十二，則當有〈備轒轀〉、〈備軒車〉二篇，其次當在此。

□□第六十五

□□第六十六

□□第六十七

迎敵祠第六十八

旗幟第六十九「幟」俗字，王念孫校改「職」。

號令第七十《九章算術‧衰分篇》劉徽注引篇目同。

襍守第七十一

## （五）墨家思想之闡述

仲容於墨家思想之闡述，仍偏重於校勘、訓詁、考據，所謂考證工作之

藩籬尚未完全擺脫，至運用新方式，以研究整個之墨家思想者，在彼時似尚無可能。然而考證工作爲學術之母，孫氏既精於墨書之考校，則後之推闡墨家思想者，即援引其說以爲主要之依據。故仲容對闡述墨家思想之工作，不僅大有可述，且尤有不可磨滅之貢獻焉。茲摘其重要各點，並舉證說明之。

### （1）條別秦漢諸子之言不加評議

夫春秋之後，道術紛歧，倡異說以名家者十餘，然惟儒墨爲最盛，〔註89〕其相非亦最甚。墨書既非儒，儒家亦闢楊、墨。楊氏晚出，復擯儒、墨而兼非之；然信從其學者少，固不能與墨抗衡也。莊周曰：「兩怒必多溢惡之言。」〔註90〕況夫樹一義以爲藜楬，而欲以易舉世之論，沿襲增益，務以相勝，則不得其平，豈非勢之所必至乎？今觀墨之非儒，固多誣妄，其於孔子，亦何傷於日月？而墨氏兼愛，固諄諄以孝慈爲本，其書具在，可以勘驗，〔註91〕而孟子斥之，至同之無父之科，則亦少過矣。自漢以後，治教專一，學者咸宗孔孟，而墨氏大絀。然講學家剿竊孟荀之論，以自矜飾標識；綴文之士，習聞儒言，而莫之究察。其於墨也，多望而非之，以迄於清。學者童丱治舉業，至於皓首，習斥楊墨爲異端，而未有讀其書，深究其本者。是暖姝之說也，安足與論道術流別哉？是以仲容乃集秦漢諸子之言涉墨氏者，成〈墨學通論〉一篇，末殿唐昌黎公韓愈〈讀墨子〉之文；條別其說，不加評議，視夫望而非之者，固皎然其不同也。如讀墨氏之遺書者，能取孫氏此篇證其離合之迹，則必有以持其是非之平矣。」綜其抒錄，可分以下數目：

難墨子節用者：《荀子·富國》篇。〔註92〕

難墨子非樂者：《荀子·樂論》篇。

難墨子非儒者：《孔叢子·詰墨》篇。

難墨子節葬者：《淮南子·齊俗訓》。

難墨子明鬼、節葬者：王充《論衡·薄葬》篇。

難墨子明鬼者：王充《論衡·案書》篇。

通論墨家思想者：《爾雅·釋詁》邢昺疏引《尸子·廣澤》篇、《孟子·滕文公上》篇、〈告子下〉篇、《莊子·天下》篇、《莊子·騈拇》篇、《荀

---

〔註89〕　見本文二甲〈顯學時代之墨學〉。

〔註90〕　〈人間世〉篇語。

〔註91〕　班固論墨家亦云：「以孝視天下，是以尚同。」

〔註92〕　文多恕不備載，讀者自行參驗之可也，以下統此。

子‧非十二子》篇、《荀子‧王霸》篇、《荀子‧天論》篇、《荀子‧解蔽》篇、《韓非子‧顯學》篇、《淮南子‧氾論訓》、《淮南子‧要畧訓》、《史記‧孟子荀卿傳》、《史記‧自序‧司馬談論六家要指》、韓愈《昌黎集‧讀墨子》。

仲容集秦漢諸子之言涉墨氏者爲一編，以述爲作，開近代治墨家思想之先聲，其器識不可量也。

### （2）甄緝墨子言行以資讐勘

墨氏之學至秦漢而微，七國時學者，以孔墨并稱，孔子言滿天下，而墨子則遺文佚事，自七十一篇外所見殊尟。非徒以其爲儒者所擯紐也，其爲道瘠薄而寡澤，言之垂於世者質而不華，務申其意而不馳騁其辭；故莊周謂其道大觳，使人憂，使人悲，其行難爲。而楚王之問田鳩，亦病其言多而不辯。田鳩苔以墨子之說傳先王之道，論聖人之言，若辯其辭，則恐人懷其文忘其用，〔註93〕蓋孟荀之議未興，世之好文者固已弗心慊矣。秦漢諸子，若呂不韋、淮南王書，所採至博，至其援舉墨子之言亦多，本書所已見，絕無異聞。然孔氏遺書，自六藝外，若《緯候》之誣，《家語》、《孔叢》之僞，《集語》之雜，眞贗糅莒，不易別擇。而墨氏之言行以誦述者少，轉無假託傅益之弊，則其僅存者雖不多，或尙碻然可信也。仲容以爲學者欲治墨氏思想，須豫由知人論世入手；故將秦漢舊籍所載墨子言論行事，無論與本書異同，均咸加甄緝，成〈墨子緒聞〉一篇。以資讐勘。綜其所述，錄出要目如次。

墨子遺說：《北堂書鈔》八十三、《太平御覽》六百七引《新序》、《晏子春秋‧內篇‧問上》、《晏子春秋‧內篇‧襍上》。

墨子遺事：《藝文類聚》八十八引《尸子》、《太平御覽》三百三十六引《尸子》、《戰國策‧宋策》、《呂氏春秋‧愛類》篇、《淮南子‧脩務訓》、《渚宮舊事》二，《呂氏春秋‧高義》篇。

墨子瑣事：《韓非子‧外儲說左上》、《淮南子‧齊俗訓》、《列子‧湯問》篇、《淮南子‧泰族訓》、《呂氏春秋‧疑似》篇、《賈子新書‧審微》篇、《淮南子‧說山訓》、《史記‧鄒陽傳》、《呂氏春秋‧貴因》篇、《藝文類聚》四十四引《尸子》、《呂氏春秋‧博志》篇、《文選‧七命》李注引《尸子》。

---

〔註93〕　《韓非子‧外儲說上左》。

文分墨子遺說、遺事、瑣事三目，下附出處，覽者依說翻檢，則有關墨子之遺言瑣事，即舉手可得，於研究墨家思想頗有助益。

### （3）駁斥葛《傳》嫁名依託肛造不經

仲容於墨家思想之闡述有破有立，所謂破，即破除妄議，所謂立，即立其純精。破妄者厥有數端：如葛洪《神仙傳》、陶弘景《眞誥‧稽神樞》篇，伊世珍《瑯嬛記》引《賈子說林》等。誠以墨子法夏宗禹，與黃老思想有基本相背之點，唯晉、宋以後，神仙家妄撰墨子爲地仙之說，竟合墨道而爲一。阮孝緒《七錄》有墨子《枕中五行要記》一卷，《五行變化墨子》五卷。〔註94〕蓋即葛《傳》之所謂《五行記》者。明鬼之論忽變爲服食練形，而七十一篇之外又增金丹變化之書，斯皆展轉依託，不可究詰。魏晉之間，俗崇浮誇，嫁名僞冊，榛蕪編錄，此其一證也。至於年代彌遠，詭說彌孳，生有夢烏之徵，〔註95〕終以服丹而化，〔註96〕若茲之類，誣誕尤甚。今節錄葛洪《神仙傳》之說云：

> （以上爲墨子與公輸般論攻守事）……墨子年八十有二，乃嘆曰：「世事已可知，榮位非常保，將委流俗，以從赤松子遊耳。」乃入周狄山，精思道法，想像神仙，於是數聞左右山間有誦書聲者，墨子臥後，又有人來以衣覆足，墨子乃伺之，忽見一人，乃起問之曰：「君豈非山岳之靈氣乎？將度世之神仙乎？願且少留，誨以道要。」神人曰：「知子有志好道，故來相候。子欲何求？」墨子曰：「願得長生，與天地相畢耳。」於是神人授以素書，朱英丸方，道靈教戒，五行變化，凡二十五篇，告墨子曰：「子有仙骨，又聰明，得此便成，不復需師。」墨子拜受合作，遂得其驗，乃撰集其要，以爲《五行

〔註94〕 《隋志》并云：「梁有，今亡。」仲容案：《抱朴子‧內篇‧遐覽》云：「變化之術大者，唯有墨子《五行記》，本有五卷。昔劉君安未仙去時，鈔取其要，以爲一卷。」葛氏所說甚詳。蓋《五行變化》即五卷之全書。《要記》即劉安所鈔一卷也。《隋書‧經籍志‧醫方類》，有墨子《枕內五行記要》一卷，《宋史‧藝文志‧神仙類》，有《太上墨子枕中記》二卷，皆即是書。《抱朴子神仙金汋經》又載墨子丹法，蓋皆道家僞託之書。《五代史‧唐家人傳》云：「魏州民自言有墨子術，能役鬼神，化丹砂水銀」，即此術也。

〔註95〕 伊世珍《瑯嬛記》引賈子《說林》，謂墨子姓翟名烏，其母夢日中赤烏入室，驚覺生烏，遂名之。仲容以其說謬妄，不足辯。《說林》古亦無是書，蓋即世珍所肛撰也。本文前節已引余嘉錫《提要》說駁之矣。

〔註96〕 陶弘景《眞誥‧稽神樞》篇云：「墨狄子服金丹而告終。」

記》。乃得地仙,隱居以避戰國。至漢武帝時,遣使者楊達,束帛加
璧,以聘墨子,墨子不出。視其顏色,常若五十許人。周遊五嶽,
不止一處。

仲容曰:「稚川之傳,惟與公輸般論攻守事見本書;餘皆肊造,不足論。……
以識道家不經之談所由肇耑。」孫氏破道家傳述之妄,於墨家學術思想之建
立,功不可沒也。

### (4)考鑑墨家諸子之存佚以辨章學術

劉歆《七略》諸子十家,墨爲第六。《漢志》著錄六家,自墨子書外,史佚
遠在周初,爲墨學所從出。〔註97〕胡非、隨巢二子,皆墨子弟子;田俅與秦惠
王同時,似亦逮見墨子者;我子則六國時爲墨者,〔註98〕時代或稍後與?田俅
書惟阮孝緒《七錄》尙著錄,唐初已亡,〔註99〕《隋・經籍志》、《唐經籍・藝
文志》及梁庾仲容《子鈔》、〔註100〕馬總《意林》,僅錄胡非、隨巢二家,餘並
不存,而別增纏子一家,則即《漢志》儒家董無心之書也,〔註101〕至宋《崇文
總目》而盡亡。使非《墨子》本書具存,則九流幾絕其一,甚可惜也。

田俅以下四家之書,清馬國翰有校輯本,〔註102〕仲容曾檢覈羣書,以爲
不無遺闕,乃將其孤文碎語,畧加校補,都爲一篇,曰〈墨家諸子鉤沈〉;學
者得此,足以徵先秦墨家沿流之論矣。至於考鏡墨家諸子之著述存佚,孫氏
更總羣書而成〈墨家諸子著錄〉,於辨章學術,頗具參攷價值。茲特錄而存之,
以見其網羅放失之苦心也。

《漢書・藝文志・諸子》

---

〔註97〕 史佚書漢以後不傳,近馬國翰輯本一卷,僅錄《左傳》、《周書》所載史佚語
    及遺事數條,無由定其爲二篇之佚文,仲容不錄。
〔註98〕 我子書漢以後不傳,古書亦絕無援引。
〔註99〕 見《隋志》。
〔註100〕見《意林》及高似孫《子畧》。
〔註101〕仲容曰:「《漢書・藝文志》儒家《董子》一篇,名無心,難墨子。隋、唐、
    宋諸史《志》並一卷(並入《儒家》)。晁公武《讀書志》云:「吳秘注」,《玉
    海》引《中興館閣書目》云:《董子》一卷,與學墨者纏子辯上同、兼愛、上
    賢、明鬼之非,纏子屈焉。」是《纏子》與《董子》堛爲一帙,主墨言之則
    題《纏子》;主儒言之,則題《董子》,無二書也。《館閣書目》謂纏子屈於董
    子,與《意林》纏子不能應之言合,則是書自是先秦儒家遺籍,入墨家爲非
    其實。其書明時尚有傳本,今則不復可得,佚文亦僅存六事,不足徵其論難
    之恉也。」
〔註102〕田俅、隨巢書,別有仁和勞格之輯本,惟不及馬本之詳。

《尹佚》二篇　周臣，在成、康時也。《田俅子》三篇　先韓子。《我子》一篇　顏
注引劉向云：「爲墨子之學。」《隨巢子》六篇　墨翟弟子。《胡非子》三篇　墨
翟弟子。《墨子》七十一篇　名翟，爲宋大夫，在孔子後。右墨家八十六篇。墨
家者流，蓋出於清廟之守。茅屋采椽，是以貴儉；養三老五更，是以兼
愛；選士大射，是以上賢；宗祀嚴父，是以右鬼；順四時而行，是以非
命；以孝視天下，是以上同；此其所長也。及蔽者爲之，見儉之利，因
以非禮，推兼愛之意，而不知別親疏。

阮孝緒《七錄・子錄》

　　《墨部》四種，四帙一十九卷《廣弘明集》三。

　　案：阮《錄》久佚，其細目《弘明集》未載。以《隋志》攷之，蓋《墨
子》十五卷、目一卷，《隨巢子》一卷，《胡非子》一卷，《田俅子》一卷，通
爲四帙一十九卷，與部數正合。

《隋書・經籍志・子》

　　《墨子》十五卷、目一卷，宋大夫墨翟撰。《隨巢子》一卷，巢似墨翟弟子。《胡
非子》一卷。非似墨子弟子，梁有《田俅子》一卷，亡。右三部，合一十七卷。
墨者，強本節用之術也，上述堯舜之道，夏禹之行，茅茨不翦，糲粱之
食，桐棺三寸，貴儉兼愛，嚴父上德，以孝示天下，右鬼神而非命。《漢
書》以爲本出清廟之守，然則《周官》宗伯「掌建邦之天神地祇人鬼」、
肆師「掌立主國祀及兆中廟中之禁令」是其職也。愚者爲之，則守於節
儉，不達時變，推心兼愛，而混於親疏也。

《舊唐書・經籍志・丙部子錄》

　　《墨子》十五卷。墨翟撰。《胡非子》一卷。右墨家二部，凡一十六卷。

《唐書・藝文志・丙部子錄》

　　《墨子》十五卷。墨翟。《隨巢子》一卷。《胡非子》一卷。右墨家類三家，
三部一十七卷。

馬總《意林》高似孫《子畧》載梁庾仲容《子鈔》目同。

　　《胡非子》一卷。《墨子》十六卷。《纏子》一卷。《隨巢子》一卷。

　　案：《宋史・藝文志・墨家》，唯存《墨子》一種，餘均不著錄，《崇文總
目》以後諸家書錄并同。鄭樵《通志・藝文畧》全錄漢隋唐諸志，徒存虛目，
無關攷證。今并不錄。

### （5）鉤稽墨書佚文以網羅放失

墨學之不講也久矣，而墨書七十一篇雖倖存，但書缺簡脫，佚文放失者多有之，畢氏《墨子注》曾廣摭書傳，補綴缺漏，輯有墨書佚文二十一條，附於十五卷之末。仲容著《墨子閒詁》，就畢氏所考見者，精心勘校，其有錄而未墉者，均一一爲之發正；缺而不備者，亦重加增補。故賡畢氏二十一條之緒，又新得佚文六條。夫墨書不全，片言足寶，六條佚文雖不爲多，但於究心墨學者，已彌足珍貴矣。茲抒錄如下：

金城湯池《水經‧河水二》酈道元注。

釜丘《水經‧濟水注》云：「陶丘，《墨子》以爲釜丘也。」

使造下疑挩「物」字。三年而成一葉天下之葉少哉。《廣弘明集》朱世卿〈法性自然論〉。案：《韓非子‧外儲說左上》宋人爲王楮葉章有此文，或本《墨子》語也。

舜葬於蒼梧之野象爲之耕　劉賡《稽瑞》。

禹葬會稽鳥爲之耘《稽瑞》。以上二條疑〈節葬上、中〉二篇佚文。然說舜葬處與〈節葬下〉篇不合，未詳。

五星光明苢豔如旗《稽瑞》。

## （六）墨書本文之詮釋

仲容依經誼字例，詮釋墨書，使古字、古言、古制、古禮得其校詁，即渙若易晦爲明，冔若析符復合，故仿許叔重注《淮南子》，而自題其書曰《墨子閒詁》。閒者發其疑悟，詁者正其訓釋；其於字誼多遵許學，本兩漢經儒家法以箋釋諸子，故能得校釋之正，爲學者所類知而推服也。若先生自記所舉〈尚同〉篇述令以下諸條，固皆精墉不易，但求諸其他，猶有可得而言者焉。如：

「故君子力事日彊，願欲日逾。」

仲容《閒詁》曰：逾當讀爲偷，同聲叚借字，此與「力事日彊」文相對。《禮記‧表記》云：「君子莊敬日強，安肆日偷」，鄭注云：「偷，苟且也。」此義與彼正同。（《墨子》卷一，〈脩身〉篇）

「所入者變，其色亦變，五入必」

仲容《閒詁》曰：〈考工記‧鍾氏〉「染羽，三入爲纁，五入爲緅，七入爲緇」，鄭注云：「玄，其六入者與？」《爾雅‧釋器》云：「一染謂之縓，再染謂之䞓，三染謂之纁。」必讀爲畢，《左》隱元年傳，

「同軌畢至」，《白虎通義‧崩薨》篇引「畢」作「必」，是其證。言
五入畢，而爲五色也。(《墨子》卷一，〈所染〉篇)

「古之民未知爲飲食時，素食而分處」

仲容《閒詁》曰：素食，謂食草木。《管子‧七臣七主》篇云：「果
蓏素食當十石。」素，疏之叚字。《淮南子‧主術訓》云：「夏取果
蓏，秋畜疏食。」「疏」俗作「蔬」。〈月令〉「取蔬食」，鄭注云：「草
木之實爲蔬食。」〈禮運〉說上古云：「未有火化，食草木之實」，即
此素食也。(《墨子》卷一，〈辭過〉篇)

「則其德音之所撫循者博矣」

仲容《閒詁》曰：《荀子‧富國》篇云：「拊揗之」，楊注云：「拊與
撫同。撫循，慰悅之也。」(《墨子》卷二，〈尚同中〉篇)

「士聞鼓音，破碎亂行」

仲容《閒詁》曰：碎，疑「萃」之借字，萃亦行列之謂。《穆天子傳》
「七萃之士」，郭璞注云：「萃，集也，聚也。」蓋凡卒徒聚集部隊，
謂之萃。破萃亂行，皆謂凌躐其曹伍，爭先赴火也。(《墨子》卷四，
〈兼愛中〉篇)

以上皆由各字之形聲通叚，以尋其本形本義。如「逾」讀爲「偷」，同聲
通叚字；「必」讀爲「畢」，亦音同相借；「素」，「疏」之叚字，「拊」與「撫」
同，「碎」疑「萃」之借字等。因碎爲萃之借字，萃集也，凡卒徒聚集謂之萃。
因拊與撫同，撫循即慰悅之也。因素疏之叚字，素食即草木之食。必讀爲畢，
故五入畢而成五色。逾讀偷，故「願欲日逾」，和《禮記》「安肆日偷」之義
相同。原文本極詰曲難通，一經先生發正，即如蒙昧初啓，蘊義大明，學者
味之，實有百咀不厭，深獲我心之感矣。」

「《傳》曰：『泰山有道曾孫周王有事』」

仲容《閒詁》曰：僞古文《書‧武成》襲此文云：「告于皇天后土、
所過名山大川，曰：惟有道曾孫周王發」，孔疏云：「自稱『有道』
者，聖人至公，爲民除害，以紂無道，言己有道，所以告神求助，
不得飾以謙辭也。稱『曾孫』者，〈曲禮〉說諸侯自稱之辭云：『臨
祭外事，曰曾孫某侯某』。哀六年《左傳》，剻瞶禱祖亦自稱曾孫，
皆是己承籍上祖奠享之意。(《墨子》卷四，〈兼愛中〉篇)

「粮食輟絕而不繼」

仲容《閒詁》曰:《周禮・廩人》「凡邦有師役之事,則治其糧,與其食」,鄭注云:「行道曰糧,謂糒也。止居曰食,謂米也。」《孟子・梁惠王》篇云:「師行而糧食,飢者弗食,勞者弗息」,趙注云:「行軍皆遠轉糧食而食之。」(《墨子》卷五,〈非攻中〉篇)

「天賜武王黃鳥之旗」

仲容《閒詁》曰:黃鳥之旗,疑即《周禮・巾車》之「大赤」,亦即〈司常〉之「鳥隼爲旟」。〈考工記・輈人〉云:「鳥旟七斿,以象鶉火也」,《國語・吳語》謂之「赤旟」。〈曲禮〉云:「行前朱雀而後玄武」,朱雀即指鳥旟言之,黃與朱色近,故赤旟謂之「黃鳥之旗」。大赤爲周正色之旗,流俗緣飾,遂以爲天錫之祥矣。(《墨子》卷五,〈非攻下〉篇)

「啜於土形」

仲容《閒詁》曰:《說文・口部》云:「啜,嘗也。」「形」、「刑」並「鉶」之叚字。《史記・敘傳》司馬談〈論六家要指〉云:「墨者亦尚堯舜道,言其德行,曰:堂高三尺,土階三等,茅茨不翦,采椽不刮,食土簋,啜土刑,糲粱之食,藜藿之羹,夏日葛衣,冬日鹿裘。」《後漢書注》所引疑即本《史記》文。《史記正義》引顏氏云:「刑,所以盛羹也。土,謂燒土爲之,即瓦器也。」〈秦始皇本紀〉作「啜土形」,《集解》引如淳云:「土形,飯器之屬,瓦器也。」〈李斯傳〉作「鉶」,《韓非子・十過》篇同,《韓詩外傳》又作「型」。(《墨子》卷六,〈節用中〉篇)

「五官六府」

仲容《閒詁》曰:五官者,殷周侯國之制也。《史記・周本紀》云:「古公作五官有司」,《大戴禮記・千乘》篇云:「千乘之國列其五官」,〈曾子問〉「諸侯適天子,乃命國家五官而後行」,鄭注云:「五官,五大夫典事者。」《管子・大匡》篇云:「乃令五官行事」,《商子・君臣》篇云:「地廣民眾,故分五官而守之」,《戰國策・齊策》云:「五官之計,不可不日聽也。」〈曲禮〉:「天子之五官,曰司徒、司馬、司空、司士、司寇,典司五眾。天子之六府,曰司土、司水、司木、司草、司器、司貨,典司六職。」鄭注云:「此亦殷時制也。府,主藏六物之稅者。」《周禮・大宰》說邦國官制云:

「設其參，傅其伍」，鄭注云：「伍，謂大夫五人。」〈檀弓〉孔疏引崔靈恩說，謂小宰、小司徒、小司馬、小司寇、小司空是也。蓋諸侯雖止三卿，然亦備五官，但其二官無卿耳。戰國時，諸侯蓋猶沿其制。至《淮南子·天文訓》云：「何謂五官？東方爲田，南方爲司馬，西方爲理，北方爲司空，中央爲都」，《春秋繁露·五行相生》篇云：「司馬者，火也；司營者，土也；司徒者，金也；司寇者，水也；司農者，木也」，《左》昭二十九年傳云：「五行之官是謂五官，木正曰勾芒，火正曰祝融，金正曰蓐收，水正曰玄冥，土正曰后土」，此并古五官之別制，與周侯國五官之名不甚合也。六府，古籍無明文。〈曲禮〉六府，鄭君以爲殷制，則非周法。《左傳》文公七年、《大戴禮記·四代》篇並以水、火、金、木、土、穀爲六府，亦非官府。《漢書·食貨志》說太公爲周立九府圜法，顏注謂即《周官》大府、王府、内府、外府、泉府、天府、職内、職金、職幣等官。若然，天子有九府，六府或亦諸侯制與？（《墨子》卷六〈節葬下〉篇）

　　以上考古制古禮，蒐求證據，印證本書，凡所立說，無不求其至當而後已，是以絶無空疏無本之論，而爲學界所仰止也。如證「土形」爲飯器之屬，首揭「形」字之同聲叚借字，作「形」、「刑」、「鉶」、「型」，而以「鉶」爲本字；次援《史記》司馬談〈論六家要指〉，論墨家尚儉之道，與本書相證驗，則「土形」之爲飯器，即皎然可得矣。至於證「五官六府」爲殷周侯國之制，尤能博稽羣書，歸納至當，計其所引書籍篇目多達十六種，所用古注古疏亦有三種，參綜斠理，皆塙鑿不刊，信而有徵。仲容之善說禮制，於斯可知矣。

「《詩》曰『必擇所堪，必謹所堪。』」

　　仲容《閒詁》曰：蘇云：「此蓋逸詩。」（《墨子》卷一，〈所染〉篇）

「《詩》曰：『告女憂卹，誨女予爵，孰能執熱，鮮不用濯。』」

　　仲容《閒詁》曰：王應麟《詩攷》引亦作「序爵」，盧蓋兼據彼文。然王攷多以意改，未必宋本「子」果作「序」也，今不據改。《毛詩·大雅·桑柔》傳云：「濯所以救熱也，禮亦所以救亂也。」鄭箋云：「卹亦憂也。逝猶去也，我語女以憂天下之憂，教女以次序賢能之爵，其爲之當如手持熱物之用濯。謂治國之道，當用賢者。」（《墨

子》卷二,〈尚賢中〉篇)

「〈周頌〉道之曰:『聖人之德,若天之高,若地之普,其有昭於天下也。若地之固,若山之承,不坼不崩。若日之光,若月之明,與天地同常。』」

> 仲容《閒詁》曰:常,猶言保守也。《詩·魯頌·閟宮》篇「魯邦是常」,鄭箋云:「常守也。」(《墨子》卷二,〈尚賢中〉篇)

「〈周頌〉道之曰:『載來見彼王,聿求厥章。』」

> 仲容《閒詁》曰:《詩·載見敘》云:「諸侯始見乎武王廟也。」《毛傳》云:「載,始也。」鄭箋云:「諸侯始見君子,謂見成王也。」(《墨子》卷三,〈尚同中〉篇)

「《詩》曰:『我馬維駱,六轡沃若。載馳載驅,周爰咨度。』」又曰:『我馬維騏,六轡若絲。載馳載驅,周爰咨謀。』」

> 仲容《閒詁》曰:《毛詩·衛風·氓》傳云:「沃若,猶沃沃然。」《毛詩·小雅·皇皇者華》傳云:「咨禮義所宜爲度。」《毛詩·魯頌·駉》傳云:「蒼騏曰騏。」(《墨子》卷三,〈尚同中〉篇)

「《周詩》曰:『王道蕩蕩,不偏不黨,王道平平,不黨不偏。其直若矢,其易若厎,君子之所履,小人之所視。』」

> 仲容《閒詁》曰:〈洪範〉云:「無偏無黨,王道蕩蕩,無黨無偏,王道平平」,僞《孔傳》云:「蕩蕩,言開闢;平平,言辯治。」《呂氏春秋·貴公》篇高注云:「蕩蕩,平易也。」《史記·張釋之馮唐傳》、《說苑·至公》篇引《書》「無」並作「不」,與此同。古《詩》、《書》亦多互稱,《戰國策·秦策》引《詩》云「大武遠宅不涉」,即《逸周書·大武》篇所云「遠宅不薄」,可以互證。又〈親士〉篇云「其直如矢,其平如砥」,「厎」仍作「砥」,與《毛詩》同。《小雅·大東》毛傳云:「如砥,貢賦平均也。如矢,賞罰不偏也。」鄭箋云:「此言古者天子之恩厚也,君子皆法傚而履行之。」(《墨子》卷四,〈兼愛下〉篇)

「〈大雅〉之所道曰:無言而不讎,無德而不報。投我以桃,報之以李。」

> 仲容《閒詁》曰:〈大雅·抑〉毛傳云:「讎,用也。」鄭箋云:「教令之出如賣物,物善則其售價貴,物惡則其售價賤。」蘇云:〈大雅·抑〉篇無兩『而』字。」(《墨子》卷四,〈兼愛下〉篇)

「《詩》曰:『魚水不務,陸將何及乎!』」

仲容《閒詁》曰：王云：「『陸將何及乎』，不類《詩》詞。『乎』字
蓋淺人所加。」蘇云：「此蓋逸《詩》。」（《墨子》卷五，〈非攻中〉
篇）

「〈皇矣〉道之曰：『帝謂文王，予懷明德，不大聲以色，不長夏以革，不識
不知，順帝之則。』」

仲容《閒詁》曰：《詩·大雅》毛傳云：「懷，歸也。不大聲見於色。
革，更也，不以長大有所更。」鄭箋云：「夏，諸夏也。天之言云，
我歸人君有光明之德，而不虛廣言語以外作容貌，不長諸夏以變更
王法者，其爲人不識古，不知今，順天之法而行之者。此言天之道
尚誠實貴性自然。」案：《墨子》說《詩》，與鄭義同。（《墨子》卷
七，〈天志中〉篇）

「於先王之書《大夏》之道之然：『帝謂文王，予懷明德，毋大聲以色，毋長
夏以革，不識不知，順帝之則。』」

仲容《閒詁》：俞云：「《大夏》，即〈大雅〉也。雅、夏古字通。《荀
子·榮辱》篇曰『越人安越，楚人安楚，君子安雅』，〈儒效〉篇曰
『居楚而楚，居越而越，居夏而夏』，是夏與雅通也。下文所引『帝
謂文王』六句，正《大雅·皇矣》篇文。」蘇云：「《詩·大雅·文
王》篇二『毋』字作『不』。」詒讓案：中篇引「毋」並作「不」，
與《詩》同。（《墨子》卷七，〈天志下〉篇）

「《周書·大雅》有之。〈大雅〉曰：『文王在上，於昭于天。周雖舊邦，其命
維新。有周不顯，帝命不時。文王陟降，在帝左右。穆穆文王，令問不已。』」

仲容《閒詁》曰：古者《詩》、《書》多互偁。吳鈔本無「大雅」二
字。（《墨子》卷八〈明鬼下〉篇）

以上考《墨子》引《詩》，仲容以古者《詩》、《書》并稱，而墨子說《詩》
復合乎《毛詩》鄭《箋》之義，故其所考多援毛、鄭之說以詮釋文字；至與
今本《毛詩》之異同，蓋少留意也。〔註103〕

「《夏書》曰『禹七年水』，《殷書》曰『湯五年旱』。」

仲容《閒詁》曰：「《呂氏春秋·順民》篇云：「昔者湯克夏而正天下，
大旱五年不收，湯乃以身禱於桑林。」與此書所言正合。王充《論

---

〔註103〕近人羅根澤《諸子考索》中有〈由墨子引經推測儒墨兩家與經書之關係〉一
　　　　文，可參。

衡・感虛〉篇亦云：「《書傳》言湯遭七年旱，或言五年。」是古書本有二說也。（《墨子》卷一，〈七患〉篇）

「《周書》曰：『國無三年之食者，國非其國也；家無三年之食者，子非其子也。』此之謂國備。」

> 仲容《閒詁》曰：畢云：「《周書》云：『《夏箴》曰：小人無兼年之食，遇天饑，妻子非其有也；大夫無兼年之食，遇天饑，臣妾輿馬非其有也；國無三年之食，遇天饑，百姓非其有也。』墨蓋夏教，故義畧同。」案：畢據《周書・文傳》篇文，此文亦本《夏箴》，而與〈文傳〉小異。攷《穀梁》莊二十八年傳云「國無三年之畜，曰國非其國也」，與此文畧同。疑先秦所傳《夏箴》文本如是也。（《墨子》卷一，〈七患〉篇）

「先王之書《距年》之言也。傳曰：『求聖君哲人，以裨輔而身。』」

> 仲容《閒詁》曰：蘇云：「〈伊訓〉云：『敷求哲人，俾輔于爾後嗣』，與此畧同。」詒讓案：〈伊訓〉偽《孔傳》云：「布求賢智，使師輔於爾嗣王，言仁及後世。」（《墨子》卷二，〈尚賢中〉篇）

「《湯誓》曰：『聿求元聖，與之戮力同心，以治天下。』」

> 仲容《閒詁》曰：〈湯誥〉偽《孔傳》云：「聿，遂也。大聖陳力，謂伊尹。」孔疏云：「戮力猶勉力也。」蘇云：「今《書・湯誥》篇無『同心』以下六字。」（《墨子》卷二，〈尚賢中〉篇）

「先王之書〈呂刑〉道之曰：『皇帝清問下民，有辭有苗。曰：羣后之肆在下，明明不常，鰥寡不蓋，德威維威，德明維明。乃名三后，恤功於民。伯夷降典，哲民維刑。禹平水土，主名山川。稷隆播種，農殖嘉穀。三后成功，維假於民。』」

> 仲容《閒詁》曰：《書敍》云：「呂命，穆王訓夏贖刑，作〈呂刑〉。」（《墨子》卷二，〈尚賢中〉篇）

「於先王之書〈呂刑〉之書然，王曰：『於！來，有國有土，告女訟刑，在今而安百姓，女何擇言人？何敬不刑？何度不及？』」

> 仲容《閒詁》曰：偽《孔傳》云：「吁，歎也。」《釋文》引馬融本作「于」，云：「于，於也。」……又《孔傳》云：「在今爾安百姓兆民之道，當何所擇，非惟吉人乎？當何所敬，非惟五刑乎？當何所度，非惟及世輕重所宜乎？」《釋文》引馬融云：「度，造謀也。」

案：以下文推之，則《墨子》訓「不及」爲不及堯、舜、禹、湯、文、武之道，猶言何慮其不能逮也，與孔說異。畢云：「《孔傳》兩『不』字作『非』。」（《墨子》二，〈尚賢下〉篇）

「於先王之書〈豎年〉之言然，曰：『晞夫聖武知人，以屛輔而身。』」

仲容《閒詁》曰：畢云：「晞，疑當从目。」蘇云：「晞，當从口作唏。唏夫，嘆詞，猶鳴呼也。」案：畢說是也。《說文·目部》云「睎，望也。」聖武，謂聖人與武人也。知與智通。《逸周書·皇門》篇云：「乃方求論擇元聖武夫，羞于王所。」（《墨子》卷二，〈尚賢下〉篇）

「是以先王之書〈呂刑〉之道曰：『苗民否用練，折則刑，唯作五殺之刑，曰法。』」

仲容《閒詁》曰：僞《孔傳》「殺」作「虐」。孫星衍云：「虐、殺義相同。」詒讓案：〈呂刑〉下文云「殺戮無辜，爰始淫爲劓、刵、椓、黥」，則止四刑。《書·堯典》孔疏引今文夏侯等《書》作「臏、宮割、劓、頭庶剠」，臏一，宮割二，劓三，頭庶剠四，亦無五刑。以〈呂刑〉五刑之「辟」校之，惟少大辟，蓋即以殺戮晐大辟矣。（《墨子》卷三，〈尚同中〉篇）

「是以先王之書〈術令〉之道曰：『唯口出好興戎。』」

仲容《閒詁》曰：蘇云：「出《書·大禹謨》。」詒讓案：「術令」當是「說命」之叚字。《禮記·緇衣》云〈兌命〉曰：惟口起羞，惟甲冑起兵，惟衣裳在笥，惟干戈省厥躬」，鄭注云：「『兌』當爲『說』，謂殷高宗之臣傅說也。作書以命高宗，《尚書》篇名也。羞猶辱也。惟口起辱，當愼言語也。」案此文與彼引〈兌命〉辭義相類，「術」、「說」、「令」、「命」音並相近，必一書也。晉人作僞古文《書》不悟，乃以竄入〈大禹謨〉，疏謬殊甚。近儒辯古文《書》者，亦皆不知其爲〈說命〉佚文，故爲表出之。（《墨子》卷三，〈尚同中〉篇）

「是以先王之書〈相年〉之道曰：『夫建國設都，乃作后王君公，否用泰也，輕大夫師長，否用佚也，維辯使治天均。』」

仲容《閒詁》曰：畢云『相年』當爲『拒年』。」案：辯、辨字通。《周易集解》引《易》鄭注云：「辯，分也。」謂分授以職，使治天均。王念孫釋辯爲徧，未塙，詳下篇。《詩·大雅·節南山》「秉國

之均」，毛傳云：「均，平也。」《莊子・寓言》篇云「天均者，天倪也」，非此義。下篇作「治天明」。又案：王引之《尚書述聞》據《廣雅・釋詁》訓此辯爲便，則辭義重複，亦不可從。（《墨子》卷三，〈尚同中〉篇）

「於先王之書也〈大誓〉之言然，曰：『小人見姦巧乃聞，不言也，發罪鈞。』」

仲容《閒詁》曰：《書敘》云：「惟十有一年，武王伐殷。一月戊午，師渡孟津，作〈泰誓〉。」，古書「泰」皆作「大」，僞《孔傳》云「大會以誓眾」，則作「大」是。畢云：《孔書》無此文。」蘇云：「『發』當作『厥』，今〈泰誓〉云『厥罪惟鈞』。」（《墨子》卷三，〈尚同下〉篇）

「昔者武王將事泰山隧，《傳》曰：『泰山！有道曾孫周王有事，大事既獲，仁人尚作，以祇商夏蠻夷醜貉。』」

仲容《閒詁》曰：僞《古文書・武成》襲此文云「告于皇天后土、所過名山大川，曰：惟有道曾孫周王發」，又云「予小子既獲仁人，敢祇承上帝，以遏亂略，華夏、蠻貊罔不率俾」，僞《孔傳》云：「仁人，謂太公、周、召之徒。言誅紂敬承天意，以絕亂路。」案：祇當讀爲振。〈內則〉「祇見孺子」，鄭注云：「『祇』或作『振』。」《國語・周語》云「以振救民」，韋注云：「振，拯也。」此謂得仁人，以拯救中國及四夷之民。僞《書》改爲「祇承上帝」，失其恉矣。醜貉者，九貉類眾多，《爾雅・釋詁》云：「醜，眾也。」（《墨子》卷四，〈兼愛中〉篇）

「雖有周親，不若仁人。萬方有罪，維予一人。」

仲容《閒詁》曰：蘇云：「《書・泰誓》篇『若』作『如』，『萬方有罪』作『百姓有過』，『維』作『在』。」詒讓案：僞古文〈泰誓〉即誤采此文。僞《孔傳》云：「周，至也。言紂至親雖多，不如周家之少仁人。民之有過，在我教不至。」又《論語・堯曰》篇云「雖有周親，不如仁人，百姓有過，在予一人。」《集解》：「孔安國云：親而不賢不忠，則誅之，管、蔡是也。仁人，謂箕子、微子，來則用之。」又《說苑・貴德》篇云：「武王克殷，問周公曰：『將奈其士眾何？』周公曰：『使各宅其宅，田其田，無變舊新，惟仁是親，百姓有過，在予一人。』」《尚書大傳》、《韓詩外傳》、《淮南子・主術

訓》文並略同。《羣書治要》引《尸子・綽子》篇云「文王曰：苟有
仁人，何必周親」，則以爲文王語，與《墨子》、《韓詩》、《說苑》並
異。（《墨子》卷四，〈兼愛中〉篇）

「〈泰誓〉曰：『文王若日若月乍照，光于四方，于西土。』」

　　仲容《閒詁》曰：〈尚同下〉篇、〈天志中〉篇、〈非命〉上中下篇並
　　作「〈大誓〉」，此作「泰」，與今僞孔本同，疑後人所改。畢云：「《孔
　　書》云『唯我文考，若日月之照臨，光於四方，顯於西土。』」孫星
　　衍云：「『乍』古與『作』通。」（《墨子》卷四，〈兼愛下〉篇）

「雖〈禹誓〉亦猶是也。禹曰：『濟濟有眾，咸聽朕言，非惟小子，敢行稱亂。
蠢茲有苗，用天之罰，若予既率爾羣對諸羣以征有苗。』」

　　仲容《閒詁》曰：畢云：「〈大禹謨〉文。云〈禹誓〉者，禹之所誓
　　也。」詒讓案：今〈大禹謨〉出僞古文，即采此書爲之。惠棟云：「〈皋
　　陶謨〉言『苗頑勿即功』，則舜陟後，禹當復有征苗誓師之事。」（《墨
　　子》卷四，〈兼愛下〉篇）

「雖〈湯說〉即亦猶是也。湯曰：『惟予小子履，敢用玄牡，告於上天后曰：
今天大旱，即當朕身履，未知得罪于上下。有善不敢蔽，有罪不敢赦，簡在
帝心。萬方有罪，即當朕身，朕身有罪，無及萬方。』」

　　仲容《閒詁》曰：《周禮・大祝》六祈，六曰「說」，鄭注云：「說，
　　以辭責之，用幣而已。」此下文亦云「以祠說於上帝鬼神」。若然，
　　則說禮殷時已有之。《論語・堯曰》篇《集解》「孔安國云《墨子》
　　引〈湯誓〉」、《國語・周語》內史過引〈湯誓〉，與此下文畧同。
　　韋注云：「〈湯誓〉，《商書》伐桀之誓也。今〈湯誓〉無此言，則
　　已散亡矣。」案：孔安國引此作〈湯誓〉，或兼據《國語》文。〈尚
　　賢中〉篇引〈湯誓〉，今《書》亦無之。（《墨子》卷四，〈兼愛下〉
　　篇）

「又以先王之書馴天明不解之道也知之。曰：『明哲維天，臨君下土。』」

　　仲容《閒詁》曰：畢云：「馴與訓同，言訓釋天之明道。」王引之云：
　　「『下出』二字，義不可通，『出』當爲『土』。『明哲維天，臨君下
　　土』，猶《詩》言『明明上天，照臨下土』耳。」案：王說是也，今
　　據正。（《墨子》卷七，〈天志中〉篇）

「〈大誓〉之道之。曰：『紂越厥夷居，不肎事上帝，棄厥先神祇不祀，乃曰

吾有命，無廖僇務。天下天亦縱棄紂而不葆。』」

　　　仲容《閒詁》曰：誓，《道藏》本、吳鈔本竝作「明」。莊述祖云：
　　　「墨書引〈大誓〉，有〈去發〉有〈大明〉。『去發』當爲『太子發』，
　　　爲〈大誓〉上篇。『大明』即《詩》所謂『會朝清明』也。《詩》、
　　　《書》皆曰〈大明〉。明武王之再受命，爲中篇。」案：此文〈非
　　　命〉上中二篇並作〈大誓〉，「明」墇爲譌字。蓋「誓」省爲「折」，
　　　「明」即隸古「折」字之譌。顏師古《匡謬正俗》引《書·湯誓》，
　　　「誓」字作「斲，〈山井鼎〉、〈七經孟子考文〉載古文〈甘誓〉，「誓」
　　　字作「斤」。蓋皆「斦」「斤」二字傳寫譌舛，與「明」形畧相類。
　　　莊說不足據。畢云：「《孔書·泰誓》云『紂乃夷居，弗事上帝神
　　　祇，遺厥先宗廟弗祀，乃曰吾有民有命，罔懲其侮。』」（《墨子》
　　　卷七，〈天志中〉篇）

「《商書》曰：『嗚呼！古者有夏，方未有禍之時，百獸貞蟲，允及飛鳥，莫
不比方。矧佳人面，胡敢異心。山川鬼神，亦莫敢不寧。若能共允，佳天下
之合，下土之葆。』」

　　　仲容《閒詁》曰：《書》僞《孔傳》云：「莫，無也。」言皆安之。
　　　蘇云：「（山川鬼神，亦莫敢不寧）二語見《商書·伊訓》，餘畧同。」
　　　　（《墨子》卷八，〈明鬼下〉篇）

「《夏書·禹誓》曰：『大戰于甘，王乃命左右六人，下聽誓于中軍，曰：有
扈氏威侮五行，怠棄三正，天用勦絕其命。有日：日中，今予與有扈氏爭一
日之命，且爾卿大夫庶人，予非爾田野葆士之欲也，予共行天之罰也。左不
共于左，右不共于右，若不共命；御非爾馬之政，若不共命。是以賞于祖而
僇于社。』賞于祖者何也？言分命之均也。僇于社者何也？言聽獄之事也。」

　　　仲容《閒詁》曰：畢云：此《孔書·甘誓》文，文微有不同。《書·
　　　序》云：『啓與有扈戰于甘之野，作〈甘誓〉。』與此不同。而《莊
　　　子·人間世》云『禹攻有扈』，《呂氏春秋·召類》云『禹攻曹魏、
　　　屈驁、有扈，以行其教』，皆與此合。」詒讓案：《呂氏春秋·先己》
　　　篇云「夏后柏啓與有扈戰於甘澤而不勝」，是《呂覽》有兩說。或禹、
　　　啓皆有伐扈之事，故古書或以〈甘誓〉爲〈禹誓〉與？《說苑·政
　　　理》篇云「昔禹與有扈氏戰，三陳而不服。禹於是修教三年，而有
　　　扈氏請服。」說亦與此合。（《墨子》卷八，〈明鬼下〉篇）

「〈禽艾〉之道之曰：『得璣無小，滅宗無大。』」

　　　仲容《閒詁》曰：翟灝云：「《逸周書・世俘解》有禽艾侯之語，當
　　　即此〈禽艾〉。」蘇云：「〈禽艾〉蓋《逸書》篇名。《呂覽・報更》
　　　篇云『此《書》之所謂德幾無小者也』，『德璣』與『德幾』古字通
　　　用。」案：蘇說是也。《說苑・復恩》篇云「此《書》之所謂德無小
　　　者也」，疑即本此。今《書》僞古文〈伊訓〉亦云「惟德罔小」。（《墨
　　　子》卷八，〈明鬼下〉篇）

「先王之書湯之〈官刑〉有之，曰：『其恒舞于宮，是謂巫風。其刑，君子出
絲二衛，小人否，似二伯黃徑。』乃言曰：『嗚乎！舞佯佯，黃言孔章，上帝
弗常，九有以亡，上帝不順，降之百殃，其家必壞喪。』」

　　　仲容《閒詁》曰：《左傳》昭六年「叔向曰：商有亂政，而作〈湯
　　　刑〉」，《竹書紀年》「祖甲二十四年，重作〈湯刑〉」，《呂氏春秋・
　　　孝行覽》云「《商書》曰：刑三百，罪莫重於不孝」，高注云：「商
　　　湯所制法也。」……此文有脫誤，僞古文〈伊訓〉采此，而獨遺
　　　「其刑」以下數句，蓋魏晉時傳本已不可讀，故置不取。〈非命下〉
　　　篇節引下文作「〈大誓〉」，疑此下文自是《周書》，與〈湯刑〉本
　　　不相冢，因有脫誤，遂淆捝莫辨也。（《墨子》卷八，〈非樂上〉篇）

「於〈武觀〉曰：『啓乃淫溢康樂，野于飲食，將將銘，莧磬以力，湛濁于酒，
渝食于野，萬舞翼翼，章聞于大，天用弗式。』」

　　　仲容《閒詁》曰：《國語・楚語》云「啓有五觀」，韋注云：「觀，洛
　　　汭之地。」《水經・巨洋水》酈注云：「《國語》曰：啓有五觀，謂之
　　　姦子，五觀蓋其名也，所處之邑，其名爲觀。」《左傳》昭元年杜注
　　　云：「觀國，今頓丘衛縣。」畢云：「《汲郡古文》云『帝啓十一年，
　　　放王季子武觀于西河。十五年，武觀以西河叛，彭伯壽帥師征西河，
　　　武觀來歸。』注：『武觀，五觀也』。〈楚語〉『士娷曰：夏有五觀。』，
　　　韋昭云：『五觀，啓子，太康昆弟也。《春秋傳》曰：夏有觀扈。』」
　　　惠棟云：「此《逸書》，敍武觀之事，即《書・敍》之五子也。《周書・
　　　嘗麥》曰：『其在夏之五子，忘伯禹之命，假國無正，用胥興作亂，
　　　遂凶厥國，皇天哀禹，賜以彭壽，思正夏略。』五子者，五觀也。
　　　彭壽者，彭伯也。〈五子之歌〉，《墨子》述其遺文，《周書》載其逸
　　　事，與《內》、《外傳》所稱無殊。且孔氏《逸書》本有是篇，漢儒

習聞其事，故韋昭注《國語》，王符撰《潛夫論》，皆依以爲説。(《墨子》卷八，〈非樂上〉篇)

「於〈仲虺之告〉曰：『我聞于夏人，矯天命，布命于下，帝伐之惡，龔喪厥師。』」

　　仲容《閒詁》曰：《書敘》云：「湯歸自夏，至于大坰，仲虺作誥。」《禮記・緇衣》「尹吉曰」，鄭注云：「吉當爲告。告，古文誥。字之誤也。」(《墨子》卷九，〈非命上〉篇)

「於〈太誓〉曰：『紂夷處，不肎事上帝鬼神，禍厥先神禔不祀，乃曰：吾民有命，無廖排漏。天亦縱棄之而弗葆。』」

　　仲容先生於〈天志中〉篇已有考證，可參。(《墨子》卷九，〈非命上〉篇)

「於先王之書〈仲虺之告〉曰：『我聞有夏人矯天命，布命于下，帝式是惡，用闕師。』」

　　仲容《閒詁》曰：畢云：「『闕』當是『喪厥』二字，下篇作『用爽厥師』。」孫星衍云：「『厥』爲『闕』，形相近。」(《墨子》卷九，〈非命中〉篇)

「先王之書〈太誓〉之言然，曰：『紂夷之居，而不肎事上帝，棄闕其先神不祀也，曰：我民有命，毋僇其務。天不亦棄縱而不葆。』」

　　仲容《閒詁》曰：以〈天志中〉篇及上篇校之，「闕」亦當讀爲厥，與上「闕師」同。此當云「棄闕先神示而不祀也」。示、祇同，傳寫誤作「亓」，校者不憭，因此書「其」字多作「亓」，遂又改爲「其」，復誤移著「先神」上，不知闕即厥字，不當更云「其」也。〈天志〉篇正作「棄厥先神祇不祀」可證。先生於〈天志中〉篇別有考證，可參。(《墨子》卷九，〈非命中〉篇)

「武王以〈太誓〉非之。有於〈三代〉、〈不國〉有之，曰：『女毋崇天之有命也。』」

　　仲容《閒詁》曰：上「有」字當讀爲「又」。蘇云：「所引蓋古逸書，『不』字疑誤。」詒讓案：「不」疑當作「百」，〈三代〉、〈百國〉，或皆古史記之名。《隋書・李德林傳》引《墨子》云「吾見百國春秋。」(《墨子》卷九，〈非命中〉篇)

「於召公之執令於然，且：『敬哉！無天命，惟予二人，而無造言，不自降天

之哉得之。』」

　　仲容《閒詁》曰：「此有挩誤，疑當作「於召公之非執命亦然」。召

　　公蓋即召公奭，亦《周書》佚篇之文。令與命字通。「於」亦字誤。

　　上篇云「此言湯之所以非桀之執有命也」，又云：「此言武王所以非

　　紂執有命也」，是其證。（《墨子》卷九，〈非命中〉篇）

「在於商、夏之詩書曰：『命者，暴王作之。』」

　　案：仲容先生於此無考。（《墨子》卷九，〈非命中〉篇）

「禹之〈總德〉有之，曰：『允不著，惟天民不而葆。既防凶心，天加之咎，

不慎厥德，天命焉葆？』」

　　仲容《閒詁》曰：蘇云：「〈總德〉，蓋逸書篇名。」（《墨子》卷九，

　　〈非命下〉篇）

「〈仲虺之告〉曰：『我聞有夏人矯天命，于下，帝式是增，用爽厥師。』」

　　案：可與〈非命〉上、中二篇合參。（《墨子》卷九，〈非命下〉篇）

「〈太誓〉之言也，於〈去發〉曰：『惡乎君子！天有顯德，其行甚章，爲鑑

不遠，在彼殷王。謂人有命，謂敬不可行，謂祭無益，謂暴無傷。上帝不常，

九有以亡，上帝不順，祝降其喪。惟我有周，受之大帝。』」

　　仲容《閒詁》曰：畢云：「文畧見《孔書·泰誓》。」蘇云：「今〈泰

　　誓〉下句作『誕受多方』。」莊校改「帝」爲「商」，云：「言天改殷

　　之命而周受之。」陳喬樅校同，云：「商字作帝，非是。此節皆有韵

　　之文，作商則與上文叶，今訂正之。」案：莊、陳校是也。（《墨子》

　　卷九，〈非命下〉篇）

「先王之書〈子亦〉有之曰：『亓傲也，出於子，不祥。』」

　　仲容《閒詁》曰：戴云：「子亦疑當作亓子，亓，古其字。其子即箕

　　子，《周書》有〈箕子〉篇，今亡。孔晁作注時當尚在也。」（《墨子》

　　卷十二，〈公孟〉篇）

　　以上考《墨子》引書共三十五條，其中有篇名文字俱不見於今、古文《尚

書》者，有篇名文字與《今文尚書》不同者，有文字不見《今文尚書》者，

亦有引〈泰誓〉而不見今本〈泰誓〉者，與引〈泰誓〉而與今本有出入者，

又有與《今文尚書》畧同者，甚而復有同言《詩》、《書》不明歸屬者，由此

均可考見儒、墨在學術傳授上之歧異，以及墨氏博學多識之才能。而仲容先

生於各條文字考校特詳，其出處多所忽略，此《墨子閒詁》之體例如此，非

先生之不能爲也。

「子墨子曰：古者有語：『謀而不得則以往知來，以見知隱。』」

　　仲容《閒詁》曰：《論語‧學而》篇云：「告諸往而知來者。」（《墨子》卷五，〈非攻中〉篇）

「古者有語：『脣亡則齒寒。』」

　　仲容《閒詁》曰：《戰國策‧趙策》、《淮南子‧人間訓》並以此爲張孟談說韓魏之君語。《穀梁》傳二年傳虞宮之奇曰：「語曰脣亡則齒寒」，《左》傳五年傳「語」作「諺」。（《墨子》卷五，〈非攻中〉篇）

「子墨子言曰：古者有語：『君子不鏡於水，而鏡於人。鏡於水見面之容，鏡於人則知吉與凶。』」

　　仲容《閒詁》曰：蘇云：「《書‧酒誥》篇云『古人有言曰：人無於水監，當於民監』，《太公金匱陰謀》有〈武王鏡銘〉云『以鏡自照見形容，以人自照見吉凶』，二書所云與此合，蓋古語也。」詒讓案：《國語‧吳語》云：「申胥曰：王盍亦鑑於人，無鑑於水。」（《墨子》卷五，〈非攻中〉篇）

　　以上考墨子引古語，古語俗諺之形成，蓋由於民族文化之長久陶冶，而約定俗成者。觀《墨子》所引，首條與《論語》孔子之言意合，次條《戰國策》、《穀梁傳》、《淮南子》並曾引用，三條與《書‧酒誥》、《太公金匱陰謀‧武王鏡銘》、《國語‧吳語》合，足證先秦古籍之援用古語，雖彼此不相沿襲，但如匯而觀之，亦可以覘同期作品之特色，與我民族文化之精深也。

## （七）訂補〈經〉〈說〉上下之旁行句讀

　　蓋《墨子》初本，〈經〉、〈文〉二篇皆上下兩截，分條編次，旁行讀之。〈經〉、〈說〉二篇，解經文上截者爲前半篇，解經文下截者爲後半篇。而今本經文誤合并寫之，遂捆淆謬挩，系別參差，經文與經文，義類有失倫之病；經文與說文，合牒有隔簡之難。故畢氏注《墨子》，首將經文分欄定次，然誤謬甚多，猶未咸秩無素也。仲容先生乃繼武前修，廣蒐他本，就畢氏之所已攷定者，再重加校正，泐爲一帙，附於〈經〉、〈說〉上下之末。茲不僅使旁行之文，盡還舊觀；且分欄定次，若網在綱，逐條尋檢，有脈絡貫達之快，故依其原式，抄錄如下：

## 經上篇旁行句讀　畢氏新攷定本，今重校正。畢云：「本篇云讀此書旁行。今依錄爲兩截，旁讀成文也。

故，所得而後成也。

體，分於兼也。

知，材也。

慮，求也。

知，接也。

恕，知同。畢、張、楊本並作「恕」，誤。明也。

仁，體愛也。

義，利也。

禮，敬也。

行，爲也。

實，榮也。

忠，以爲利而強低當作君。也。

孝，利親也。

信，言合於意也。

佴，自作疑當作「仳」。也。

䛁，狷通。作嗛也。

廉，疑當作「慊」。作非也。

令，不爲所作也。

任，士損己而益所爲也。

勇，志之所以敢也。

力，刑形同。之所以奮也。

生，刑同形。與知處也。

臥，知無知也。

夢，臥而以爲然也。

平，知無欲惡也。

利，所得而喜也。

害，所得而惡也。

止，以已同。久也。

必，不已也。

平，同高也。

同，長以正古「正」字。相盡也。

中，同長也。

厚，有所大也。

日中，正南也。無說。

直，參也。無說。

圜，一中同長也。

方，柱隅四讙當作「𧤨」。也。

倍，爲二也。

端，體之無序而最前者也。

有閒，中也。

閒，不及旁也。

纑，纑通。間虛也。

盈，莫不有也。

堅白，不相外也。

攖，相得也。

似，當作「仳」。有以相攖，有不相攖也。

次，無間而不攖當作「相」。攖也。

法，所若而然也。

佴，所然也。

說，所以明也。無說。

攸疑當作「彼」。不可，兩不可也。

辯，爭彼也。辯勝，當也。

爲，窮知而㦤於欲也。

已，成、亡。

治，求得也。

譽，明美也。

誹，明惡也。

舉，擬實也。

言，出舉也。

且，言然也。

君、臣、萌，泯通。通約也。

功，利民也。

賞，上報下之功也。

罪，犯禁也。

罰，上報下之罪也。

同。〈說〉作「佪」。異而俱於之一也。

久，彌異時也。宇，彌異所也。

窮，或有前，不容尺也。

盡，莫不然也。

始，當時也。

化，徵易也。

損，偏去也。

大益。無說。

儇，積秪。〈說〉作「儇呴民」。案：當作「環俱氏」。

庫，當作「廉」。易也。

動，或從當作「徙」。也。

讀此書旁行。此校語誤入正文。楊云：「五字當是後人所加，適在『舌無非』三字之上列。」

使，謂、故。

名，達、類、私。

謂，移、〈說〉作「命」，誤。舉、加。

知，聞、說、親。

名、實、合、為。畢、張、楊並合前為一經，誤。

聞，傳、親。

見，體、盡。

合，〈說〉作「古」，誤。舌、宜、必。

欲舌權利，且疑衍。惡舌權害。

為，存、亡、易、蕩、治、化。

同，重、體、合、類。

異，二、不體、不合、不類。

同異交得，放〈說〉作「恕」，疑當作「知」。有無。

聞，耳之聰也。無說。

循，所聞而得其意，心之察也。無說。

言，口之利也。

執所言而意得見，心之辯也。無說。

諾，不一利用。

服執說。音利。疑當作「言利」，二字乃正文，誤作小注。畢、張、楊以「服執說巧轉則求其故大益」為一經，誤。

巧轉依〈說〉當作「傳」。則求其故。

法同則觀其同。

法異則觀其宜。

止，因以別道。

舌無非。畢、張並以三字與上校語為一，誤。

## 經下篇旁行句讀 畢本無，今依張氏攷定本重校正。

止，類以行人，疑當作「之」。說在同。

馴疑當作「四足」。異說，張以三字屬下列「孰存」下，疑非。推類之難，說在疑捝「名」字。之大小。

物盡張以二字屬前經，誤。同名，二與鬬，愛，食與招，白與視，麗與。依〈說〉當有「暴」字。夫與

履〈說〉作「屨」。

一，偏棄〈說〉作「去」。之。

謂而固是也，說在因。

不可偏去而二，說在見與俱、一與二、廣與循。當作「脩」。張以「物盡同名」以下四經合為一，誤。

不能而不害，說在害。

異類不吡，此同。說在量。

偏去莫加少，說在故。

假必誖，說在不然。

物之所以然，與其所以知之，與所以使人知之，不必同，說在病。

疑，說在逢、循、遇、過。張以三字屬下，誤。

合與一，或復否，說在拒。無說。

物一體也，說在俱一惟唯同。是。

字或域正字。徙，說在長宇久。

所存與當有「存」字。者，於存與孰存。

五行無常勝，說在宜。

無欲惡之為益損疑當作「無益損」。也，說在宜。

損而不害，說在餘。

知〈說〉作「智」通。而不以五路，說在久。有誤。

必熱，依〈說〉當作「火不熱」。說在頓。疑當作「覩」。

知〈說〉作「智」，通，下同。其所以不知，說在以名取。

無不必待有，說在所謂。

攫疑當作「攍」。慮不疑，說在有無。

且然，不可正，而不害用工，說在宜歐。疑當作「害區」。張以「歐」屬上列「物一體也」，誤。

均之絕不，不，否通。說在所均。

堯之義也，生疑當作「任」。於今而處於古，而異時，說在所義。

二張以此字屬下列「所義」下，誤。**臨鑑
而立，景到，多而若少，說在寡**
疑當作「空」。**區**。說在「住景」二條後。
以下三經皆說鑑，當與說景諸條類列，疑
皆傳寫亂之。張云：「此行當作『無久與
字堅白，說在因』。」案：張校以下五經
互易，未知是否，姑著之以備攷。

**鑑位**，立同。**景一少而易，一大而甬，
說在中之外內**。〈說〉在「景之小大」
條後，亦傳寫之誤。張云：「此行當『臨鑑
而立，景到，多而若少，說在寡』。」

**鑑團景一**。無說。下有脫字。

**不堅白，說在**下有挩字。張并前為一經，
誤。又云：「此行當『鑑位，景一小而易，
一大而甬，說在中之外內』。」

**無久與字。堅白，說在因**。張云：「此
行當『鑑團景一，不堅白，說在』」

**在諸其所然未者然**，疑當作「諸未然」。
**說在於是推之**。

**景不徙，說在改為**。

**住**疑當作「位」，位、立字通。**景二，說在
重**。

**景到，在午有端與景長，說在端**。

**景迎日，說在搏**。疑當作「轉」。

**景之小大，說在地**當作「杝」。**甬遠近**。

**天**依〈說〉當作「大」。**而必正，說在得**。

**貞**依〈說〉當作「負」。**而不撓，說在勝**。

**契**挈通。**與枝**當作「收」。**板**疑當作「仮」，
或涉上衍。**說在薄**。

**倚者不可正**，疑當作「止」。**說在剃**當作
「梯」。

---

**狗，犬也，而殺狗非殺犬也，可，
說在重**。

**使，殹、美**，疑當作「使民義」。**說在使**。

**荊之大，其沈**當作「沉」。**淺也，說在
具**。〈說〉作「貝」，疑當作「有」。

**以檻**當作「楹」。**為搏，於以為無知也，
說在意**。

**意未可知**，〈說〉無此義，疑有挩誤。**說
在可用過**當作「遇」。**仵**。〈說〉作「件」，
誤。張以「以檻搏」以下三經合為一，誤。

**一少於二，而多於五，說在建**。疑當
作「進」。

**非半弗斲，則不動，說在端**。

**可無也，有之而不可去，說在嘗然**。

**甬而不可擔**，當作「撺」。**說在搏**。

**宇進無近，說在敷**。

**行**張以此字屬上經，誤。**循**依〈說〉當作「脩」。
**以久，說在先後**。

**一**張以此字屬上經誤。**法者之相與也
盡**。依〈說〉當有「類」字。**若方之相合
也，說在方**。

**狂舉不可以知異，說在有不可**。

**牛馬之非牛，與可之同，說在兼**。張
并前為一經，誤。

**循此循此與彼此同，說在異**。

| | |
|---|---|
| 推依〈說〉當作「柱」。之必往，疑當作「住」。說在廢材。 | 唱和同患，說在功。 |
| 買無貴，說在仮反同。其賈。 | 聞所不知，若所知，則兩知之，說在告。 |
| 賈宜則讐，說在盡。 | 以言為盡誖，誖，說在其言。 |
| 無說而懼，說在弗心。當作「必」。 | 唯吾謂，非名也則不可，說在仮。 |
| 或域正字。過名也，說在實。 | 無窮不害兼，說在盈否知。 |
| 知之，否之，足用也諄，疑當作「誖」。說在無以也。 | 不知其數而知其盡也，說在明疑當作「問」。者。 |
| 謂辯無勝，必不當，說在辯。 | 不知其所處，不害愛之，說在喪子者。無說。 |
| 無不讓也，不可，說在始。疑當作「殆」。 | 仁義之為內外也，內，疑當作「非」。說在仵顏。有誤 |
| 於一有知〈說〉作「智」通，下同。焉有不知焉，說在存。 | 學之依〈說〉疑當有「無」字。益也，說在誹依〈說〉疑當作「誖」。者。 |
| 有指於二，而不可逃，說在以二絫。當作「參」。 | 誹之可否，不以眾寡，說在可非。 |
| 所知而弗能指，說在春字誤。也，逃臣、狗犬、貴〈說〉作「遺」。者。 | 非誹者諄當作「誖」。說在弗非。 |
| 知〈說〉作「智」。通，下同。狗而自謂不知犬，過也，說在重。 | 物甚不甚，說在若是。 |
| 通意後對，說在不知其誰謂也。 | 取下以求上也，說在澤。 |
| | 是是與是同，說在不州。有誤。張并前為一經，誤。 |

## （八）諟正兵法各篇之譌文錯簡

　　墨書自〈備城門〉以下至〈襍守〉，凡二十篇，皆禽滑釐所受守城之法也。而今本闕〈備衝〉、〈備堙〉、〈備空洞〉、〈備軵輼〉、〈備軒車〉等九篇，〔註104〕所存止十一篇，較之李筌《太白陰經・守城具》篇所云之五十六事，則本書文字挩誤甚多，尤其所記兵械名制錯雜舛牾，莫可質證。仲容先生乃依文詁釋，於譌文錯簡處，刊正最夥。然此數篇，文極奧衍凌襍，而檢攬舊校，疑滯殊眾，先生覃思十年，用功倍勤，但猶豫不敢據為定論者，尚所在多是。以下謹就譌文錯簡之諟正，舉例以明之：

〔註104〕見本章六（丁）〈墨書篇目之審訂〉。

（1）譌文之匡正

「凡守圍城之法，厚以高。」

　　仲容《閒詁》曰：今本「圍」譌爲「圍」，又移「城」字著「之法」
　　上，遂不可通。後守法章云「城小大，以此率之，乃足以守圍」，「圍」
　　亦譌「圍」，即其證也。（《墨子》卷十四，〈備城門〉篇）

「蓋求齊鐵夫」

　　仲容《閒詁》曰：「蓋」當爲「益」，字形之譌。「齊」疑當爲「齎」，
　　同聲叚借字。鐵夫，「夫」亦當爲「矢」，或云夫即鈇。」（《墨子》
　　卷十四，〈備城門〉篇）

「廣與隊等，雜亓閒以鑴、劒。」

　　仲容《閒詁》曰：《說文·金部》云：「鑴，破木鑴也。」《釋名·釋
　　用器》云：「鑴，鐏也，有所鐏入也。」《廣雅·釋言》云：「鑴，鑿
　　也。」劒與鑴異用，並舉殊不倫，疑當爲「斬」。斬，〈備穴〉篇亦
　　譌「劒」，可證。斬、鑴，皆所以斫破敵之梯者。（《墨子》卷十四，
　　〈備梯〉篇）

「人擅弩，計四有方。」

　　仲容《閒詁》曰：〈備蛾傅〉篇云「令一人操二丈四矛」，「矛」誤作
　　「方」，則此「方」亦「矛」之誤。「有」疑當爲「酋」，音近而誤。
　　（《墨子》卷十四，〈備水〉篇）

「壘石外塿」

　　仲容《閒詁》曰：吳鈔本作「厚」。畢云：「塿即厚字。《說文》云：
　　『垕，古文厚，从后、土。』此又俗加。」案：「外厚」義難通。塿
　　疑墇字之誤。《玉篇·土部》及《集韵·十九鐸》字並作「墇」，蓋
　　即「郭」之異文，與「墇」字別。《漢書·尹賞傳》云「致令辟爲郭」，
　　顏注云：「郭，謂四周之內也。」此云「壘石外墇」，亦謂壘石爲穴
　　外周郭。（《墨子》卷十四，〈備穴〉篇）

「五寸廣，柱閒也尺。」

　　仲容《閒詁》曰：「也」疑亦「七」之誤，謂穴牆兩旁各爲柱，其間
　　七尺。（《墨子》卷十四，〈備穴〉篇）

「即熏，以自臨酺上，及以泄目。」

　　仲容《閒詁》曰：「自」當爲「目」。「泄」當爲「洒」。《說文·水部》

云：「洒，滌也。」〈西部〉籀文「西」作「卤」，故譌作「田」形，「洒目」即以救目也。(《墨子》卷十四，〈備穴〉篇)

「弩爲狗旗，戟爲莅旗」

仲容《閒詁》曰：莅疑即旌字。〈月令〉「季秋載旌旐」，《淮南子‧時則訓》「旌」作「莅」。莅，茬皆「旌」之譌。隸書「旌」或作「嫙」，形相近。《周禮‧司常》九旗，「析羽爲旌」。(《墨子》卷十五，〈旗幟〉篇)

「守必自謀其先後」

仲容《閒詁》曰：「謀」字誤，〈襍守〉篇又云「令掘外宅林，謀多少」，「謀」疑皆爲「課」之誤。(《墨子》卷十五，〈號令〉篇)

「凡戮人於市，死上目行。」

仲容《閒詁》曰：此句有誤，疑當作「死三日徇」，徇、徇古今字。死與尸聲近義通。謂陳尸於市三日，以徇眾也。《周禮‧鄉士》云「肆之三日」，《左》襄二十二年傳「楚殺觀起，三日，棄疾請尸」，是戮於市者，皆陳尸三日也。上云「離守者三日而一徇」，亦足互證。「三」與古文「上」作「二」相似，「日」、「目」、「徇」、「行」，形並相近，傳寫譌舛，遂不可通。(《墨子》卷十五，〈號令〉篇)

上舉十例中有字誤句誤，或由形近而譌，或因傳寫互舛，致一字紕謬，令全句震驚。說者又從而逞辭辯解之，所以文多葳滋，眞詮難覓。仲容先生爲之一一簡剔，去蕪存菁，則兵法諸篇之文旨由是晦而復明，昭然若楬矣。

## （2）錯簡之釐正

「凡守圍城之法，厚以高，……不然，則賞明可信而罰嚴足畏也。」

仲容《閒詁》曰：自「凡守圍城之法」以下一百十二字，舊本錯在後文「長椎，柄長六尺，頭長尺，斧其兩端，三步一」下，今依俞校移此。顧校以此一百十二字，及後文「城下里中，家人各葆其左右前後，如城上」，至「召三老左葆官中者，與計事得」一百八十一字，移著後「此守術之數也」下，非，今不從。(《墨子》卷十四，〈備城門〉篇)

「此十四者具，……則雖善者不能守矣。」

仲容《閒詁》曰：自「此十四者具」以下三十字，舊本錯在後文「備穴者，城內爲高樓，以謹」下，今依蘇、俞校移此。(《墨子》卷十

四，〈備城門〉篇）

「城四面四隅，……三步一」

仲容《閒詁》曰：自「城四面四隅」以下一百三十字，舊本錯在後「五十二者，十步而二」下，顧校移此，今從之。（《墨子》卷十四，〈備城門〉篇）

「大錠，前長尺。」

仲容《閒詁》曰：此下至「墻七步而一」凡七百字，舊本並錯入〈備穴〉篇，今移此。（《墨子》卷十四，〈備城門〉篇）

「板周三面，密傅之，夏蓋亓上。」

仲容《閒詁》曰：案：顧校移後「樓五十步一」至「五十二者十步而二」，凡百二十三字，著於此，似未墒，今不從。（《墨子》卷十四，〈備城門〉篇）

「五十二者十步而二」

仲容《閒詁》曰：顧校以「樓十步一」至此一百二十六字，爲上文「夏蓋其上」之下挩文，云當與言「五十步」次。今案顧說可通，然無由定其當次何句，未敢輒移，姑仍舊本。又舊本此下有「城四面四隅，皆爲高磨衙云云，凡二百三十二字，顧、俞兩校定爲上文挩簡，並是也，今依分爲二段，移著於前。（《墨子》卷十四，〈備城門〉篇）

「時召三老在葆宮中者，與計事得」

仲容《閒詁》曰：舊本此下有「爲之奈何」云云五十四字，王、俞兩校定爲上文及〈備穴〉篇之錯簡，是也，今據分別移正。（《墨子》卷十四，〈備城門〉篇）

「主人則先之知，主人利。」

仲容《閒詁》曰：此上下文疑皆〈備蛾傅〉篇之文錯著於此。（《墨子》卷十四，〈備城門〉篇）

「而足以應之，此守術之數也。」

仲容《閒詁》曰：顧校移上文「凡守圍城之法」至「不然則賞明可信，而罰嚴足畏也」一段，又「城下里中家人，各葆其左右前後，如城上」至「時召三老在荏宮中者，與計事得」一段，著此下，恐不墒，今不從。（《墨子》卷十四，〈備城門〉篇）

「城中無食，則爲大殺。」

　　仲容《閒詁》曰：自「子墨子曰」至此一段，與上下文義不相屬，
　　疑當在〈雜守〉篇「斗食終歲三十六石」之上，而誤著於此。（《墨
　　子》卷十四，〈備城門〉篇）

　　兵法諸篇之錯簡誤著者約三十條，每條字少者十數，多者達三百餘，或
同篇相錯，亦有前篇之文錯入後篇者，讀其文極乖迕不通，加以器械、兵備
多專門名詞，文字一障，實不易破；且前期名家如畢、顧、張、王、楊、俞
各有成說，綜理舊說，獨出新解，亦不易爲。然而仲容先生破文字之障，除
門戶之見，擇善匡違，整其紛而理其亂，故於諟正兵法諸篇之錯簡，特具會
心。此處所舉十例，僅〈備城門〉一篇之錯簡而已，其他各篇尚不暇及，惟
僅此已可窺校書之難矣。

# 七、結　論

　　夫考證之學，積縑累黍，有非一人一生所能蕆事者，如王引之《經傳釋
詞》，蓋襲石臞之遺緒，劉文淇之《左氏傳舊注疏證》，始終三世。而孫氏《墨
子閒詁》也，寫定壬辰、癸巳間，逮甲午夏始以聚珍版印行三百部，繼復取
張皋文《經說解》，楊葆彝《經說校注》，並與同里黃學士中弢，反復考校，
始成定本，定本未刊，孫氏即遽歸道山矣。

　　綜觀厥著，由發掘墨書之八大問題，進而運用正確之研究方法，以達成
對墨學之卓越貢獻，並建立今後治墨書者之最佳體系。然而墨書多名家及兵
技家言，〈經〉以下四篇兼及「光」、「重」、「熱」學，時隔二千年，又有古字
古語之障，欲董理無礙，蓋亦良難。先生自謂「幸生諸賢之後，得據彼成說，
以推其未竟之緒；然此書甫成，已有旋覺其誤者，則其不自覺而待補正於後
人，殆必有倍蓰於是者，其敢侈然以自足邪」！矉孫氏校書掃葉之功，繼大
儲未竟之緒者，是又不能不期待於來者矣。

　　墨子生當春秋季世，戰國初年，憤文勝之極敝，思拯生民於塗炭，乃毅
然以「兼愛」「非攻」爲天下倡，並以摩頂放踵之苦行精神以踐履之。其道德
勇氣，足使頑廉懦立，爲牧民者所取資。今吾人讀孫氏書，除留心其發疑詁
訓之外，尤當上逆墨氏之偉志，而宣明大義，身體力行，庶乎仲容先生之窮
年兀兀，非徒敝精神於無用也。

# 第五章　孫詒讓之甲骨學

## 一、概　說

　　清光緒二十五年〔1899〕，甲骨始出土於河南省安陽縣小屯村濱洹河之農田中。〔註1〕二十九年，丹徒劉鶚於所得五千餘片之龜版內，選拓一千零五十八片付諸石印，成抱殘守缺齋《鐵雲藏龜》六冊，〔註2〕三十年十一月瑞安孫詒讓仲容因《藏龜》而著《契文舉例》，彼時對甲骨作有系統之研究，復又著書名世者，孫氏實第一人。〔註3〕其自謂：「劉本無釋文，苦不能臆讀也，蒙治古文大篆之

〔註1〕 甲骨之出土時間，根據劉鶚《鐵雲藏龜·序》：「龜版己亥年出土。」羅振玉《殷虛書契前編·自序》：「光緒二十五年，歲在己亥，是爲洹陽出龜之年。」王國維著〈最近二三十年中國新發現之學問〉：「甲骨卜辭，光緒戊戌、己亥間始出於河南彰德府西北五里之小屯，其地在洹水之南，水三面環之，《史記·項羽本紀》謂洹水南殷虛上者也。」王襄〈龜甲題記〉云：「清光緒戊戌，村農收落花生果，偶於地中撿之。」羅振常〈洹洛訪古記〉云：「此地埋藏龜骨，前三十年已發現，不自今日始也。」〈訪古記〉出版於民國元年，其所記甲骨出土而爲人所發現之時間，較劉、羅、王諸家署異。鄉耆董彥堂先生所著《甲骨年表》最晚出，中載甲骨出土之年月地點，概從劉鶚《藏龜》說。

〔註2〕 劉鶚《鐵雲藏龜·序》云：「龜版文字極淺細又脆薄易碎，拓墨極難，友人聞余獲此異品，多向索拓本，苦無以應。然斯實三代眞古文，亟當廣謀其傳，故竭半載之力，精拓千片，付諸石印，以公同好。」董彥堂先生《甲骨年表》亦載其事云：「清光緒二十九年，劉鶚以所得甲骨文字選拓一千零五十八片，付諸石印，爲《鐵雲藏龜》六冊，是爲甲骨文字著錄行世之第一部。」該書前附羅振玉、吳昌綬及劉鶚自序，民國二十五年五月蟬隱廬石印本，並附有鮑鼎釋文。

〔註3〕 羅振玉《殷虛書契前編·序》：「顧先後數年間，僅孫仲容徵君作札記，此外無聞焉。」董彥堂先生《甲骨學六十年》有云：「孫詒讓《契文舉例》是第一本研究甲骨文字之著述，曾分別爲〈日月〉、〈貞卜〉、〈卜事〉、〈鬼神〉、〈卜人〉、〈官氏〉、〈方國〉、〈典禮〉、〈文字〉、〈雜例〉等十個細目，爲中國史學

學四十年，所見彝器款識逾二千種，大抵皆出周以後，鑒賞家揭諸爲商器者，率肊定不能塙信，每憾未獲見眞商時文字，頃始得此冊，〔註4〕不意衰年睹此奇迹，愛翫不已，輒窮兩月力校讀之，以前後復縝者，參互審繹，迺畧通其文字。」次年十一月，孫氏更摭甲骨、金石與《說文》古籀互相勘校，揭其歧異，以著省變之原，而會最比屬，以尋古文篆籀沿革之大例，成《名原》一書，實開以甲骨考溯文字之濫觴，爲小學別闢新境界，厥功可謂烈矣。〔註5〕然於文字之考釋，篇章之通讀，說者每病其疏，〔註6〕惟契刻琢畫纖細，拓墨漫漶，字體既不易辨認，龜版又率爛闕，加以前無憑藉，時乏同好，仲容乃以自爲法，範圍《藏龜》之有限龜版，竟成此空前未有之著作，雖瑕瑜互見，但小疵不掩大醇，其對殷商古史之貢獻，與夫後世甲骨學研究發展之影響，至深且鉅，茲特援其說解龜版之著述，披沙簡金，董理而條析之，成「孫詒讓之甲骨學」。

## 二、孫氏治甲骨所採用之素材

仲容先生治甲骨取材於劉鶚所選拓之抱殘守缺齋《鐵雲藏龜》六冊。劉氏字鐵雲，江蘇丹徒人，光緒二十五年客寓京師王懿榮正儒私第，時正儒病

---

界開闢一新領域。」
〔註4〕 指《鐵雲藏龜》。
〔註5〕 唐蘭〈序〉孫海波《甲骨文編》云：「夫爲古文字學者有二途焉，蒐集材料從而比次之，此字彙也。溯其本原，考其流變，湮晦者發明之，譌誤者校正之，合之可以徵社會之演化，析之可以考一字之歷史，此文字學也。所謂字彙者，吳大澂《說文古籀補》其類也，所謂文字學者，孫詒讓《名原》是也。此二途者，蓋不偏廢，然蒐集比次尚易爲功，而發明考索則甚難。」
〔註6〕 羅振玉〈殷商貞卜文字考前記〉：「亡友孫仲容徵君詒讓亦考究其文字，以手稿見寄，惜亦未能洞析奧隱。」又《殷虛書契前編·序》云：「顧先後數年間，僅仲容徵君詒讓作《契文舉例》，此外無聞焉。仲容固深於《倉》、《雅》、《周官》之學者，然所謂《舉例》則未能闡發宏旨。」又《丙辰日記》十二月十一日記：「靜安寄孫徵君《契文舉例》至，粗讀一遍，得者十一，而失者十九，蓋此事之難，非徵君之疏也。」王靜安〈最近二三十年中中國新發現之學問〉云：「孫氏之《名原》亦頗審釋骨甲文字，然與其《契文舉例》，皆據《鐵雲藏龜》爲之，不無武斷。」王靜安〈與羅振玉書〉有云：「孫仲容《契文舉例》不如《古籀拾遺》遠甚，即欲摘其佳者，亦無從下手，因其是者與誤者併在一條中也。上卷考殷人制度，亦絕無條理，又多因所誤釋之字立說，遂覺全無是處。」董彥堂先生《甲骨學六十年》亦云：「孫詒讓《契文舉例》所據之材料，僅限劉書，雖舉例解釋甚多，但其認錯之字，觸目皆是，如以夢爲疒，以翌爲獵，以涉爲歲，以勿爲彡，以王爲立，不勝悉舉，而亦有至今不可更易者。」

店，服藥用龜版，購自菜市達仁堂，鐵雲見龜版有契刻篆文，以示正儒，相
與驚訝。正儒故治金文，知爲古物，至藥肆詢其來歷，言河南湯陰安陽居民
掘地得之，輦載衒鬻，取價至廉，以其無用，鮮過問者，惟藥市買之云。鐵
雲乃遍歷諸肆，擇其文字較明晰者購以歸。二十八年懿榮子王翰甫，出所藏
古器物清夙債，其庋甲骨千餘片最後出，悉數售予劉鐵雲，定海方君藥雨又
得濰縣商人范維卿所藏三百餘片，亦以歸劉氏。趙執齋更爲劉氏奔走齊、魯、
趙、魏之郊凡一年，前後收得三千餘片，劉氏復命三子大紳至安陽蒐購，亦
得千餘片，總計所獲龜版逾五千片。〔註7〕是年上虞羅振玉客劉宅，見甲骨墨
本，嘆爲「漢以來小學家若張、杜、揚、許諸儒所不得見」之文字，欲謀流
傳，於是盡墨劉氏所藏千餘片而去。〔註8〕茲後劉氏爲應各方需索，亦於光緒
二十九年十月，精拓一千零五十八片付諸石印，成抱殘守缺齋《鐵雲藏龜》
六冊，繼而劉氏於龜版加以粗校，暑攷文字，援據甲骨字多象形，稱謂用干
支，以爲與篆籀迥異，乃殷商刀筆，〔註9〕其自謂辨認龜版之法，是以「六書

〔註7〕劉鶚《鐵雲藏龜自・序》：「……既出土後，爲山左賈人所得，咸寶藏之，冀
　　　獲善價，庚子歲有范姓客挾百餘片走京師，福山王文敏公懿榮見之狂喜，以
　　　厚值留之，後有濰縣趙君執齋得數百片亦售歸文敏，未幾義和拳亂起，文敏
　　　公遂殉難。壬寅年，其喆嗣翰甫觀察售所藏，清公夙債，龜版最後出，計千
　　　餘片，予悉得之，定海方君藥雨又得范姓所藏三百餘片，亦以歸予，趙執齋
　　　又爲予奔走齊、魯、趙、魏之郊凡一年，前後收得三千餘片，總計予之所藏
　　　約過五千片，己亥一坑所出，雖不敢云盡在於此，其遺亦懂矣。」又董彥堂
　　　先生《甲骨年表》云：「清光緒二十五年丹徒劉鶚鐵雲客遊京師，寓福山王懿
　　　榮正儒私第，正儒病店，服藥用龜版，購自菜市口達仁堂，鐵雲見龜版有契
　　　刻篆文，以示正儒，相與驚訝……。是年秋范估以甲骨文字十二版售與王懿
　　　榮。清光緒二十六年春，范估又挾甲骨八百片走京師，售與王懿榮，其中有
　　　全甲一版。光緒二十八年，王懿榮之子王翰甫出所藏古器物清夙債，甲骨千
　　　餘片最後出，悉數售與劉鐵雲，定海方君藥雨又得范估所藏三百餘片，亦歸
　　　劉氏。……總計劉氏前後所得，約五千片而強。」
〔註8〕羅振玉《殷虛書契前編・序》云：「光緒二十五年，歲在己亥，實爲洹陽出龜
　　　之年，予時春秋三十有四，越歲辛丑，始於丹徒劉君許見墨本，作而嘆曰：
　　　此刻辭中文字與傳世古文或異，固漢以來小學家若張、杜、揚、許諸儒所不
　　　得見者也。」
〔註9〕劉鶚《鐵雲藏龜・自序》云：「鐘鼎凡有象形者，世皆定爲商器，此於車、馬、
　　　龍、虎、犬、豕、豚等皆象形也，其他象形之字甚多。……象形之字既多，
　　　可知其爲史籀以前文字。何以別其非周初，觀其日問之於祖乙，問之於祖辛，
　　　祖乙、祖辛、母庚，均以天干爲名，實爲殷人之碻據也。」又羅振玉〈序鐵
　　　雲藏龜〉，亦以爲「甲骨文字之締造與篆文大異，其爲史籀以前之古文無疑，
　　　爲此龜與骨乃夏商而非周之確證。」與劉說同。

之恉，推求鐘鼎多不合，再以鐘鼎體勢推求龜版之文又多不合，蓋去上古愈遠，文字愈難推求耳。」〔註10〕識字之艱難有如此者。

綜劉氏《鐵雲藏龜・序》中所識之龜文，可得五十字，五十字內，屬於干支者二十又二，數目字者二，其他二十有六，是皆簡單易辨，勿勞殫思者。然尋繹比勘，校其正訛，得其說解勿誤之字，僅三十有四，他如「甲申」實「甲子」之誤，「庚戌」因原拓模糊，締審之，或係「命師」之誤，百十三葉四片原拓作「𠂤」，實非「巳」字，於「稱問有四，哉、厭、復、中」，「問」即「貞」之誤，「哉、厭、復、中」乃「爭、㱿、韋、甶」之誤，斯皆殷代卜氏，今經公認者，〔註11〕其他以「翌」為「角」，以「夕」為「月」，誤「易日」作「彤日」，說「帚」為「歸」，斷「旬亡禍」為「旭父卜」，於今日視之，不啻學壇之笑柄，然居清末龜版初出之會，已屬驚人之發現矣。

仲容治甲骨，既取材於《鐵雲藏龜》，而《藏龜》復傳拓於遜清光緒二十九年，距甲骨之出土方五載，又加付諸石印，墨版欠精，至有諸多舛錯，要而言之，不外誤倒、僞刻、失拓、糢糊四則，〔註12〕至於《藏龜》之拓片又止一千零五十八，此數較劉氏私度之五千餘版，僅占五分之一，於董彥堂氏所見材料之十萬片，已著錄者三萬一千百三十九片計，則《藏龜》僅為其十萬片中之百

---

〔註10〕 劉氏此語見其《鐵雲藏龜・自序》，於此可知認識甲骨不易。

〔註11〕 董彥堂先生《甲骨文斷代研究例・三・貞人》，以為貞人即史官。武丁時代之貞人有十六位，即岳、岳丙、㝬、小㝬、𠦪、爭、㱿、亘、賓、甶、㕚、㐭、永、犬、茲、箙。第二期祖庚、祖甲之世，其貞人有七位，即大、旅、即、行、口、兄。第三期廩辛、康丁時之貞人有八位，即口、狀、彭、尤、卬、𠂤、宁、逆，此外尚難確定時期之貞人計有逐自、專、喜、尹、顯、教、易等，則爭、㱿、韋、甶適為第一期武丁時代之史官。

〔註12〕 今人嚴一萍〈鐵雲藏龜跋〉云：「……顧以書成草創，前無所承，以今日視之，不能無憾。茲當重付流傳，畧就校讀所見，述之如左：一、誤倒：初期發期，以甲骨碎片為多，文字難識，或左或右，上下不易辨認，誤倒在所難免，本書拓本二三之四、二八之四、三二之二、四三之二、四三之三、八九之四、一四九之二、一九三之二、二一六之二、二二五之二、二二七之一、二三三之三等皆誤倒。二、僞刻：當甲骨為王、劉收藏時，士大夫疑為僞物，至庚子之際，始見重於世，於是重金搜購，賈人絡繹於途，遂漸有僞刻出現，本書五七之一、八四之一、一三〇之二、二五四之一諸片，字不成形，文不成句，皆為僞刻之物。三、失拓：甲骨正面質地細緻，文字易辨，背面刻辭，雜側於鑽鑿之間，骨質粗疏，甚難辨認，拓墨遺漏，時有所見，若本書一九三之四片與《天壤閣甲骨文存》一九片原為一版所折，今加綴合，乃知《藏龜》亦當有背面刻辭而失拓。……最為《藏龜》惜者，厥為印刷不清，辨認困難，則讀者所同感。」

分之一，占已著錄甲骨片之三十分之一，〔註13〕如依胡厚宣之統計，則五十年之間，出土甲骨共十六萬一千九百八十九片，研究甲骨而又有專著行世之學者共二百八十九位，著作共八百七十六種，〔註14〕則《藏龜》之一千零五十八片，較諸十六、七萬片之巨數，尤渺不足道。綜此以觀，不僅《藏龜》所拓龜甲之數量有限，與石印墨本之欠精而已也，尤以仲容先生祇憑其個人治古文大篆之經驗，推二周以前之刀筆，故審形辨體，考釋文字，難期無病，是以總《藏龜》千餘版，六百多單字內，經孫氏說解者約五分之三，說解迄今尚確不可易者計百八十有奇，猶待商榷者三十字左右，誤釋者共百字以上，闕疑待考者二十又一，全未說解者幾達所有單字之一半，〔註15〕雖間因其對文字之考釋欠精，至乖違篇章之通讀，但椎輪大輅，作始之功不可沒也。

## 三、孫氏在甲骨學上之成就

仲容先生以衰年睹此奇迹，故於愛翫之餘，而曇加甄述，用補殷商之盛典，索討倉沮之舊文，雖事屬空前，但其勇敢自任之毅力，有足多也。茲綜其在甲骨學上之成就，一曰文字之考釋，二曰識字之途徑，以下分別舉例言之。

### （一）文字之考釋

孫氏考釋龜甲文字，於《契文舉例》上篇八目中，引文比事，間多創獲，下篇以下，專列文字一目，〔註16〕通觀全書，得其審釋正確之字百八十又七，

〔註13〕董彥堂先生《甲骨學六十年》所載：「已出版者二八七○九片，已編未印者二四三三片，合計已著錄者共三一三九片，公家採集者二三○八二片，私人收藏者五五三八九片，合計未著錄者共七八四七八片，五十年來出土總數一○九六一七片，五十年間出土之十萬片，多在前期之二十八年；後期之二十二年，僅有兩宗，即中央研究院發掘所得二四九一八片，河南博物館發掘所得之三六五六片，合計共二八五七四片，以十萬片減去此數，皆為前期出土之物，號稱十萬片之甲骨文字，著錄之量已有一半，未著錄者，皆屬碎片。」

〔註14〕胡厚宣於民國40年3月著《五十年甲骨文發現的總結》，其〈序〉云：「殷墟出土商朝後半期之甲骨文字，自1899年，亦即清光緒二十五年開始發現迄今已五十年矣，據本人粗畧之估計，於此五十年出土之甲骨共十六萬一千九百八十九片，研究甲骨著有論述者共二百八十九人，出版之著作計八百七十六種。」

〔註15〕更生曾就《藏龜》逐片統計，去其複重歸結總數如上，字繁不備引。

〔註16〕《契文舉例》書內共分十目，即〈月日〉第一、〈貞卜〉第二、〈卜事〉第三、〈鬼神〉第四、〈卜人〉第五、〈官氏〉第六、〈方國〉第七、〈典禮〉第八、〈文

此百餘字，實甲骨文中最基本之單字，並均由金文、古籀、秦篆、漢隸中比勘而出，後之治甲骨文者多徵引之，〔註17〕以證成其說，特分類綴錄，以見作始之不易。惟孫氏《契文舉例》乃隨手寫定，正誤混淆，簡擇良難，故凡所輯存者，除有釋無說之字，援引他說，補足文義外，其他皆梳句櫛字，去糟粕而揚其菁華焉。

### （1）契刻與金文合者

甲　皆作十。一之四。凡文字恒見者，惟據始見及文義畧完備者舉證一二，不悉著也。金文〈母甲觶〉、〈蘇公子敦〉甲字正如是作。（《契文舉例》上第一葉，以下簡稱《契舉》，凡同葉之字甚多，則葉次書於首字，以避複重）

丙　皆作內。四之一。金文〈魚父丙爵〉、〈父丙爵〉並畧同。
　　案：〈魚父丙爵〉丙字作內，可參。

丁　皆作口。一之二。金文〈父丁爵〉亦同。〔註18〕

戊　多作㦵，十七之四。或作㦵。四二之二。金文〈子孫父戊觚〉作戊，〈父戊舟爵〉作㦵，與此畧同。

庚　皆作㡙。九之三。金文〈庚羆卣〉作㡙，〈且辛父庚鼎〉作㡙，〈子父庚爵〉作㡙，與此微異而大致相類。

辛　皆作㝖。二之四。金文〈父辛鼎〉正如是作，或作㝖，百三十之一。則文尤簡。
　　案：〈父辛鼎〉辛字作㝖，《藏龜》中辛之異構作㝖（二十之二）、作㝖（二七二之一），凡案語中引金文皆據《金文編》。

壬　皆作工。三之一又二。依字當作王，見金文〈叔宿敦〉。此省中畫，金文〈父壬尊〉亦如是作。
　　案：金文〈父壬尊〉壬字作工，其他如〈木父壬鼎〉、〈㫃壺〉亦如是作，〈無㠯敦〉與〈叔宿敦〉同。

癸　多作癸。二之三。亦見金文〈且癸卣〉，或作癸，四十之二。則微有省變。

　　字〉第九、〈襍例〉第十。前八目合爲上篇，〈文字〉與〈襍例〉合爲下篇，上篇多考殷商禮制，下篇釋甲骨文字。
〔註17〕案如羅叔言《殷虛書契考釋》、王靜安〈戩壽堂所藏殷虛文字考釋〉、郭沫若《卜辭通纂》、朱芳圃《甲骨學‧文字篇》、葉玉森《殷虛書契前後編集釋》、唐蘭《天壤閣甲骨文存附考釋》、孫海波《甲骨文編》、李孝定《甲骨文字集釋》等。
〔註18〕按〈父丁爵〉，丁字作口，〈父丁鼎〉塡實作■，可參。

　　案：〈且癸卣〉作🔣，〈西宮敦〉作🔣，均分別與《藏龜》相類。

子　多作🔣，一之三。或作🔣，四之一。皆🔣之變體。金文〈鼎子孫父乙敦〉作🔣，
　　〈子立刀形觶〉作🔣，與此亦畧同。

丑　多作🔣，十之二又二八之一有🔣字，似亦🔣之異文。或作🔣。二百十五之三。與金文
　　〈拍盤〉作🔣畧同。
　　案：金文丑字〈拍盤〉作🔣，〈庚嬴卣〉作🔣，〈競卣〉作🔣，《藏龜》中丑
　　　　字異構作🔣（二十之二）、🔣（二一之三）、🔣（三九之一）、🔣（九六
　　　　之二）、🔣（百十七之三）、🔣（百五六之四）、🔣（百六八之四）、🔣（二
　　　　百十五之三），至於仲容先生又說🔣字，實長字之誤。

寅　皆作🔣。五九之一。
　　案：此字孫氏有釋無說，茲補證如下：金文寅字〈戊寅鼎〉作🔣，〈甲寅
　　　　角〉作🔣，〈師奎父鼎〉作🔣，〈師趁鼎〉作🔣，皆較契文畧繁，而形
　　　　體猶見其匡廓也。

卯　皆作🔣。三之四。與金文〈卯敦〉同。或作🔣，百八三之四。亦🔣之變。
　　案：《藏龜》中卯之異文尚有作🔣（百二十之四）、🔣（百七三之四）。

辰　或作🔣，七之四。或作🔣，八之三。或作🔣，六十之二。或作🔣，八二之三。或
　　作🔣，二百七二之四。或作🔣。三八之二。金文〈散氏盤〉作🔣，〈伯農鼎〉
　　作🔣，與此相近。

未　皆作🔣。五之三。依字當作🔣，金文皆如是作。此上省一畫，非木字也。
　　案：金文未字，〈丁未角〉作🔣，〈宁未盉〉作🔣，〈史獸鼎〉作🔣，〈小子🔣敦〉
　　　　作🔣，〈守敦〉作🔣，〈茶伯敦〉作🔣，〈郜公鐘〉作🔣，特補證如上。

申　多作🔣，五之三。或作🔣，二百五十之一。或作🔣，四之一。或作🔣。四二之四，
　　甲🔣劉釋如是。
　　案：金文申字〈丙申角〉作🔣，〈宰梋角〉作🔣，〈杜伯簋〉作🔣，〈不
　　　　嬰敦〉作🔣，〈簠鼎〉作🔣，〈弘敦〉作🔣，〈王子申盞盤〉作🔣，〈克
　　　　鼎〉作🔣，〈楚公鐘〉作🔣，🔣為午之誤，🔣為子之誤，劉氏誤釋。

酉　多作🔣，五之四。或作🔣。二九之一。金文中〈酉爵〉作🔣，形亦相近。（《契
　　舉》上第二葉）

戌　多作🔣，十五之一。或作🔣。五九之二。金文〈頌鼎〉作🔣，〈師虎敦〉作🔣，
　　並與此相近。

亥　多作█，一之三。或作█，八之三。或作█，四十之三。或作█，二百五八之三。或作█，八四之四。金文〈己亥鼎〉、〈乙亥方鼎〉作█，〈小臣趺鼎〉作█，〈聃敦〉作█，〈虘鐘〉作█，〈使族敦〉作█，並與此相似。

易　作█，三之二。作█，二二之三。作█，百七十之三。作█，百二九之四。皆易之象形字也。《說文·易部》：「易，蜥易，蝘蜓，守宮也。象形。」舊釋為彤日（案：見劉鶚《鐵雲藏龜·自序》，本章於前節已證其失），形義並未合，今考金文錫字多作█，〈頌鼎〉。作█，〈公姒敦〉。即借「易」為「錫」，此字形與彼同，而讀則當如字，易日猶言更日也。（《契舉》上第四葉）

复　龜文作█。百四五之一。《說文·夂部》：「夏，行故道也。从夂畐省聲。」下从█即夂也。金文〈訇鼎〉復作█，〈散氏盤〉作█，偏旁正與此相似。（《契舉》上第八葉。）

中　龜文中字作█，八二之四。又作█。五之二。《說文·中部》：「中，內也。从〇、｜，下上通也。」前文與小篆同，唯別體小異，金文〈頌敦〉作█，〈卯敦〉作█，〈中父丁盉〉作█，亦其證也。

　　案：孫氏引《說文·中部》，實〈｜部〉之誤，中與《說文》小篆不符，孫海波《甲骨文編》收此字入附錄，李孝定《甲骨文字集釋》收入〈待考〉四六○一葉，以為形聲不可盡識。

亙　皆作█，六之四。或作█，八之一。或作█，二百之四。或作█，二五八之三。或作█。百四五之三。此文最多，當讀為亙。《說文·二部》云：「亙，求亙也。从二、从█。█，古文回。象亙回形，上下所求物也。」此██即亙形之省，██又省一，即回古文也。金文从亙之字，如宣字作█，〈虢季子白盤〉。趄字作█，〈陳侯因資敦〉、〈虢季子白盤〉。洹字作█，〈齊侯壺〉。並从█，而互有增省。〈史趄卣〉趄作█，則省作半形，與此形尤近也。（《契舉》上第九葉）

　　案：孫氏引二五八之三與百四五之三，兩片原拓作█、作█，孫摹或因石印墨本漫漶致誤，特補正如上。

賓　皆作█，二之四。或作█，百九之三。是也。宀即完字，然「宀貝」（案：孫氏於《契文舉例》中凡言「宀貝」，皆「宀貞」之訛）疑當讀為「賓貞」（案：孫氏似已知劉鶚釋貞為問之非，而其說契仍以「貞」為「貝」，迂曲詮釋，令人費解）《說文·宀部》：「賓，所敬也。从貝，宁聲。」古文作賓，此疑即完之省。金文賓字如〈史頌敦〉、〈畏卣〉、〈叔賓父簋〉、〈鄭

井叔鐘〉，並从貝、从🔣，〈盧鐘〉則直省作🔣，此與彼正同。🔣雖本爲完字，而賓義較近也。

　　案：金文賓字〈史頌敦〉作🔣，〈罞卣〉作🔣，〈叔賓父簋〉作🔣，〈鄭井叔鐘〉作🔣。孫氏所引《說文・宀部》，實〈貝部〉之誤。《藏龜》中賓之異構作🔣（三四之一）、🔣（四七之四）、🔣（二百十六之一）、🔣（二百五七之三）、🔣（二百五七之四）。

永　作🔣，九十之四。作🔣。百六四之三。《說文》永、底，各爲部首，云：「永，長也。象水巠理之長也。」「底，水之衺流別也。从反永。」此疑當爲永之反書，金文亦多如是作。（《契擧》上第十葉）

　　案：金文永字〈師虎敦〉作🔣，〈卲伯達敦〉作🔣，〈毛公鼎〉作🔣，〈盧鐘〉作🔣，〈永宮鬲〉作🔣，均與契刻相似。

歸　字作🔣，二之三。作🔣，二三之三。或🔣，八一之三。🔣，百四十之二。🔣。二百六十之一。《說文・止部》：「歸，女嫁也。从止，从婦省，𠂤聲。」此文與小篆同，惟省止小異。金文〈南宮鼎〉歸作🔣，與此同。（《契擧》下二七葉）

帚　作🔣，三之一。🔣，五三之一。🔣，七五之二。🔣，七八之四。🔣，八六之四。🔣，百二二之三。🔣。二二四之三。🔣即帚字，《說文・巾部》：「帚，糞也。从又持巾埽冂內。」此文🔣唯一見，餘並省作🔣，又窠校文義，當叚爲歸字，金文〈女歸卣〉作🔣，與此正同。（《契擧》下二六葉）

若　皆作🔣。考《說文・叒部》：「叒，日初出東方湯谷，所登榑桑，叒木也。象形。」即此字。金文皆借爲「若曰」之「若」，如〈毛公鼎〉、〈盂鼎〉作🔣，竝與此同。🔣、若古通，《爾雅・釋詁》：「若，善也。」〈釋言〉：「若，順也。」卜以吉爲順，故通云若也。（《契擧》上十四葉）

乎　皆作🔣，即評之省。《說文・言部》：「評，召也。」金文多借「乎」爲「評」，〈師遽敦〉作🔣，此與彼正同。（《契擧》上十六葉）

　　案：孫氏釋🔣未擧《藏龜》頁次，《藏龜》中乎字至多，如三之一左右對貞之兩卜辭：「壬子卜爭貞🔣，翌癸丑勿🔣帚往于岳。」五之三作「己酉🔣🔣般才🔣。」十之四之一片胛骨卜辭作「勿伐羌，貞🔣伐羌，貞求于九示。」乎字之多不勝枚擧。

匚　🔣，一之三反文。🔣，二二六之二。考《說文・匚部》：「匚，受物之器。象

形。讀若方。籀文作 🔲。」金文〈女姬罍〉作 🔲，此與彼同。(《契舉》
上十九葉)

方　作 🔲 者，金文〈㲼伯鼎〉三方字作 🔲，此即 🔲 之省也。二百十八之二云貞□
🔲 □，字與金文正同，又四方字亦或作 🔲。(《契舉》上三二葉)

東　🔲，百四二之二。即東字，東或即東國，疑就殷都以東言之。(《契舉》上三
七葉)

　　案：丁山《說文闕義》引徐中舒〈東字說〉，東即古橐字，東橐雙聲，遂
　　　　叚橐爲方名之東。金文東字〈散氏盤〉作 🔲，〈舀鼎〉作 🔲，〈宗周鐘〉
　　　　作 🔲，〈克鐘〉作 🔲，〈宴敦〉作 🔲，並與契刻同。孫氏引《藏龜》百
　　　　四二之二片卜辭是「凳于 🔲 □豕三犬三」，審文校義，東實方名。

且　龜文稱祖(一)祖乙等之祖，皆借且爲之，字多作 🔲，三三之一。或作 🔲，
二四之四。或作 🔲，三之三。或作 🔲。一四之三。《說文·且部》：「且，薦也。
從几，足有二橫。一，其下地也。」古文作 🔲，此第一字正象二橫相比
之形，第二字畧變之，與篆文相近，第三字省作一橫，第四字無橫，與
許書古文同。又別有繁縟文如 🔲，一六之三。🔲，六六之二。🔲，六九之一。
🔲，百十之一。🔲，百五四之一。此皆且之異文，几中以一校而上下別爲 🔲 形，
疑即俎字，《說文》：「俎，禮俎也。從半肉在且上。」此似即從半肉箸橫
間，金文〈且子鼎〉作 🔲，〈貉子卣〉作 🔲，與此字畧同，又〈册敦〉：
「王鄉大 🔲」，讀爲「王饗大祖」，又〈王且甗〉：「王 🔲 尸方」，讀爲「王
俎夷方」，舊並釋爲宜，誤。亦皆借且爲祖、俎兩字。且祖之借字，金文祖
字皆借且爲之，此與彼同。(《契舉》下一葉)

　　案：🔲、🔲 爲祖之借字，🔲、🔲 爲且之異文，段爲俎來字，後之學者舉
　　　　無異說。惟所引十四之三 🔲 字，羅振玉《增訂殷虛書契考釋》中八
　　　　葉下釋土，王國維著〈殷卜辭中所見先公先王考〉一文，從羅說，以
　　　　爲即相土，乃殷先公之名。仲容先生所以將 🔲、🔲 釋爲一字者，或
　　　　係受許書古文說字之影響，究金文且字〈盂鼎〉作 🔲，〈散氏盤〉作 🔲，
　　　　〈祖辛父庚鼎〉作 🔲，〈子祖辛尊〉作 🔲，皆與契刻近似。

漁　作 🔲，百八四之一。🔲，二四二之三。🔲，二五三之二。🔲，二六四之一。🔲。
二六五之三。考《說文·鱟部》云：「鱟，捕魚也。從鱟，從水。篆文作漁。
從魚。」是古文漁從二魚，小篆省從一魚，此文亦止一魚，或即小篆之

濫觴與。但象形較繁，與秦篆不同，考金文魚作🐟，伯魚敦。🐟，魚父癸鼎。與此畧同，足徵古文象形之精，小篆省變，殊失其本意。（《契舉》上二四葉）

臣　🔲。百六十之四。（《契舉》上二七葉）

　　案：仲容先生有釋無說，許氏《說文》云：「臣，牽也。事君也。象屈服之形。」金文臣字〈毛公鼎〉作🔲，〈公違敦〉作🔲，〈獻伯敦〉作🔲，〈頌鼎〉作🔲，並與契刻同。郭沫若著《甲骨文字研究》，上冊有〈釋臣宰〉一節，曾據《說文》，別開新解，彼云：「象豎目之形，人首豎則目豎，所以象屈服之形者，殆以此也。」足以闡發許恉。

來　🔲。九六之三。

　　案：孫氏有釋無說。《說文・來部》：「來，周所受瑞麥來麰，一來二縫，象芒朿之形。天所來也，故爲行來之來。」金文來字〈艅尊〉作🔲，〈宗周鐘〉作🔲，〈不𡢁敦〉作🔲，〈宰甶敦〉作🔲，般甗作🔲，各字均與契刻畧同。

效　🔲，二二之四。🔲，五九之一。當是效字。《說文・攴部》：「效，象也。從攴，交聲。」金文〈效卣〉作🔲，與此同。在卜辭當爲人名。（《契舉》上二九葉）

　　案：《藏龜》二二之四片原辭作「丁卯卜爭貞命子🔲牢于🔲」，五九之一作「丙寅卜子🔲屮疒不其隻羌」，又百六四之一作「丁酉卜子🔲女其🔲」，又百七五之一作「丙寅卜子🔲臣曰隻羌」，通觀卜辭文義，子效爲人名無疑。仲容先生引《藏龜》五九之一，因原片模糊，摹體稍誤。

央　🔲，二七二之二。當即央字。《說文・冂部》：「央，中央也。從大在冂之內。大，人也。央、旁同意。一曰：久也。」金文〈虢季子白盤〉作🔲，此與彼畧同，在卜辭爲人名。（《契舉》上二九葉）

　　案：《藏龜》二七二之二片原辭作：「貞钔子🔲豕于母🔲」。

堇　🔲，百五九之三。此即堇字。《說文・堇部》：「堇，黏土也。從土，從黃省。」此下又省土。金文〈女婆彝〉堇作🔲，〈頌鼎〉作🔲，借爲觀。竝與此同。（《契舉》上二九頁）

自　🔲，百八三之四。自即師之省，金文〈盂鼎〉喪師字亦作🔲可證。（《契舉》上三十葉）

商　关，九七之二。关，百十一之四。即商之省。《說文‧㡿部》：「商，從外知內也。从㡿，章省聲。」此从㡿省，于字例無牾。金文〈丁未伐商角〉作罍，形與此罍同。唯此又省口，形尤簡耳。商蓋指商都而言。（《契舉》上三一葉）

周　囲，二六之一。囲，三六之一。囲，百二八之二。此即周之省。（案：仲容先生所引《藏龜》二六之一作「囗毋弗戈囲十二月」。三六之一作「丁卯卜貞囲其出禍」。百二八之二作「壬戌卜命囲宍嚳」。）金文〈宍敦〉周字作罍，〈周文旁尊〉省作囲，〈周公作文王鼎〉「周公」字作「囲公」，〈中鼎〉宗周字作囲。舊釋魯竝誤。此省口，與彼同。周即周國，疑在太王肇基以後，云「令周宍若」，百二八之二。蓋周君朝聘于商，以國賓之禮待之，若猶言順命也。「弗戈周」者，二六之一。《說文‧戈部》：「戈，傷也。」言不伐周也。龜文云「弗其戈」者甚多，義蓋竝如是。（《契舉》上三二葉）

啓　𡰥，三四之三。取，九二之四。𡰥，五十之三。當爲啓之省。《說文‧攴部》：「啓，教也。从攴，启聲。」此从又者，攴之省；从戶者，启之省也。金文〈遂戾諆鼎〉，啓作戾，與此可互證。啓似國名，故云征啓（案：即延啓之誤，說明可參本條之案語。）又有𣀈字，二四五之一。此正作啓字不省，亦可與𡰥字互證。金文〈受鐘〉、〈卡氏寶林鐘〉，啓字作𣀈，形亦相近。（《契舉》上三四至三五葉）

案：仲容先生釋字無誤，而通讀多訛，如卜辭用啓，義多爲啟，啟爲晴之專字，孫海波《甲骨文編》三卷十五葉上、李孝定《甲骨文字集釋》三卷一〇四三葉，對此曾詳加徵引，而孫氏文中以爲「啓似國名，故云征啓」，但通觀《藏龜》各卜辭中之啓字均爲晴之專字，「征啓」實「延啓」之誤，「延啓」者言雨霽或有待也，如《藏龜》五三之一片作「貞今夕不延雨」，言雨不連綿也。八八之三片作「壬申卜殼貞王勿延狩」，謂王勿從獸無厭也。一〇三之四片作「貞延啓」，言雨霽或有待乎？一二〇之二片作「貞不其延凮」，凮即風字，言風甚久不息乎？皆貞問之辭，可做「延啓」二字於卜辭爲用之例證。

益　𥁑，二二三之四。此疑即益字。《說文‧皿部》：「益，饒也。从水、皿。皿，益之意也。」此从𠙴即皿形，从𠃑即水之省。金文〈益公鐘〉益作𥇤，〈畢鶺敦〉益作𥇤形，亦相近。（《契舉》上三五葉）

南　凷，百十之二。凷，百十五之三。凷，百七二之三。疑即南字。《說文·凷部》：「南，从凷，羊聲。古文作羍。」金文〈盂鼎〉作凷、凷二形，此上从凷與彼同，下半闕直畫，諸文竝同，不知何義。《詩·周南》：「南有樛木。」《毛傳》云：「南，南土也。」鄭箋云：「謂荊、揚之域。」此南或即南土與。（《契斠》上三七葉）

案：南字後人說解甚多，惟李孝定《甲骨文字集釋》卷六，二○九七頁，綜合各家之說，以爲「南」於卜辭約有二用：一爲方名，一爲祭牲之名。《藏龜》百十之二片作「貞南」，百十五之三片作「貞其自南出短」，百七二之三片作「囗雲自南雨」，各辭中之「南」字均係方名。

葡　凷，二之四。凷，十五之一。與葡字相近。考《說文·用部》：「葡，具也。从用，苟省。」金文〈毛公鼎〉葡作凷，亦可互證。其讀當矢服之服，金文〈丙申父癸角〉有凷字，舊釋爲角。〈子父己爵〉有凷字，舊釋爲雙矢形。似竝即此字，而爵文从二矢在服中，形尤明晰，〈毛公鼎〉「魚葡」，亦即《詩》之「魚服」，古「服」、「葡」聲近字通。《說文·牛部》：「犕，《易》曰：犕牛乘馬。从牛，葡聲。」今易「犕」作「服」，是其例也。（《契斠》上三八葉）

案：葡，平祕切，古音在一部。服，房六切，古音在一部。二字同部，雙聲疊韵，故仲容先生曰聲近字通。

羌　皆作凷。《說文·羊部》云：「羌，西戎羊種也。从羊、人，羊亦聲。」此从凷、从人，即从羊省也。金文〈鄭羌伯鬲〉作凷，〈羌鼎〉作凷，此與彼畧同，《詩·商頌》：「殷武自彼氐羌，莫敢不來享，莫敢不來王。」鄭箋云：「氐羌夷狄，皆在西方。」則商時西羌種族甚盛，故亦見於龜文。（《契斠》上三八葉）

案：仲容此條釋羌，曾列舉《藏龜》卜辭若干片相證，茲補述如下：如十之四片「貞乎伐凷」，三一之三片「乙丑卜凷隻正凷」，五九之一片「丙寅卜子效出㞢不其隻凷」，七十之三片「貞钔于凷甲，勿钔」，九七之四片「囗申卜貞追凷隻」，一○五之三片「貞凷弗其戈凷龍」，二三○之二片「貞凷隻」，綜觀後世說羌者甚多，然大別有以下三義：一是方名，二殷先公名，三作動詞讀爲戕，殺也。（以上引義見王國維〈殷卜辭中所見先公先王考〉，郭沫若《殷契粹編考釋》）

牢　牢，八十之三。牢。四二之二。《說文·牛部》：「牢，閑養牛馬圈也。从牛，冬聲。取其四周帀。」金文〈貉子卣〉作牢，此省作牢，與彼同。从羊者，文之變也。（《契舉》上四二葉）

　　案：牢，从宀、从羊，《說文》所無。卜辭以牛爲太牢，羊爲少牢或小牢，非文之變。《藏龜》中此等卜辭甚夥，仲容先生於說解時亦迻加舉證，茲錄數片如下以資對勘：五九之四「癸丑卜王即完□，勿即● 京六月二牢」，六五之一「癸卯卜□百牛�牢」，六八之二「□貞用牢羊」，七二之一「貞㞢于庚□牢」，七八之二「甲寅卜又且乙五牢用」，八四之三「癸未卜貞翌乙酉㞢且乙三牢用」，九八之一「丁酉殼今日勿奠牢」。一○一之三「貞于兄丁牢」，一五○之一「貞㞢于片圉犬三羊三豕□卯□」，二○四之二「钔人辛于岳犬一㞢一牢」，二一九之四「□寅卜㞢且□三牢�十牢㞢九□」。

出　皆从屮，作屮，二百二之一。屮，一三二之四。是也。考《說文·出部》作屮，云「進也。象艸木益滋上出達也。」金文則〈毛公鼎〉作屮，〈伯矩鼎〉作屮，〈石鼓文〉亦作屮，皆从止，與許說不同。此文从屮，亦即从止，與金文、〈石鼓〉符合，足徵商、周古文皆同从止，許說恐非倉、史之本恉也。（《契舉》下第三葉）

追　追，百十六之四。疑當爲追之省。金文〈己伯鐘〉追作追，此省彳，故作皀也。（《契舉》下第四葉）

各　各。二五四之一。此當是各字。《說文·口部》：「各，異詞也。从口、夂。」夂者有行而止之不相聽意，金文〈格伯敦〉格作各，此前一字反書作各字，與彼實同。（《契舉》下四葉）

降　夂屮反正重絫則爲夅，如降，十九之二。即降字之反文。《說文·自部》：「降，從自，夅聲」；〈夂部〉：「夅，服也。从夂屮相承，不敢竝也。」此从兩屮，亦文之變。金文〈聘敦〉降作降，〈虢叔鐘〉作降，竝與此畧同。（《契舉》下第五葉）

先　先，二一八之一。先，二二六之二。即先字。《說文·先部》：「先，前進也。从儿，从之」，龜文「之」字皆作屮。甲文屮與小篆同，而先則作先，从止，二文絕不相通。金文〈善鼎〉先作先，略同。（《契舉》下五葉）

　　案：仲容先生釋先，舉《藏龜》爲例，如二一八之一片「貞先其㞢」，二二六之二片「出貞大酌先㞢匚牛七月」。

省　𣢍，百十四之四。當是省字。《說文・眉部》：「省，視也。從眉省，從屮。」
　　此從屮、從目，與從眉省同。金文〈盂鼎〉省作𣢍，〈且子鼎〉作𣢍，
　　舊釋爲相，誤。竝與此同，可以互證。(《契舉》下第八葉)

見　𦣻。七四之三。《說文・見部》：「見，視也。從目、儿。」金文〈己亥鼎〉
　　見作𦣻，此與彼畧同。(《契舉》下八至九頁)

　　案：先生釋「見」引《藏龜》，如七四之三片「癸未卜爭貞乎𦣻其菁雨克
　　　　五月」，百五九之一片「吉其弘☐𦣻」，又附識於本條之後者，別有二
　　　　片，即百之三片「丁酉卜宂貞我卜」，百一之四片「貞𦣻我羌」，先生
　　　　以爲與「見」字相近。

　　又案：百之三片，卜字不識何字，孫海波《甲骨文編》與李孝定《甲骨文
　　　　字集釋》，經檢數遍，亦未見載也。想必非「見」字明甚。

　　又案：百一之四片𦣻字，孫海波《甲骨文編》收入〈附錄〉，李孝定《甲
　　　　骨文字集釋》列入〈待考〉，此非「見」字亦明甚。

《藏龜》百之三片　　　　　　　《藏龜》百一之四片

眾　𥄐，二三三之一。此亦眾之異文，變目爲日，與前眾字異。金文〈𣬉鼎〉眾
　　字作𥄐，與此同。(《契舉》下十葉)

　　案：仲容先生於《契舉》下第八葉釋𥄐，以爲是「眾」字，云：「☐勿正
　　　　月𥄐酉(十六之一)，癸卯卜𥄐勿☐☐(七十三之一)，此並即『眾』
　　　　字。《說文・㐺部》：『眾，多也，從㐺、目，眾意。』𥄐，上目下巛，
　　　　形敚變……。」惟各家均釋「眉」。《說文》：「眉，目上毛也。從目，
　　　　象眉之形。上象額理也。」契刻正從目，上ㄇㄇ象眉形，實非眾字，
　　　　至爲明晰。李孝定《甲骨文字集釋》引屈翼鵬〈甲釋〉一〇三葉，亦
　　　　以《甲骨文編》釋「眉」是。

冊　冊。百六五之三。《說文・冊部》：「冊，符命也。諸侯進受于王者也。象

其札一長一短，中有二編之形。」金文〈冗敦〉、〈吳尊〉皆作 ，中从四札，此與彼同。（《契舉》下十一葉）

率 ，十六之二。當即率字。《說文・率部》：「率，捕鳥畢也。象絲网。上下，其竿柄也。」此省其上下竿柄，字例亦通。金文〈盂鼎〉字作 ，與此正同，〈師寰敦〉逮字作 ，偏旁亦如是作。（《契舉》下十三葉）

茲 。百七八之三。《說文・丝部》：「丝，微也。从二幺。」金文〈毛公鼎〉、〈茲大子鼎〉、〈茲女盤〉、〈多父盤〉，茲字多作 ，此或當讀爲茲，未能決定也。（《契舉》下十三葉）

　　案：羅振玉《增訂殷虛書契考釋》七六葉下：「丝，古金文用爲訓此之茲，與卜辭同。」仲容先生釋丝而讀爲茲無誤，金文〈毛公鼎〉作 ，〈賈弔多父盤〉作 ，均與契文同。

受 ，二八之三。此即受之古文。《說文・受部》：「受，相付也。从爰，舟省聲。」此从舟不省，金文〈受鐸〉，受字作 ，〈父乙卣〉作 ，〈盂鼎〉作 ，與此正同。（《契舉》下十五葉）

尋 ，三之三。，二九之二。，百三五之四。此竝尋字。《說文・見部》：「尋，取也。从見、寸。寸，度之，亦手也。」又〈彳部〉：「得，古文作尋。省彳。」此文似从貝。又金文〈虢叔鐘〉作 ，从貝、从手，此與彼畧同。（《契舉》下十五葉）

學 ，百五七之四。《說文・教部》：「斅，覺悟也。从教，从冂。冂，尙矇也。篆文作學，从斅省。」金文〈盂鼎〉、〈耤田鼎〉、〈師龢父敦〉，皆有學字，則亦古文也，此文與彼畧同，而又省子，蓋古文之異體也。（《契舉》下十五至十六葉）

　　案：金文學字〈盂鼎〉作 ，〈諆田鼎〉作 ，〈師龢父敦〉作 ，〈師龢父敦〉蓋作 。

叀 ，百三八之三。當即叀字。《說文・叀部》：「叀，小謹也。从幺省，从屮。屮，財見也。田象謹形，屮亦聲。」金文〈尹叔敦〉、〈中叀父敦〉，竝作 ，讀爲「惠」，此或當爲繠叀聲專聲字之省。（《契舉》下十六至十七葉）

惠 。二一四之一。《說文・叀部》：「惠，仁也。从心、叀。古文作 ，从卉。」此即古文之省。金文〈父戊卣〉、〈無惠鼎〉、〈毛公鼎〉，惠字竝作 ，亦省心，可與此互證。古文上从卉爲三屮，此亦畧同，但變屮爲 ，則與 字相近，不知何義。（《契舉》下十八葉）

案：魯師實先著〈卜辭姓氏通釋〉，謂此字乃「栗」之繁文（見《幼獅學報》二卷一期，三葉三行），李孝定《甲骨文字集釋》收入〈存疑〉，以為形聲不可知（見該書四四八四葉），而卜辭亦別有栗字作🔲（前二、十九、三），🔲（後下、十六、十三），🔲（（一）一、二八、十二），🔲（（二）二七六二），🔲（佚、三九二），與惠字不類。以後人舉無定說，姑以仲容先生舊釋為長也。

我　🔲，六一之三。🔲，七一之三。即我字是也。《說文·我部》：「我，施身自謂也。从戈、于。于，古文乑也，一曰古文殺字。」古文作🔲，此即🔲之變體。金文〈散氏盤〉作🔲，〈盂鼎〉作🔲，此與彼略同。（《契舉》下十八葉）

裘　字作🔲。四五之二。《說文·裘部》：「求，古文裘。」〈石鼓〉作🔲，此與彼畧同。🔲，二二三之二。疑即求之絲綯文。（《契舉》下十九葉）

豐　🔲，二三八之四。《說文》「豐，豆之豐滿也。从豆。象形。一曰：鄉飲酒有豐侯者。」金文〈聃敦〉作🔲，〈豐兮敦〉作🔲，與此形相近。（《契舉》下二三葉）

京　🔲，十四之四。當即京字。《說文·京部》：「京，人所為絶高丘也，从高省，丨象高形。」金文〈靜敦〉京作🔲，〈公姒敦〉作🔲，〈天廟爵〉作🔲，〈父辛盤〉作🔲，竝與此畧同。（《契舉》下二二葉）

酒　契文「酒」字竝作「酉」，金文凡酒字亦竝如是作，字例正同，然龜文雖借酉為酒，但又別有酒字，皆作🔲，四之一。或作🔲，二四之四。諸文皆从酉、从彡。金文〈戊寅父丁鼎〉亦有🔲字，〈酗父乙尊〉作🔲，阮文達謂即古酗字《積古齋鐘鼎款識》。然龜文此字甚多，尋文究義，似即用為酒。（《契舉》下二三葉）

案：羅振玉《增訂殷虛書契考釋》中二五葉上云：「卜辭所載諸酒字為祭名，考古者酒熟而薦於祖廟，然後天子與羣臣飲之於朝，……《說文解字》酉與酒訓畧同，本為一字，故古金文酒字皆作酉，惟〈戊寅父丁鼎〉有酒字作🔲，亦祭名，與卜辭正同。」《藏龜》中以酒為祭之卜辭甚夥，茲舉數例，以見一斑：一九六之一片「乙卯卜亘貞今日王至于享夕酉子央屮于父乙」，二二六之二片「出貞大酒先屮匸牛七月」，二二八之三片「貞酒🔲示🔲若」，二六四之一片「丁酉貞子漁屮罟于娥酒」，二七〇之一片「䝼貞來甲辰酒太甲易日」，綜究卜辭，則

酒爲祭名無疑。

余　　⟨字形⟩，十一之三。⟨字形⟩，八七之一。⟨字形⟩，一四四之四。⟨字形⟩，一四五之一。此即余之省。《說文・余部》：「余，从舍省。」金文〈盂鼎〉余作⟨字形⟩，與此正同。（《契舉》下二七葉）

斿　　⟨字形⟩，一三二之一。此即斿字。《說文・㫃部》：「游，旌旗之流也。从㫃，汓聲。經典或省作斿。」〈石鼓〉游作⟨字形⟩，此又从㫃而省。（《契舉》下二八葉）

旅　　⟨字形⟩，九十之一。即旅字。金文〈虢叔鐘〉旅作⟨字形⟩，〈郜公簠〉作⟨字形⟩，竝與此同。（《契舉》下二八葉）

新　　⟨字形⟩，一〇〇之一。當即新字。金文〈師酉敦〉新作⟨字形⟩，〈頌鼎〉作⟨字形⟩，與此相似。（《契舉》下二八葉）

才　　⟨字形⟩，五之四。疑才之異文。《說文・才部》：「才，艸木之初也。从丨上貫一，將生枝葉也。一，地也。」金文〈師虎敦〉作⟨字形⟩，此與彼同。金文多叚才爲在。（《契舉》下二八葉）

　　案：仲容先生《古籀拾遺》上四葉〈盠龢鐘〉釋文云：「不顯⟨字形⟩二，薛从呂大臨釋⟨字形⟩二爲上帝，翟釋爲在上，[註19] 古金文字帝無省爲二者，翟釋是也。上作二，與奄有下國「下」字作「二」同用，古文在爲⟨字形⟩者，元文當爲十，十即才字也。叚才爲在，金文婁見，蓋呂所見拓本不精，遂成⟨字形⟩形，薛摹從之，袛矣。」

去　　⟨字形⟩，七一之四。疑去之異文。《說文・去部》：「去，人相違也。从大，凵聲。」凵部：「凵，盧飯器。」此變凵爲口，金文盧字如〈盂鼎〉⟨字形⟩，〈師酉敦〉作⟨字形⟩，偏旁去竝作⟨字形⟩可證。（《契舉》下二葉）

妣　　⟨字形⟩。二六五之二。《說文・女部》：「妣，歿母也。从女，比聲。籀文省作妣。」金文〈召中作生妣鬲〉作⟨字形⟩，與此正同。（《契舉》下三十葉）

　　案：徐文鏡《古籀彙編》錄〈義妣鬲〉作⟨字形⟩，〈召中作生妣鬲〉作⟨字形⟩，〈陳侯午敦〉作⟨字形⟩，可資參考。

克　　⟨字形⟩，十一之一。即克字。《說文・克部》：「⟨字形⟩，肩也，象屋下刻木之形。古文作⟨字形⟩。」金文〈大保敦〉作⟨字形⟩，〈耤田鼎〉、〈井人鐘〉作⟨字形⟩，竝與此相近。（《契舉》下三十葉）

---

〔註19〕翟指翟耆年，翟著《籀史》。

畏　**[字形]**，一四六之二。當即畏字。《說文・由部》：「畏，惡也。从由，虎省，鬼頭而虎爪，可畏也。古文作**[字形]**省。」金文〈盂鼎〉作**[字形]**、**[字形]**，〈毛公鼎〉作**[字形]**，此與彼畧同。（《契舉》下三一葉）

案：仲容先生引《藏龜》一四六之二，諦審拓片，字形作**[字形]**，與原引作**[字形]**者，畧有出入。

匡　龜文方多作**[字形]**，即《說文・匚部》籀文**[字形]**之省，从匚字亦然，如**[字形]**一九九之二。从匚、从羊，其字《說文》未見，唯金文〈史頌鼎〉云「日**[字形]**大子」，从匚、从壬，亦字書所無，此與彼偏旁正同。以形聲求之，當為匡之籀綷文。《說文》：「匡，从匚，𡊅聲。」古音羊𡊅同部，聲相近，可互通也，《爾雅・釋詁》：「匡，正也。」「匡羌」者，亦正其罪而征伐之也。（《契舉》下三三葉）

案：仲容先生引《藏龜》一九九之二片原辭作「甲午**[字形]**戈今匡羌」，戈為方名或姓氏，意即戈今往征羌之吉否耶。

車　**[字形]**，一一四之一。即古文車字。金文〈毛公鼎〉作**[字形]**，〈吳彝〉作**[字形]**，與此正同。《說文》車，古文作**[字形]**，从戔，蓋傳寫之誤。（《契舉》下三五葉）

案：仲容先生《籀膏述林》卷三有〈籀文車字說〉一文云：「《說文・車部》車籀文作**[字形]**，从二車二戈，於形聲皆無所取，且與輚車字掍，而二徐以來未有知其誤者，近珍蓺莊氏、毌山王氏始據金文車字作**[字形]**以正之，其說塙矣。……頃見湯陰羑里出土古龜甲文亦有車字，與金文同。龜甲文多象形，又有且甲大戊諸偁號。近人定為商時物，則較金文尤古，蓋在史籀之前。」仲容此說足與本條相發明，故錄以備參。

弓　**[字形]**，四十之二。**[字形]**，一六二之二。皆象弓形，古文𢎺字从此，第二字左本連屬，摩滅中斷，而篆勢猶可推佁也。金文〈父丙鼎〉作**[字形]**，〈子父乙爵〉作**[字形]**，〈弓父癸卣〉作**[字形]**，竝與此同。（《契舉》下三五葉）

案：仲容先生引《藏龜》一六二之二，唐蘭於《殷契卜辭考釋》三三葉下釋為「弦」，李孝定《甲骨文字集釋》十二卷三八五八葉从唐說，並引《說文》：「『弦，弓弦也。从弓。象絲軫之形。』契文作**[字形]**，正示弦之所在也，字在卜辭為人名。」而仲容先生以為摩滅中斷，本相連屬，此亦非絕無可能，故不得以後釋之是而驟定舊說之為非也。觀原片卜辭作「貞勿乎**[字形]**出岳」，衡其文義，「弦」為方名或人名，殆不可疑。

躬　(圖)。八八之一。《說文‧矢部》：「躬，弓弩發于身而中于遠也。从矢、从身。篆文作射，从寸。寸，灋度也，亦手也。」此則象弓形，金文〈躬爵〉，躬作(圖)，〈藻盤〉作(圖)，與此畧同，〈師湯父鼎〉作(圖)，〈靜敦〉作(圖)，〈耤田鼎〉作(圖)，〈石鼓〉作(圖)，偏旁亦如是作，皆可互證。(《契舉》下三五葉)

弘　(圖)。一五九之一。《說文‧弓部》：「弘，弓聲也。从弓，厶聲。」此即弘字，金文〈毛公鼎〉作(圖)，與此正同。(《契舉》下三五葉)

矦　(圖)、(圖)，四六之三。即侯字。《說文‧矢部》：「矦，春饗所躬矦也。从人。从厂，象張布，矢在其下。古文作矦。」金文〈匽侯敦〉侯作(圖)，與此同。(《契舉》下三六葉)

禽　(圖)。十九之四。《說文‧内部》：「禽，走獸總名。从内。象形。今聲。」金文〈大祝禽鼎〉作(圖)，〈王伐許侯敦〉作(圖)，此似即(圖)之省。(《契舉》下四十一葉)

牛、羊、豕　《說文‧牛部》：「(圖)，事也，理也。象角頭三、封尾之形也。」〈羊部〉：「羊，祥也。从(圖)。象頭角足尾之形。」〈豕部〉：「豕，彘也。竭其尾，故謂之豕。象毛足而後有尾。古文作(圖)。」是三字皆本屬象形，唯小篆皆整齊以就篆法，故僅約畧形似，周代金文牛〈師寰敦〉作(圖)，〈卯敦〉作(圖)。羊，〈羊卣〉作(圖)，〈父辛觶〉作(圖)，而〈師寰敦〉作(圖)。豕，〈父乙觚〉作(圖)，〈函皇父敦〉、〈豕鼎〉作(圖)、(圖)，〈石鼓文〉作(圖)。甲文牛作(圖)、三之三。(圖)、一五〇之一。羊作(圖)、一九之四。(圖)。一四二之二。豕作(圖)、一四二之二。(圖)，二五之一。牛羊二字微趨簡易，而大致與金文相同。唯豕字則皆象形，與小篆絕異，足見書契之初軌。(《契舉》下三七葉，《名原》上七八葉)

　　案：仲容先生釋牛、羊、豕三字，大致無誤，惟所引《藏龜》一五〇之一牛字作(圖)，諦審其形，實爲犬之誤，王國維先生曰：「腹瘦尾拳者爲犬，腹肥尾垂者爲豕」，則此形正像腹瘦尾拳，字當爲犬，殆無可疑。且牛象角頭三封尾之形，此字絕不類。故凡《藏龜》中牛字如三五之一作(圖)，二一六之一作(圖)，亦均可對參。

用　作(圖)，三四之二。作(圖)，七五之二。作(圖)。一一六之一。《說文‧用部》：「用，可施行也。从卜、中，衛宏說。」此似即取卜中之義，故與貞同義，經典不多見也。(《契舉》下十八葉)

案：金文用字〈毛公鼎〉作用，〈仲舅父𣪘〉作用，〈師𣪘敦〉作用，〈散
　　氏盤〉作用，徐灝《說文段注箋》云：「用為古庸字，本象鐘形，因
　　借為施用。」可謂別開新解。卜辭中恒言「其牢茲用」，故疑字在卜
　　辭乃用牲之意也。如《藏龜》三四之二作「貞告勿用」，七五之二作
　　「丁酉貞用」，一一六之一作「貞勿用，貞用」，究文析義，為用牲之
　　意無疑。

亞　卐。五一之三。（《契舉》上十八葉）
　　案：仲容先生有釋無說，茲補證如次：《說文・亞部》：「亞，醜也。象人
　　　　局背之形。賈侍中說以為次第也。」金文亞字〈丙申角〉作卐，〈延
　　　　𣪘〉作卐，契刻與金文同。葉玉森《甲骨文所見氏族及制度》四五至
　　　　四八葉有〈說多田亞父〉一文云：「卜辭用亞為爵名。」《藏龜》五一
　　　　之三作「戊□貞其多卐若」，僅此一見，似為爵名。

萆　𠧚，一五七之二。當為萆字。《說文・萆部》：「萆，箕屬，所以推糞之器也。
　　象形。」金文从萆之字如〈齰公戟鐘〉作𡕢，〈散氏盤〉龏作𡕢，此上有
　　兩耳，與鼎耳同，即金文之𡚤也，古箕萆蓋交午竹木為之，本有耳，象
　　形較備，可與金文互證。（《契舉》下三四葉，《名原》上二四葉）

戰　𢼸，二二七之二。此即戰之省。《說文・攴部》：「戰，盡也。从攴，畢聲。」
　　此作𢼸，即从畢而省兩耳。金文〈戰狄鐘〉作戰。（《契舉》下三四葉）

爵　甲文有𣂏字二四一之三。，疑爵字象形，上从↑象其柱，下作𣂏似象其流及
　　足，金文〈亞爵〉有𣂏，字形亦相類。（《契舉》下三六葉）
　　案：仲容先生原將此字列入闕疑待攷，以為奇古難識，未敢定也。後著《名
　　　　原》，釋此為爵，以袪前說之疑。

鼎　𣊡。二三五之一。金文〈父乙鼎〉「鼎」字作𣊡，此疑即鼎之異文。（《契舉》
　　下三四葉）

十　甲文皆作｜，金文同，或作丨，則中多一點。（《名原》上六葉）
　　案：〈奠虢中𣪘〉「隹十又一月」十作丨，〈陳侯午𣪘〉「隹十又四年」，〈無
　　　　𢟔𣪘〉「隹十有三年」，十均作丨或丨。

四　《說文・四部》：「四，陰數也。象四分之形。古文作𠳳，籀文作亖。」
　　金文、甲文皆作亖。（《名原》上六葉）
　　案：金文四字，〈盂鼎〉作亖，〈晉公盦〉作亖，〈格伯尊〉作彡，〈毛公鼎〉

作☰，〈虢季子白盤〉作三，〈師遽敦〉作三。甲文四字，《藏龜》三
二之三、三五之二、五一之四、六三之二、一○一之二等片皆作三。
商承祚《殷虛文字類編》云：「《說文解字》四，古文作𠬙，籀文作
三，金文中四字皆作三，無作𠬙者，𠬙亦晚周文字，錢先生所謂古
文之別字矣。凡許書所載古文與卜辭及古金文不合者，皆晚周別字
也。」

五　《說文・五部》：「𝕏，五行也。从二。陰陽在天地間交午也，古文作╳。」
　　然金文龜甲文皆同作𝕏，無作╳者。(《名原》上一葉)
　　案：金文五字，〈五頌敦〉、〈馭方鼎〉、〈五頌鼎〉、〈齊鎛〉、〈呂鼎〉、〈不
　　　　娶敦〉等皆作𝕏。甲文五字，《藏龜》五之四「戊卜殼貞☒上甲卯五
　　　　牛」，五作𝕏，二六之三「壬午卜王曰貞又疾五月」，五作𝕏，與金
　　　　文全同。

米　《說文・米部》：「米，粟實也。象禾黍之形。」甲文有米字作𑀙，七二之
　　三。金文無米字。
　　案：汪西亭《鐘鼎字源》錄〈張仲簠〉有米字，作𑀙𑀙，頭與米形不屬，
　　　　且單詞孤證，未知然否。而从米之字則恒見，如〈曾白霥簠〉，梁字
　　　　作𑀙，〈陳公子𤧛〉稻字作𑀙，〈陳侯敦〉俫字作𑀙，〈石鼓文〉糜
　　　　字作𑀙，諸文偏旁米字與甲文大致畧同。(《名原》上五葉)

馬　《說文・馬部》：「馬，怒也，武也。象馬頭髦尾四足之形。古文作𢒀，
　　籀文作𢒀。與影同，有髦。」龜甲有象形馬字云：「尋𠦪口絲」，二之二。
　　此文有首尾踶髦，於形最完備。金文馬字最多，如〈毛公鼎〉作𢒀，〈盂
　　鼎〉作𢒀，〈彔白敦〉作𢒀，〈師奎父鼎〉作𢒀，皆上从目而有髦，下象足
　　尾形，較甲文尤備。(《名原》上六葉)

火　《說文・火部》：「火，燬也。南方之行炎而上。象形。」龜甲文从火之
　　字則皆作𑀙，案：見炎字偏旁作☒。金文〈母辛鬲〉有𢒀𢒀字，〈木鼎〉有𢒀，
　　下从𑀙，亦古文火也。(《名原》上四葉)

鹿　《說文・鹿部》：「𢈎，獸也。象頭四足之形。鳥鹿足相比，从比。」金文
　　〈貉子卣〉鹿作𢈎，〈石鼓文〉鹿作𢈎，甲文鹿字作𢈎一一○之三。，與卣
　　文同。(《名原》上九葉)

佳　龜甲文佳字恒見，皆作𢒀六之三。，或作𢒀八一之二。。金文〈弨中簠〉糕

字偏旁佳作 ⿰ ，與此相似。（《名原》上十一葉）

丘　《說文》：「丘，土之高，非人所爲也。从北，从一。一，地也。人居在丘南，故从北。中邦之居，在崑崙東南。一曰：四方高，中央下爲丘，象形。古文作 ⿰ 。从土。」金文〈子禾子釜〉作 ⿰ ，與北不相類，甲文有 ⿰ 字，二〇二之四。以金文證之，當即 ⿰ 原始象形字，蓋象山而小，猶自爲自之小者也。（《名原》上二十葉）

案：丘字金文〈商邱叔簠〉作 ⿰ ，古匋作 ⿰ ，與甲文相近似。

箕　古文作 ⿰ ，《說文・箕部》。金文作 ⿰ ，〈邵鐘〉。龜甲文作 ⿰ 。一之二。（《名原》上二四葉）

案：仲容先生於此有釋無說，茲綴而補之如次：《說文・箕部》：「箕，簸也。从竹、𠙹象形，下其丌也。凡箕之屬皆从箕。古文作 ⿰ 、 ⿰ 、 ⿰ 。籀文作 ⿰ 、 ⿰ 。」金文箕字〈王孫鐘〉作 ⿰ ，〈南公鼎〉作 ⿰ ，〈伯姬鼎〉作 ⿰ ，〈仲父㲃〉作 ⿰ ，甲文箕字《藏龜》一之一作 ⿰ ，一八一之四作 ⿰ 。商承祚《殷虛文字類編》云：「卜辭作 ⿰ 、作 ⿰ ，與許書古文合。乃象 ⿰ 形後叚而爲語詞，其字初形但作 ⿰ ，後增六，後又加竹作箕，許君錄後起之箕字，而附 ⿰ ⿰ 諸形于箕下者，以當時通用之字爲主也。」

## （2）契刻與《說文》小篆合者

韋　龜文有云「 ⿰ 貝」者，七七之四。或作 ⿰ 二四一之三。、 ⿰ 一六九之三。，或釋爲夏字而讀爲復（案：見劉鶚《鐵雲藏龜・自敘》）。今考《說文・夊部》：「夏，从夊。𦣝省聲。」此形殊不類，宋文實爲韋字。《說文・韋部》：「韋，相背也。从舛，口聲。獸皮之韋，可以束枉戾，相韋背，故借以爲皮韋。古文作 ⿰ 。」此上下从 ⿰ 者，即舛形，中从口，則尤明晰矣，韋爲違本字。（《契舉》上七葉）

𣪊　 ⿰ 舊釋爲厭（案：見劉鶚《鐵雲藏龜・自敘》，凡仲容先生於《契舉》所謂舊釋皆指劉〈序〉）。蓋以爲猒字。考《說文・甘部》：「猒，从甘、从肰。」〈肉部〉：「肰，从肉、从犬。」與此形竝不類。今諦審之，疑當爲𣪊字。《說文・殳部》：「𣪊，从上擊下也。从殳，青聲。」此从 ⿰ 者，即殳形。《說文・殳部》：「殳，从又，几聲。」从 ⿰ 或 ⿰ 者， ⿰ 之變。《說文・冂部》：「青，幬帳之象，从冂，𡳵，其飾也。」此文省𡳵爲 ⿰ ，而變从 ⿰

爲🈳，于形義畧同。（《契舉》上七葉）

比　《周禮‧占人》，凡卜筮既事，則繫帛以比其命，歲終則計其占之中否，蓋卜當記吉凶，龜文則吉凶字罕見，唯有云从者，如🈳，一四七之四。🈳。二五七之三。（《契舉》上十四葉）

　　案：吉凶字，《藏龜》中有吉而無凶，故吉字屢見，如一一三之一片「弗吉」，一五二之三片「我吉」，一五九之一片「見弘☒吉其☒」，吉均作🈳，仲容先生誤以爲享字。凶字在卜辭中僅兩見作🈳，《藏龜》無。至於仲容先生釋🈳、🈳爲比，無誤。唯今賢屈翼鵬於《集刊》十三本二一三至二一七葉从比二字辨，力闢舊說从比不分之見解，言二字雖間有相似者，然大都固較然甚明。李孝定《甲骨文字集釋》二六九七葉指證屈說之未安，以爲按甲骨文例，均可「从」「比」兩讀，義皆順適也。茲畧舉《藏龜》之辭例以證之，如六十之一作「🈳🈳十三月」，七二之三作「卜㱿貞令🈳🈳夏亡禍」，二五七之三作「貞帝🈳」，如使三辭中之比从互易，義亦可通，故李氏从唐蘭之說，不謂無據也。

蝨　龜文有从蝨之字，其形作兩🈳，頸微曲而尾不甚句，與🈳頸直而尾內句者不同，其字作🈳，五之三。上从🈳者即橫目。龜文目皆作🈳。《說文‧蝨部》：「蝨，从虫，多聲。或作蟲，从虫，眾聲。」蝨疑即蟲之省文。（《契舉》上二五葉）

　　案：🈳，仲容先生釋它，王國維《觀堂集林》卷六有〈釋旬〉一文，引《說文》證此爲旬字。董彥堂於《卜辭中所見之殷曆》一文中，更推定「旬」於卜辭其義爲十日卜旬之辭，甲骨卜旬均以癸日，蓋以旬之末日，卜下旬之吉凶也。《藏龜》中旬字至多，凡仲容《契舉》中有稱「它父」者，多係「旬亡」之誤，特附證於此。

多　🈳。六之一。（《契舉》上二七葉）

　　案：仲容先生於此字有釋無說，《說文‧多部》：「多，重也。从重夕。多，古文多。」契刻與《說文》小篆同。王國維云：「多从二肉，會意。」林義光《文源》亦云：「按重夕非多義，🈳象物形，衺之爲夕，與夕形同義別，多象物之多，與品同意。」其說與王氏小異而大同，李孝定《甲骨文字集釋》卷七、二二八七葉，謂卜辭謂羣曰多，或言多君，蓋猶後世言諸侯也。茲姑引《藏龜》以實之，如六之一作「壬寅卜㤾貞多于其☒」，一六〇之四片作「勿佳多臣乎☒」，五一之三作「戊口

貞其多亞若」，綜究文例，以多爲壘，尚能通釋卜辭。

介　介，八十之二。介，一七七之一。介，八二之四。並即介字。《說文·八部》：「介，畫也。从人、从八。」此介即介字。（《契舉》上二六葉，㚻字條下）

案：羅振玉《增訂殷虛書契考釋》中四三葉：「介象著介形，聯革爲之，或从：：者，象聯革形。」契刻與小篆同，金文無介字。

秊　秊，四五之二。秊，一九六之三。此竝爲秊字。《說文·禾部》：「秊，穀孰也。从禾，千聲。」此文上从禾，即象形禾字，與稇和諸字同，《詩·大雅·雲漢》云：「祈年孔夙。」《周禮·籥章》：「凡國祈年於田祖。」鄭注：「祈豐年也。」求年即祈豐年之祭典。（《契舉》上四十葉）

案：董彥堂《安陽發掘報告》五一九至五二〇葉〈卜辭中所見之殷曆〉一文云：「金文卜辭年字皆从人不从千，金文有从壬者，作秊，知當爲人壬，或人聲，从千乃壬之省變，卜辭中从人作秊，也有省作禾者，其義則確爲穀孰，卜辭中年字用途有二：一是求年，一是受年，求年即後代『祈穀』之祭，受年、受黍年即『年穀豐登』之意。」董氏釋年足補仲容先生本條之罅，茲別擇《藏龜》中之有關受年一類之卜辭，以資比勘，如：二四之三片「受年」，三十之三片「年」，四五之二片「貞求年口岳」，一〇一之四片「貞昌口我年」，一五八之一片「貞我年」，一九六之三「甲申卜亙貞于人乙求年」，一九九之四片「貞不其受年」，二一四之三片「口口卜殻貞雀其受年」，二四八之一片「癸卯卜亙貞我受黍年」，綜上九片，有言受年者，受黍年者，求年者，有貞我年者，有貞雀其受年者，有貞于人乙以求年者，有貞于岳以求年者，足徵董說之是，而尤見仲容先生識字之塙也。

麥　介字奇古難識，以形義求之，蓋即來之象形字。《說文·來部》：「來周所受瑞麥來麰也，一麥二夆，象其芒束之形，天所來也，故爲行來之來。」此介字正象一麥二夆之形。（《契舉》上四一葉）

案：羅振玉《增訂殷虛書契考釋》中三四葉下釋來，以爲卜辭皆叚爲往來字。《鐵雲藏龜》四之二片「貞其止來口」，二四之二片「口允止來」，一八二之三片「癸丑卜出貞旬止裘其自西止來侸」，其中來字均叚爲行來之來。

武　武，六七之四。即武字，爲止戈會意《說文·戈部》據《左傳》楚莊王說。是也。

案：《說文・戈部》：「武，楚莊王曰：『夫武，定功戢兵，故止戈爲武。』」契刻與小篆同。《藏龜》六七之四片「卜出貞今日魚☒武唐允口」，祇此一見。

步　止屮反正重絫則爲步，如屮，二二之三。屮，六〇之二。此竝是步字。《說文・步部》：「步，行也。从止屮相背。」此文正同，其作屮，从兩止不相背，文偶變易，不爲義例。（《契舉》下三葉）

陟　屮，二〇之一。當爲陟字。《說文・𨸏部》：「陟，𨸏从步。」與此正同。（《契舉》下三葉）

逐　从屮有爲辵之省者，如屮，一六〇之三上半殘闕。此殘字上似从象形豖，下从止，疑逐之省。（《契舉》下三葉）

案：《說文・辵部》：「逐，追也。從辵，豕省聲。」與此正同。契刻逐字有數見，如《藏龜之餘》五之二作屮，《殷虛書契前編》三、三二之二作屮，《殷虛書契後編》上二五之一作屮，下二二之六作屮，可資對勘。

夊　屮，凡从屮之字則爲夊，與小篆畧同，與前各、夆諸字偏旁作屮者異，《說文・夊部》：「夊，从後至也。象人兩脛後有致之者。讀若黹。」（《契舉》下五葉）

案：契文各字作屮、作屮、作屮、作屮、作屮，夆字見於降之偏旁作屮、作屮，从夊牛相承。

貳　屮，七二之三。此从戈从百，當爲貳字。《說文・戈部》：「𢧵，斷也。从戈、百。讀若棘。」是也。（《契舉》下八葉）

案：《藏龜》七二之三原文作「口口卜㱿貞口令屮从𢧵☒」，一二二之二作「辛酉卜㱿貞王从沚𢧵☒王」，一四八之三作「貞今日☒𢧵于☒」，一七一之一作「口戌卜☒𢧵」，一七一之二作「甲寅☒取𢧵取口」，二六八之三作「甲辰☒𢧵其」，通研文例，「𢧵」於卜辭爲方名，後人釋之者頗多，如日人林泰輔〈釋馘〉，葉玉森从林說讀爲國，孫海波《甲骨文編》从之，唐蘭釋馘讀爲割，李孝定《甲骨文字集釋》从之，惟郭沫若《卜辭通纂》一〇九葉以爲仲容先生釋𢧵近似。

蜀　屮，二一七之四。疑是罒字。《說文》：「蜀，葵中蠶也。从虫，上目象蜀頭形，中象其身蜎蜎。」皆省虫，于字例得通。（《契舉》下九葉）

眔　眔，六九之四。此文从㸚、从小，考《說文・目部》：「眇，一目小也。从目、少。」又「眔，目相及也。从目隶省。」又〈眢部〉：「省作省，从少、囧。」三字竝相近，未知孰是。（《契舉》下九葉）

　　案：羅振玉《增訂殷虛書契考釋》中五六葉下釋眔，从仲容先生第二說。魯師實先《殷契新詮》之三第八至十二葉〈釋眔〉一文中，亦顯係从仲容之說，而說解特加詳盡也。文多，不備載。

冓　冓，一〇二之二。此即冓字。《說文・冓部》：「冓，並舉也。从爪冓省。」（《契舉》下十葉）

冓　冓，七七之一。此即冓字。《說文・冓部》：「冓，交積材也。象對交之形。」（《契舉》下十葉）

泉　泉。二〇三之一。《說文・泉部》：「泉，水原也。象水流出成川形。」此形畧絲，中有四點，或象水形，或是壩岸，未能決定也。（《契舉》下十葉）

　　案：羅振玉《增訂殷虛書契考釋》中九葉下：「《說文》：『泉，水原也。象水洩出成川形。』此从〒……象从石罅涓涓流出之狀。」李孝定《甲骨文字集釋》第十一卷三四〇九葉：「《說文》：『泉，水原也。象水流出成川形。』契文正象此形，與小篆畧同。」

鬥　鬥。一八一之四。《說文・鬥部》：「鬥，兩士相對，兵杖在後，象鬥之形。」〈虱部〉：「虱，持也。象手有所虱據也。」段若膺謂當从兩虱相對，其說最塙，此省扐為少，其形義同。（《契舉》下十四葉）

及　及。十四之一。《說文・又部》：「及，逮也。从又、人。」是也。（《契舉》下十四葉）

戈　戈，四之三。即戈字。《說文・戈部》：「戈，平頭戟也。从弋，一衡之。象形。」此形畧省，凡偏旁从戈之字，如戔、釜之屬皆从戈是也。（《契舉》下十八葉）

壴　壴，五之三。壴，五九之三。當為壴字，壴即其省也。《說文・壴部》：「壴，陳樂立而上見也，从屮、豆。」此形正合。（《契舉》下二十葉）

喜　喜，一八二之三。此當為喜字，《說文・喜部》：「喜，樂也。从壴、从口。」（《契舉》下二十葉）

侸　侸，一七二之四。即侸字。《說文・人部》：「侸，立也。从人，豆聲。讀若樹。」此从人从壴省，以讀與樹同，故豆壴通用。以喜作歖，嬉作媐例之，又或為僖字之省也，《說文・人部》：「僖，樂也。从人，喜聲。」亦通。

案：唐蘭《殷虛文字記》五十二葉下云：「偺即僖字，羅振玉釋侸非也。古从豈之字後多从喜，偺即僖，與婜即嬉，固無殊也。孫詒讓云：『𣂤即侸字。《說文・人部》：「侸，立也。从人，豆聲。讀若樹。」此从人从豈省，以讀與樹同，故豆豈通用。以喜作歖，嬉作媂例，又或爲僖字之省。』孫氏猶豫於兩說之間，羅氏蓋襲用其前說耳。然自文字學言之，孫氏後說，實遠優於前說也。《說文》：『僖，樂也。从人，喜聲。』無偺字。《玉篇》：『偺，時注切。』《說文》作『侸，立也。』今作樹，此蓋因豈字轉爲中句切，而隨以俱轉耳，尌本由豈得聲，故偺、樹之聲得相近，然偺、侸固非一字也。後人既不知偺、僖爲一字，見偺从豈聲，與侸讀若樹相近，而偺、侸字形亦相近，遂肊謂偺即侸字矣。」卜辭侸字僅此一見，對勘無由，然審一七二之四片卜辭作「⊠貞𣂤乎般呂方」，上有殘闕，𣂤字於此似爲人名，然否未能定也。

就 𣂤，一六九之一。此當爲就字。《說文・京部》：「就，就高也。从京、尤。尤，異于凡也。」又〈乙部〉：「尤，从乙，又聲。」此𢆶即尤，㐱即京。（《契舉》下二四葉）

臺 金。一六九之一。《說文・亯部》：「臺，孰也。从亯，羊聲。讀若純。一曰：鬻也。」篆文作臺，金文〈齊侯敦〉作𤔲，借爲敦字。此金即臺之省。（《契舉》下二四葉）

案：王國維《遺書》十六冊〈不娶敦蓋銘考釋〉，對仲容之解釋畧加修正，以爲當讀爲敦，在卜辭訓迫、訓伐，王說極塙。

唐 𠶷。三之四。《說文・口部》：「唐，大言也。从口，庚聲。」此庚皆作𤰃，故唐亦从𤰃爲聲也。（《契舉》下二八葉）

案：王國維《戩壽堂所藏甲骨文字考釋》七葉下云：「唐即湯也，此辭中唐與太（一）大丁並告，又有連言唐、大丁大口者，則爲湯可知矣。《說文・口部》：『�，古文唐。从口、易。』與湯字形近聲俱近，《博古》所載〈齊侯鎛鐘〉銘曰：『虩虩成唐，有嚴在帝所，尃受天命。』又曰：『奄有九州，處禹之都。』夫受天命有九州，非成湯其孰能當之。又《太平御覽》八二及九百十二引《歸藏》曰：『昔者桀筮伐唐而枚占熒惑曰不吉。』《博物志》亦有此文。夫夏桀之時有湯無唐，則唐必湯之本字，後轉作喝，復轉作湯，而其本名廢矣。然卜辭於湯之正祭必曰：『王賓大乙』，惟告祭乃稱唐，未審何故。」仲容先生《古

籀拾遺》上〈齊侯鎛鐘〉釋文云:「成唐當即成湯,唐从庚聲,湯从易聲,古音同部,故藉唐爲湯。」審《藏龜》二一四之四片卜辭作「貞业唐大丁大口」,二二九之二片作「癸卯卜出貞业于唐」,二四一之三片作「戊子卜曲貞唐▨」,綜理文例,與仲容先生之釋正合。

妌　**茻**,七一之二。妌皆作**茻**,《說文・女部》:「妌,靜也。从女,井聲。」即此字。(《契舉》下二九葉)

妾　**𡘾**,一〇九之三。**𡘾**。二〇六之二。《說文・辛部》:「妾,有罪女子給事之得接于君者。从辛、女。」此从辛省,字例同。(《契舉》下二九葉)

自　**𦣹**,五十之二。即自字。《說文・自部》:「自,鼻也。象鼻形。」此上象鼻準,下象兩空,于形尤切也。(《契舉》下三十葉)

毌　**申**,一之三。似即毌字。《說文・毌部》:「毌,穿物持之也。从一橫貫,象寶貨之形,讀若冠。」此變橫爲縱,於形義亦可通。(《契舉》下三三葉)

案:仲容先生《名原》上二八葉云:「《說文・毌部》:『毌,穿物持之也。从一橫貫,象寶貨之形。』依許說則以一貫**𠁣**,於象意不甚密切。考龜甲文有**申**字,當即毌之原始象形文,又有作**申**者,則**申**之省變也。蓋**回**爲寶貨有空好之形,以丨貫之,從橫小異,而於貫穿寶貨之義則尤明確。又《毛詩・大雅・皇矣》:『串夷載路』,串亦即毌字之異文。蓋因古文**申**本从兩口,大小相冟,變之爲兩口直列,則成串字,因其流變以推其原始本形,亦可知初文之必从兩口也。薛氏《鐘鼎款識・晉姜鼎》:『毌通』,毌字作**茻**,則从兩毌從橫午毌形。考金文〈子荷貝父丁鼎〉作**𣁬**形,又〈子荷貝父乙彝〉作**𣁬**形,左右各爲直毌兩貝,與晉鼎**茻**字可互證。若然,**茻**本兩形直毌,省爲一形直毌,後又變爲橫毌,要不及作直毌之近古矣。《說文・玉部》:『玉,象三玉之連,丨,其貫也。』義亦通於此。毌之爲串,或本作**申**,而變爲兩口分列,或本作**茻**,而省其兩橫,皆未可定。要必在秦漢以前,患字即从串聲。」。又云:「《說文・毌部》:『貫,錢貝之貫也。从毌、貝。』金文〈南宮中鼎〉作**𣁬**,字从兩貝,而丨貫之,與**茻**同意。蓋古穿寶貨之毌作**申**,从兩口穿貝之毌作**𣁬**,从兩貝,其字形異而例同。後省變作貫,則參合兩文爲之,兼寶貨與貝爲一字,而毌字變直爲橫,遂與貝字不得相貫,遠不及古文字例之精。《說文・攴部》:『敗,籀文作𣀡。』即从重貝形,而〈齊侯鎛鐘〉敗字作𣀡,薛氏《款識》。即變𧵩爲貫,此亦

貫、賏同字之證也。《說文·貝部》又有賏字云:『頸飾也,从二貝,與賏字別。」審《藏龜》卜辭一之三片作「丁子卜口貞毌弗戋雀五月」,二六之一片作「口口口口貞毌弗戋周十二月」,辭中毌、雀、周皆方名。

煙　𤇶,二四〇之三。此字亦類酒字,然下作半圓形,內箸四點在西外,與西字小異,以文義諦審之,亦殊不合,今綜校炎、㷉、爕諸文,乃知从山為火之變形,此从西从火,當為煙之省,其讀則為禋。《說文·火部》:「煙,火气也,从火,垔聲。」〈示部〉:「禋,絜祀也。一曰:精意,以亯為禋。从示,垔聲。」二字同以西為聲母,古多通用。垔从土卤聲。《書·堯典》:「禋于六宗」,《尚書·大傳》禋作煙,是其證。此省垔為西,于字例無牾。(《契舉》下三一至三二葉)

畄　甾,一三九之四。疑即畄字。《說文·艸部》:「菑,不耕田也。从艸,甾聲。」或省艸作畄。菑、烖古通。(《契舉》下三四葉)

屰　屰,二三二之一。疑屰之異文。《說文·干部》:「屰,不順也。从干下屮,屰之也。」此上从乂小異。(《契舉》下三六葉)

㷉　㷉,一七一之三。當是㷉字。《說文·永部》:「永从㣇、从卩、从山。」此从㣇、卩甚明,凵則火形之省,唯省山耳。㷉為冬祭之名,亦叚借為肴,升肉於俎也。(《契舉》下三二葉)

案:《藏龜》一七一之三卜辭作「㷉父乙弗酉」,酉即酒之本字,「㷉父乙弗酉」者即「冬祭父乙勿以酒」也。

雀　雀,七九之三。从隹、从小,當是雀字。《說文·隹部》:「雀,依人小鳥也。从小、隹。讀與爵同。」此文似即借為爵字。(《契舉》下四四葉)

案:李孝定《甲骨文字集釋》第四,一二五五葉云:「契文亦从小、隹,字在卜辭為人名或為方名之名。」茲錄《藏龜》有關卜辭加以互斠,如一之二「卜㱿貞古其戋雀」,八之一「酉卜貞雀☑」,三五之四「甲申☑雀父一羌一宰」,五一之一「乙酉卜貞雀弗其日凡」,九二之二「庚子卜弗雀」,一一七之四「壬戌貞雀禽不十月」,一四五之三「丙午卜勿钌雀于兄丁三牢」,一八一之三「己酉卜貞雀往正犬弗其禽東十月」,二二五之一「癸口卜爭貞雀來」,二二六之一「戊子卜令夏㞢往雀戊自」,二四八之四「庚寅卜貞雀弗其☑」,綜理文例,則雀於卜辭為人名或方名,非借為爵字,仲容先生之說解疑有未諦。

萑　，一二一之二。此即萑字。《說文·萑部》：「萑，鴟屬。从𦫳。有毛角。所鳴，其民有旤。讀若和。」是也。(《契舉》下四五至四六葉)

案：羅振玉《增訂殷虛書契考釋》中二二葉下云：「《說文解字》：『雚，小爵也。从萑，吅聲。』卜辭或省吅借爲觀字。此字之形，與許書訓鴟屬之萑字相似，然由其文詞觀之則否矣。」今觀朱芳圃《甲骨學文字篇》與孫海波《甲骨文編》均萑、雚並收，以爲一字。李孝定《甲骨文字集釋》雖依傍許氏《說文》將萑、雚分收，但於雚字條下自注「契文萑、雚一字，本書分收爲二者，依許例也。」又楊樹達《卜辭求義》十九葉下云「按吅、萑、雚三文，音並相近，余疑萑、雚一字，雚於萑加注聲符吅。」各說均是，今通校卜辭，契文、二文其辭例多同，除萑或爲人名、方名，自餘亦有叚爲觀，是二者當爲一字之明證。茲錄《藏龜》中有關卜辭如次：如三十之一作「好雚十月」，一二一之二作「不雚」，二六二之一作「癸口卜𣪊貞于京雚。」

### (3) 契刻與《說文》古籀合者

六月　檢有作、者，五九之四。疑當爲六月。蓋六小篆作，《說文·六部》云：「易之數，陰變于六，正于八。从入、八。」金文作，〈師奎父鼎〉。作，〈師虎敦〉。皆爲下八。此作者，即省八而存。竊意古文本以六與八相對，七與九相對，而十則與一相對，龜文八作八，七作，九作，十作丨。字例至整齊，許君說解謂从入、八，似未見古文「六」字，不必得其本恉也。(《契舉》上五葉)

案：近人丁山於民國十七年中研院《集刊》載〈數名古誼〉一文，其解說數名足補仲容先生之所未備，茲擇要錄之如次：丁山云：「數惡乎始，曰始于一，一奇二偶，一二不可以爲數，二乘一則爲三，故三者數之成也。積而至十，則復歸于一。我國紀十之法，實豎一爲之，自丨(《前編》三卷三三葉。)變而爲(〈盂鼎〉)，再變而爲(〈克鐘〉)，三變而爲十(〈秦公敦〉)，四變而爲十(〈𦿂鼎〉)爲十(詛楚文)。于是象東西南北中央俱備矣。積一爲二，積一二爲三，二與三積畫而成。竊疑積畫而爲亖者，數名之本字，後之作四者，皆借呬爲之，四从口象口形，或作，者兼口舌气象之也。其中之八，蓋猶下从八，兮上从八，象气越于〈邵鐘〉，八下之一，蓋猶之从一，以象舌形，气蘊舌上而

不能出諸口,非呬而何。《說文‧口部》:『呬,東夷謂息曰呬。從口,四聲。《詩》曰:犬夷呬矣。』今《左傳》引作『喙矣』,《廣雅》:『喙,息也』,《國語》『余病喙矣』,韋注曰:『喙,短气貌。』以呬義證四形,冥然若合符節,則四、呬一字當可斷言。文字孳乳有因叚借義習用已久,後人不復知其本義,乃妄加偏旁以見之者。……自造字原則言之,四即呬之本字,尤信而有徵,蓋周秦之際,借气息之四爲數名之三,別增口四傍,以爲气息字,漢儒習而不察,以爲四即數名本字,于是正俗別爲異字,通假輒爲一文矣。五之本義當爲收繩器,引申之則曰交午,按「午」古或作 ↑,或作 ↑,(契文)。或作 ↑,(〈農卣〉)。或作 ↑,(〈鄗侯敦〉)。皆象斷木爲杵,所以搗鬱也之杵,不見一縱一橫相交之意象。縱橫相交者,惟古文『五』字,交橫謂之五,交合亦謂之互。《周禮‧鱉人》以參互考曰成,《釋文》引干寶注、『互,對也。』《漢書‧劉向傳》:『宗族磐互』,注互或作牙,謂若犬牙相交入之意也。又〈谷永傳〉:『百官盤互』,注盤結而交互也。慧琳《一切經音義》亦三引《考聲切韵》曰:『互,交互也』,是五、互古義通也。五,古韵隸魚模部,互亦隸魚模部,若以聲紐言,五屬喉音疑紐,互屬牙音匣紐,古音牙喉常相通轉,互轉亘聲爲桓,我聲爲羲,午聲爲許,則五聲亦可爲互,是五、互古音全同也。互之從 ㄅ 蓋取兩繩相交意,兩繩相交謂之互,縱橫相交謂之五,其所以相別者而意終無別,然則謂五、互形近義通,毋寧謂『五』古文『互』之爲近矣。古借入爲六,六之聲紐今同,來入之聲紐今同,《釋名》:『入,內也。內,使還也。』是入、內古音同屬泥紐,泥、來同爲舌音,依章太炎雙聲旁紐解之,六、入古雙聲也,自音訓言,六、入之誼既通,則借入爲六,不待蓀徵而信矣。蓋六之與入,殷以前無別矣。『七』古通作十者,刌物爲二,自中切斷之象也。考其初形,七即切字,《說文‧刀部》:『刌,從刀,七聲。』凡《說文》所載形聲各字,古或但有其聲而無偏旁;刑、罰,字從刀也,而〈兮甲盤〉『敢不用命則即刑戮伐』,〈盂鼎〉『令我隹即刑亩于玟王』,刑並作井。刑鼻之劓,從刀也,而《書‧多方》『爾罔不克劓』,則作『臬』,是今之作 �... 者,古或可省刀傍作 ㄅ 矣。『十』本象當中切斷形,自借爲七數專名,不得不加刀于七,以爲切斷專字矣。『九』本肘字,象臂節形,臂節可屈可伸,故有糾屈

意。守紂从肘省製者，字皆九製之誤。數目之語雖甚古，而上世紀數
之術，每以二爲偶，進而以三示多，多而無別，則仍不足弭多寡之較
也，于是文有四、五、六、七、八、九、十，四承三形，積畫爲三。
自五以下，非不可積畫也，其事繁，其勢不便，積畫爲三，不若借X
之爲簡易也。積畫爲三，不若借入之爲簡易也。七、八、九準是。故
言我國數名，一、二、三、三皆有專文，X、人、十、八、九皆非
本字，縱一爲|,|之成基于十進之術，觀數名成形之跡，亦可想見史
前人類之進化矣。」

兆　又有之口口𣲌戰，二二七之二。𣲌疑即兆字。《說文》：「𦊱，灼龜坼也。从
　　卜兆，象形。」兆古文𦊱省，此與彼相類。（《契擧》上十葉）
　　案：金文無兆字，契刻與《說文》古文合。

雨　龜文云雨者亦多，其字皆作𠕒，最爲奇古，詳劉〈敘〉。其與征、獵同卜，
　　蓋雨則不宜征行及田獵也。《說文·雨部》：「雨，水從雲下也。一象天，
　　冂象雲，水霝其間也。𮎰，古文雨字。」金文〈楚公鐘〉雨作𩄇，與
　　小篆𩄇同。此後定象形字也。《說文》雨字古文，形極繇密，其古文偏
　　旁从雨之字則皆作𠕒，形較簡而皆不从一。龜甲文雨字恒見，皆作𠕒，
　　與許書古文雨形近，而璨畫尤省。蓋冂象穹隆下覆之形，天象已晛於
　　其中，不必更从一。古文義實允協，殆原始象形字也。（分見《契擧》
　　上十二葉，《名原》上十八葉）
　　案：仲容先生釋「雨與征獵同卜，蓋雨則不宜征行及田獵也」，詳繹字例，
　　　　則所謂之征獵實延翌之誤，如《藏龜》六之四「卜亘貞其雨」，十六
　　　　之三「☑其雨☑庚止」，二三之二「今己子夕不雨」，四九之一「今夕
　　　　其雨」，三九之二「癸卯卜𣪊貞今十一月不其雨」，五二之三「今丁卯
　　　　若其雨」，六六之三「其雨九月」，六九之二「口卯卜出貞今日不雨」，
　　　　七四之三「癸未卜爭貞兮見其菁雨克五月」，一二三之一「今二月帝
　　　　不令雨二告」，二○二之三「辛丑卜雨」，二○五之一「戊子卜己丑雨」，
　　　　二二八之四「丙辰卜翌丁巳雨」，二四九之二「丙戌卜爭貞今三月多
　　　　雨」，以上皆卜雨有無多止順否之辭。至於一五六之三「貞翌不雨」，
　　　　一五八之二「乙未卜𣪊貞翌丙申不雨」，一六四之四「貞翌辛亥不雨」，
　　　　一九五之四「壬午卜亘貞翌癸未雨」，此皆貞翌日雨否之辭也。仲容
　　　　先生誤「翌」爲「獵」。又三一之一「貞今日不延雨」，九八之二「貞

今夕延雨，貞不其延雨」，二四六之一「丁子卜囝貞今日延雨」，仲容之謂「征雨」實「延雨」之誤。

帝　字皆作帚。二之一、三十五之三、六一之四、八十七之四。《說文・二部》：「帝，諦也。王天下之號。从二，朿聲。古文作帚。」此與彼畧同。（《契舉》上十八葉）

岳　字皆作岳，二三之二。或作岳，一四一之一。或作岳，四五之二。或作岳。考《說文・山部》，嶽古文作岳，象高形。以上从𡴥、𡴥、𡴥，即象高形，下从山，即象山字也。殷都朝歌，中岳嵩高，正在畿內，此岳殆即指嵩高與。《說文・山部》嶽，古文作岳，云「象高形」。甲文岳字屢見，作岳，又作岳，作岳，下即从古文山，而上則象其高峻鐵陷，與工工形相邇。蓋於山上更為工工，山再成重絫之形，正以形容其高。許書古文亦即此字，而變𡴥為山山，有類橫弓，則失其本形矣。（分見《契舉》上二十葉，《名原》上二十葉）

豨　豨，一八二之三。為古文彖字。《說文・彖部》：「彖，修豪獸。一曰：河內名豕也。从互，下象毛足。讀若弟。古文作彖。」此文畧簡耳。（《契舉》上二六葉）

愿　愿，三一之四。其字不可識，上似从頁，象形，夒从夊可證，或當為愿之古文。《說文・心部》：「愿，从心，頁聲。」此下从心者，金文心作心，〈散氏盤〉。或作心，〈史懋壺〉、〈魯白愈父鬲〉，偏旁並如是。此作心，或其變體也。（《契舉》上二八葉）

歖　歖，一八二之三。歖。一一五之三。案《說文・喜部》，古文喜作歖，从欠，當即此字。欠古文作欠，此第二字反書，故作欠。《說文・欠部》，別有歖字云：「卒喜也」，與「歖」文異，義畧同。（《契舉》下二一葉）

㐭　㐭，二五一之三。當即㐭之古文。《說文・㐭部》：「㐭，穀所振入也。蒼黃㐭而取之，故謂之㐭。从入、从回。象屋形中有戶牖，或作廩，从广、稟。」此即㐭字，龜文嗇作嗇，㐭作㐭，竝从此形，可以互證。（《契舉》下三六葉）

啚　啚，六八之四。即古文啚字。《說文・㐭部》：「啚，嗇也。从口、从㐭。㐭，受也。」金文〈圖卣〉圖字从啚，與此形近。古啚、鄙字通，此亦當為鄙之借字，但義究難通耳。（《契舉》下三六葉）

案：羅振玉《增訂殷虛書契考釋》中七葉上云：「此即都鄙之本字，《說

文解字》以爲啚嗇字而以鄙爲都鄙字，考古金文都鄙字亦不从邑，从邑者後來所增也。〈雕白彝〉圖字作🉑，與此同。卜辭啚字或省口，觀倉廩所在亦可知爲啚矣。」卜辭啚字作都鄙之義，如《藏龜》六八之四「啚隹口隹塱曰▨」，一四五之二「丁酉卜啚受隻」，二片均有殘闕，義欠明確。

柙　🉑，四二之一。字奇古難識，疑當爲柙字。《說文・木部》：「柙，檻也。所以藏虎兕也。从木，甲聲。古文作🉑。」與此相近，此作🉑似从到🉑，兼象欄檻之形，與形聲亦正合。（《契擧》下三六葉）

盟　🉑，八九之三。當即盟字。《說文・囧部》：「盟，从囧，皿聲。」此从目者，古字目與囧形近，多互通。《說文・目部》：「睦，古文作🉑」，〈省部〉：「省，古文作🉑。」皆其此例。金文〈龜公華鐘〉作🉑，亦从目可證，皿作🉑，亦古文之變體。（《契擧》上三九葉）

系　🉑。二之二。《說文・系部》：「系，籒文作𤔲。从爪。」此即𤔲之省。（《契擧》下十三葉）

止　龜文从🉑、🉑、🉑、🉑、🉑諸形最多，而用各不同，今綜合箸之，以便斠覈，古文🉑，蓋象足迹形，此則以爲止字。《說文》「止，下基也，象艸木出有阯，故以止爲足。」據許說是止有足義，叚借爲行止之止，此文止亦皆作🉑，或反書作🉑。金文如母卣作🉑，富夫鼎作🉑，皆無文義可推，或即與止同字，龜文則凡止皆从🉑，綜考金文甲文疑古文🉑爲足，止本象足跡而有三指，猶《說文》🉑字注云，手之列多不過三是也。金文足跡則實繪其形，甲文爲🉑，則粗具匡郭。（分見《契擧》下二葉，《名原》上三六葉）

西　🉑，八九之三。當爲卤字。《說文・卤部》：「卤，鳥在巢上也，象形，古文作卤，籒文作🉑。」金文散氏盤作🉑🉑，二形竝與古文同，此作🉑，亦與彼同。（《契擧》下三一葉）

### （4）契刻與金文、小篆兩合者

告　有云告貞者，作🉑九九之三。是也。（《契擧》上九葉）

　　案：此字仲容先生有釋無說，茲補足如次：《說文・告部》：「🉑，牛觸人，角箸橫木，所以告人也。从口，从牛。」金文告字作🉑，〔註20〕🉑，

---

〔註21〕 ⌷，〔註22〕，⌷，〔註23〕 ⌷，〔註24〕 ⌷，〔註25〕 ⌷，〔註26〕
契刻與金文小篆全同。惟《藏龜》中告之異構作⌷，〔註27〕 ⌷，〔註
28〕 與牛之本字作⌷者，幾無一同，故叔重釋告為从口、从牛，學者
多疑之。段若膺謂當入口部，从口，牛聲（見《說文》段注告字條下）。
林義光據〈鬲攸比鼎〉以為从口凵，口之所之為告也（見《文源》告
字條下），吳其昌釋告為刑牲之具（見《金文名象疏證·兵器篇》）。
綜理《藏龜》卜辭告字各條如：一之一「卜㱿貞古其戈雀二告」，六
之二「告人乙若」，十一之三「壬午卜王余于告」，十七之二「丙辰卜
㱿貞王不勿告」，二一之一「小告」，二九之二「貞瓶不其㝵小告」，
三四之二「貞告」，三四之四「貞福告于」，九五之二「貞告于⌷宰」，
九五之三「貞勿戠，貞勿乎告」，一○二之三「一告」，一一八之三「勿
凵二告，庚戌卜㱿囗」，一三九之一「辛酉卜出貞其凵又辛令陟告于
且乙」。辭中有一告、二告、小告，絕無三告、四告。告者灼龜之次
第，與卜辭正文無關，魯師實先《古文字學講義》云：「告、造同音。
告者造龜也，龜有老幼，故灼二次以造也。因龜卜甚多，僅餘小空，
故小灼其龜以卜，故曰小告。一告不錄，乃通全之例。」至於他辭有
作動詞告語之告，如「告于且乙」、「告于⌷」「勿乎告」等均為例證。

兄　作⌷，四十之四。作⌷八八之二。是也。兄疑當為祝之省叚字，故云「辛丑卜
　　㱿貞兄于母庚」，一二七之一，舊讀兄為況，未塙（見劉〈敘〉）。蓋貞卜之有祝辭
　　者。（《契舉》上九葉）

　　案：《說文》：「兄，長也。从儿，从口。」金文兄字作⌷〈刺卣〉，⌷〈及季
　　　　良父壺〉，⌷〈蔡姞敦〉，⌷〈⌷壺〉，⌷、⌷〈余義鐘〉，契刻與金文小篆全同，
　　　　字在卜辭一如許氏《說文》之釋為兄弟之兄。二為祭名（見郭沫若《卜
　　　　辭通纂》別二，十四葉上）；三作介系詞，猶及與之義（見郭沫若《殷

---

〔註21〕 〈且乙鼎〉。
〔註22〕 〈囟鼎〉。
〔註23〕 〈亞中告簋〉。
〔註24〕 〈沈子簋〉。
〔註25〕 〈父癸尊〉。
〔註26〕 〈鬲攸比鼎〉。
〔註27〕 七之三。
〔註28〕 三四之二。

契粹編考釋》二六葉下，楊樹達《卜辭求義》九葉上）。茲以《藏龜》卜辭爲例，四十之四「癸未卜兄貞囗亡禍」，八八之二「庚午卜兄貞囗」，一二七之一「辛丑卜㱿貞兄于母庚」，一四五之三「丙午卜勿钊雀于兄丁三牢」，一七六之二「丙午卜乎雀㞢兄丁十牛歲用」，二五四之二「宄钊子㞢于兄丁」，綜理辭義，則兄貞之「兄」實爲第二期祖丁時代之貞人，「兄丁」又似殷先公先王之名，有非上述三義所可概括者。

至　龜文作🔽，三五之二。作🔽，六五之三。🔽八二之三。是也。（《契舉》上十一葉）

案：此字仲容先生有釋無說，特補足如次：《說文·至部》：「至，鳥飛從高下至地也。从一，一猶地也。象形。不、上去，而至、下來也。🔽，古文至。」金文至字作🔽〈盂鼎〉，🔽〈散盤〉，🔽〈宗周鐘〉，契刻與金文小篆均相近，與古文微異。

角　龜文作🔺，六二之三。作🔺。七一之三。《說文·角部》：「🔺，獸角也。象形。角與刀、魚相似。」此省作🔺，上象其崿及腮理，下象其柢，于形最切，勝於篆文。金文〈叔角父敦〉、〈伯角父盂〉，角竝作🔺，此亦與彼畧同。（《契舉》上十三葉）

謝　🔳，九六之三。當是謝字反文，右言形與小篆同，但省二爲一，金文多如是作，前纍字从吾，亦即其省變，左从古文躲而小異，與𠮷躲字亦微不同。（《契舉》下十六葉）

案：羅振玉、陳邦福從仲容先生說。葉玉森疑與爰爲一字，郭沫若以爲當孚汎之汎，唐蘭釋尋，屈翼鵬疑度之初文，李孝定《甲骨文字集釋》從唐說，並云屈氏之說單辭孤證，不如唐釋之於形有徵也。

### （5）契刻與金文篆籀均不合，而說解允當者

之　凡云之者亦甚多，其義當爲適。（《契舉》上十七葉）

案：之，契文作𡳭，觀仲容先生《契舉》十七葉所引並𡳭、屮爲一字則大誤。胡光煒《甲骨文例》下卷，一至二葉言𡳭例云：「卜辭以𡳭爲代詞，其用當於《爾雅》之子猶言是子也。」茲以《藏龜》爲例如一六之三「之庚其雨」，八二之一「貞王囗于之雪」，一六八之三「貞亦自般在戔乎自在之奠」，二三八之三「占曰雨隹多之」，似均有適義，仲容先生說字無誤。至于「屮」字當讀爲侑，在卜辭爲祭名，如《藏

龜》一之四「貞勿㞢于父甲」，三之三「貞㞢于且乙」是也。

允　（《契舉》上二七葉）

案：此字仲容先生有釋無說，龜甲文允字作✦（八二之四），作✦（四九之四）。《說文・儿部》：「✦，信也。从儿，㠯聲。」金文允字作✦〈不𡢁敦〉，✦〈石鼓〉，與古金文均異。字在卜辭訓信，與許說同，如《藏龜》七之三「隹允隻」，四九之四「丙子卜羅亡允亡才八月」，八二之四「丙午王貞允日中一月」，一八二之一「允隻鹿，隻弗」，二〇三之一「泉允尋」，二二九之四「卜敨口勿隻允宿」，二三四之三「丁卯卜翌辛口河上甲啓，允啓」，以允訓信，尚能通釋所有卜辭。

卤　✦，四九之四。✦，一一四之三。✦，二四一之三。作✦而上增✦形，疑當爲卤。《說文・内部》：「卤，蟲也。从内。象形。讀與偰同。」（《契舉》下四二葉）

案：唐蘭《天壤閣甲骨文存考釋》六十葉上云：「孫詒讓釋卤至塙，字或作✦，故易誤爲卤耳。商承祚列✦于✦下，同釋爲『羅』及『離』，謂从✦者象鳥正視之形，殊爲怪誕，聞宥非之，而謂『畢』實『畢』之繇文，其所謂『畢』亦承羅說之誤，實當爲✦字。葉玉森舉『貞畢弗其羅』（見後上十二、十一，當作隻）、『貞畢弗其畢』（見二四〇之四，當作✦）二辭證『畢』非『羅』亦非『畢』，顧無所決定。吳其昌氏謂从✦从人爲禽（見《解詁》一八八片，一九四片），則竟不知禽之从今聲，殊可異也。孫氏所見卜辭只有《鐵雲藏龜》，材料少而印刷不精，其作《契文舉例》，前無所承，錯誤自所不免，然頗有精到之說，爲羅、王以後所不及者。今人治卜辭，惟以羅說爲宗，尟有讀孫書者矣。」李孝定《甲骨文字集釋》將✦、✦分收於卷七，隸定作図，及〈補遺〉四四四四葉。

雖　✦，三六之三。敱，从隹、从攴，字書所無。考金文〈毛公鼎〉，雖字作✦，从隻，此疑即雖之省。（《契舉》上三一葉）

案：此字自仲容說解後，若商承祚、孫海波、楊樹達、陳夢家等，雖各有新詮，但均未得塙解。李孝定《甲骨文字集釋》卷四，一二八五葉及〈補遺〉四四四〇葉謂「从攴隹會意，當是歠之初文。」惟單辭孤證，未敢盡信，故仍以仲容之說爲尚也。

昌　凸，十之三。凸，三二之四。凸，五五之二。凸，五六之二。昌方者，似當時侯
　　國之名，其文婁見，昌方竝作凸屮。《說文·日部》：「昌，美言也。从
　　日、从曰。一曰：日光也。籀文作⿰日。」今考此凸字，上从口下从日，
　　與籀文上日下口，形小異而大同，今所傳古幣有作昌字者，其文作凸凸，
　　上从口，與此正同。(《契斠》上三二葉)

　　案：此字自仲容先生釋昌後，說者滋多，或云吉之異構者，如王國維《戩
　　　　壽堂所藏甲骨文字考釋》二五葉。或云凸方即土方者，如林義光〈卜
　　　　辭說鬼方黎方考〉(載《國學叢編》一期二冊)；或以為古象形舌字，
　　　　如葉玉森《殷虛書契前編集釋》一卷九五至九七葉；或以為从口工聲
　　　　者，如唐蘭《天壤閣甲骨文存考釋》五三至五四葉；絕無塙解。但綜
　　　　觀卜辭，凸字無慮數百見，要凸方乃西方大國，仲容先生援籀文、古
　　　　幣為證，不謂無據也。茲錄《藏龜》卜辭以證成其說：如十之一「凸
　　　　亡伐」，十之三「貞凸方不亦出」，三二之四「貞凸方其亦出」，三九
　　　　之四「己卯貞勿執□乎望凸」，五五之二「十戌卜⿴貞凸方其□□儀」，
　　　　七九之一「甲寅卜㱿㱿貞凸方弗伐」，一一八之二「貞叀王正凸⿴」，
　　　　一二一之四「⿴望凸方出」，一五九之四「叀凸」，一七二之四「貞歖
　　　　乎般凸方」，一九二之三「貞多不其循伐凸方」，二一二之三「貞凸不
　　　　正」，二三四之一「甲午卜⿴貞凸出」，二四一之一「貞勿乎望凸方」，
　　　　二四四之二「□酉卜□貞王正凸方下上若受我又，貞勿正凸方下上弗
　　　　若不我其受又」，二五〇之一「庚申卜爭貞乎伐凸方受屮又」，二五七
　　　　之二「貞凸弗弋」，綜觀各辭，凸方為方國之名殆無可疑，由辭中「伐
　　　　凸方」、「正凸方」、「叀凸」、「望凸方」、「般凸方」，可推知凸方更是殷
　　　　商之大敵矣。

嬉　𡥝，一七八之一。案此字从女、从豈，《說文》無此字，疑即嬉字之省，《說
　　文·女部》亦無嬉字。夏桀后末嬉見《楚辭·天問》、《呂氏春秋·慎大篇》，
　　則古有其字，此即嬉之省文。(《契斠》下二十葉)

嬎　𡥷，十三之三。𡦝，二七〇之二。此前一字从宂，後一字似亦宂之省，而从女
　　形甚明晰，當即嬎字，猶賓貞字作𡧪也。(《契斠》下三十葉)

辝　𨐫，一〇〇之二。字从辛、从佀，古無是字，疑當為辝之異文，《說文·辛部》：
　　「辝，籀文作辝。」台、佀同从目聲，故此變台為佀矣。(《契斠》下三
　　四葉)

鳳 　，字一一〇之一。似从隹、从冎，字書未見，或即鳳字。古从鳥、从隹字多互易，如《說文·隹部》鷄雞、雛鶵之類恒見，不足異也。冎與凡亦相近，鳳从凡聲，「凡」古文作冎，詳〈方國篇〉，但與《說文》古文不合耳。（《契舉》下四六葉）

　　案：仲容先生於《契舉》上三五葉〈方國篇〉有〈釋冎〉一條，並引《說文·冎部》，以爲同字，且金文〈聃敦〉「王同三方」，同作冎，亦省口，與此合。仲容之釋，彼自疑未諦，故於此條補正前失。後羅振玉、王國維、葉玉森、郭沫若亦各有異說。魯師實先於所著《卜辭姓氏通釋》之一，證「冎」乃「般」與「凡」之初文，與仲容先生之說相符。

月 　，五四之二。紀月多遣箸文中，或以小字識於下方，直下旁行，正書反書無定例，如一月、五四之二。二月。四五之四。（《契舉》上五葉）

　　案：《藏龜》中記月之各片其例不一，如一之三「　」，五之三「　」，十二之二「　」，十五之三「　」，十七之一「　」，二十二之三「　」，二六之一「　」，二六之四「　」，三七之一「　」，四五之四「　」，四九之四「　」，五九之四「　」，一〇一之二「　」，由一月至十三月，書寫或左或右，向無一定之例可尋。

### （六）契刻一望而知，故有釋無說者

　　以下各字簡而易曉，故仲容先生於通讀卜辭時曾連帶及之，是以多釋而無說也。

　　今。（《契舉》上十二葉，釋「雨」條）

　　不。（《契舉》上十二葉，釋「雨」條）

　　好。（《契舉》上十三葉，釋「帚」條）

　　令。（《契舉》上十三葉，釋「从」條）

　　于。（《契舉》上十四葉，釋「　」條）

　　女。（《契舉》上十六葉，釋「　」條）

　　弗。（《契舉》上十八葉，釋「帝」條）

　　大。（《契舉》上二二葉，釋「古卜筮多於廟」一條）

　　父。（《契舉》上二二葉，同前條）

　　室。（《契舉》上二三葉，釋「之于且某父某等並謂適其廟而祭之也」條）

　　亦。（《契舉》上二三葉，釋「　雨」條）

其。(《契舉》上二七葉，釋「多」條)

又。(《契舉》上三三葉，釋「昌方」條)

隻。(《契舉》上三八葉，釋「羌方」條)

伐。(《契舉》下二葉，釋「征」條)

衣。(《契舉》下十葉，釋「🈚」條，引(《藏龜》十二之二片)

　　總計契刻與金文合者得百零三字；契刻與《說文》小篆合者三十八字；契刻與《說文》古籀合者十五字；契刻與金文、小篆兩合者五字；契刻與金文、篆籀均不合而說解堪稱允洽者十字；由於契刻至簡，望形知義，故有釋無說者十六字；累而計之，共得一百八十七字，仲容先生研契之菁華，盡擷於斯矣。惟其說解正誤之取舍，一是皆以眾所公認者為準，近賢或有新詮，要以獨家之見，未成篤論，亦不敢以私臆定是非也，以下繼而言孫氏識字之途徑。

## （二）識字之途徑

　　仲容研契不若治古文大篆之綿密而富條理也，正由其精於古籀，始能上溯契刻，而考倉沮之舊文，其於《契文舉例・敍》自言審繹龜甲文字之經過云：「頃始得此冊，不意衰年睹茲奇迹，愛翫不已，輒窮兩月力，校讀之，以前後復緟者，參互審繹，迺畧通其文字，大致與金文相近，篆畫尤簡淆，形聲多不具。」且「甲片又率爛闕，文義斷續不屬。……一甲或數段，從橫反正迻遭，糾互無定例。」加以前無所承，時乏切磋，故凡所辨解，皆以自為法，由推論比勘而得，其於行文中，輒苦龜文殘脫，奧澀詭奇，難以盡曉，良有以也。

　　茲觀《契文舉例》，得其所以識字之途徑者，約有四端：即斠諸金石，推勘《說文》，諦審偏旁，通校諸文。然後酌加一己之論斷，用獲甲骨之確解，至於溝通今古，旁涉經史百家之言，引經說字，考訂許書，是皆大有裨於殷商一代之盛典，而啓覃研古學者之堂奧也。特再更端申述如次：

### （1）斠諸金石

　　仲容治古文大篆之學四十年，所見彝器款識逾二千種，〔註29〕故其審繹契刻多探金石古籀，以為與金文相近，惟篆畫畧簡而已，如前述其所識百八十餘字中，得契刻與金文合者百零四字之多，足徵以契刻與金石文字互斠，

---

〔註29〕二語根據〈契文舉例自敍〉。

乃識認甲骨刻辭之重要途徑。〔註30〕金石文字自與契刻瑑畫多類似，但殷代
尚質，二周崇文，尚質則筆畫簡約，崇文則結體繁縟，周監於二代，損益因
革，勢所必然也，況戰國荊榛，王綱紐解，列國分治，書不同文。

　　吾人欲以後世金石文字，強索比附，以討甲骨卜辭之奧義，則東向而望
不見西牆，難免鄉壁虛造之譏，仲容獨不以「斠諸金石」之爲至善，乃更推
勘許氏《說文》，用文字、聲音、訓詁，作溝通契刻之準據，《書》曰：「予欲
觀古人之象，言必遵修舊文而不穿鑿。」豈仲容之謂歟！

## （2）推勘《說文》

　　《說文》者，明文字之本形、本音、本義之書也，〔註31〕叔重自謂「今
敘篆文，合以古籀，博采通人，至於小大，信而有證，稽譔其說，將以理羣
類，解謬誤，曉學者，達神恉，分別部居，不相雜廁也。」〔註32〕而殷商甲
文多叚借，〔註33〕然叚借多歧，究詰良難，是以治古文字必與《說文》相推
勘，先洞澈文字之本形、本音、本義，蓋本義明而後餘義明，引申之義亦明，
叚借之義亦明，如此形以經之，聲以緯之，則龜甲古文之塙解可得矣。仲容
於《契文舉例》援引《說文》者至多。〔註34〕

　　本《說文》篆籀以推龜甲文字，其途有三，曰：有以義求之者，有以形
考之者，有以聲類推之者。茲分別例證如下：

　　　　《契舉》上六葉云：「龜文云，諸貝（貞）者，尋其義例，復
　　　　與卜脮不同，以義求之，當爲貞之省。《說文·卜部》，貞卜問也，
　　　　从卜貝，以爲贄，一曰鼎省聲。」

　　　　《契舉》下二三葉云：「諸文皆从酉从彡，金文〈戌寅父丁鼎〉
　　　亦有酌字，〈酎父乙尊〉作圖，阮文達謂即古酌字，然龜文此字甚多，
　　　尋文究義，似即用爲酒字。」

　　　　《契舉》下三一葉云：「圖此字亦類鹵字，然下作半圓形，內
　　　箸四點在鹵外，與三鹵字小異，以文義諦審之，亦殊不合。」

　　　　《契舉》下四三葉云：「此文恒見，疑獲之省，《說文·犬部》，

〔註30〕見本章第三節甲、（一）〈契刻與金文合者〉。
〔註31〕據盧文弨〈段氏說文解字注後敘〉。
〔註32〕見許氏〈說文解字敘〉。
〔註33〕仲容先生於《契文舉例》中輒發其例。
〔註34〕見本章第三節甲「文字之考釋」（二），「契文與說文小篆合者」。

獲，獵所獲也，从犬䕙聲，雀部，䕙从又持雀，雀从隹从丫，此右从犬象形，左从丫即竹之省也。以文義求之，亩獲隻兔，謂搏獲奪兔也，……文義相應，足證其是矣。」

　　《契舉》上三葉云：「◇字奇古難識，以形考之，實即癸之異文，《說文・癸部》，◇籀文作◇，从癶从矢，此下从◇，與矦作◇，偏旁矢形同，上从◇，即癸上半變體，金文〈冊父己鼎〉、〈癸父乙卣〉癸竝作◇可證，蓋本从三↑，後傳寫流變，迤作◇相反，遂成◇字，籀文實本于此，然與◇形聲俱遠，此文尚可尋其流變之軺迹也。」

　　《契舉》上六葉云：「◇、◇舊竝釋為問。案問於文从門从口，《說文・門部》，門从二戶象形，龜文無从門之字，而改啟偏旁戶皆作◇，與貝形絕異，此形殊不類。」

　　《契舉》上十五葉云：「◇、◇以字形考之，當為从卩从系，疑紹之省文。」〔註35〕

　　《契舉》上十九葉云：「◇字奇古難識，以形推之，左从◇即禾形，右从◇，疑即黎之省。」

　　《契舉》上三六葉云：「◇，唯刼从刀，此則从◇，疑當為刱字，《說文・井部》，刱造法創業也，从井刅聲，讀若創，◇與刅形相似。……以聲類求之，竊疑當為梁之借字。」〔註36〕

　　《契舉》上二三葉云：「◇字从台从皿，字書所無，唯金文有〈杞伯每父盤〉，其字作◇，余定為盉字，蓋即《說文・瓦部》瓵之變體，許解云：甌瓿謂之瓵，从瓦台聲，此从皿台聲，于鮐聲字例同也。」
〔註37〕

而形、音、義三者之中，形尤為要，故又繼之引古籀、秦篆之偏旁，以諦審契刻結體為文之辜較也。

### （3）諦審偏旁

　　契刻多依類象形之文，筆畫省簡無定例，但雖粗具匡郭，却為後世文字

---

〔註35〕紹實為卲字之誤。
〔註36〕原拓殘闕，字形作◇，中既非从刅，下有闕畫，未敢定其形。
〔註37〕◇為血之誤。

孳乳之所本。故仲容釋字，輒諦審古金篆勢，尋繹其偏旁大較，或以形似，或緣聲近。形似者必令錙銖脗合，聲近者必窮搜冥索，直至無聲字而後已。

《契舉》上九葉云：「有云亙貞者，皆作▨，或作▨，或作▨，……《說文·二部》云：『亙，求亙也。从二，从囘。囘，古文回。象亙回之形，上下所求物也。』此▨、▨即亙形之省，▨▨又省一，即回古文也。金文从亙字，如宣字作▨，趄字作▨，洹字作▨，並从▨，而互有增省，〈史趄卣〉趄作▨，則省作半形，與此形尤近也。」

《契舉》下三二葉云：「▨从匚、从羊，其字《說文》未見，唯金文〈史頌敦〉云：『日▨大子』，从臣、从辵，亦字書所無。此與彼偏旁同。」

惟龜甲文字省簡變化，既無一定之成例，而繁褥重縈，又多難以索解，如學者盡恃形聲偏旁，以考索原始製字之初規，誠不僅不能得其真詮，尤易致郢書燕說之譏，如仲容誤「王」為「立」，誤「翌」為「獵」，誤「旬亡禍」為「它父卜」，均屬顯例：

《契舉》上九葉云：「有云立貞者，立疑當讀為隸。」

案：羅振玉釋王，並云《說文解字》王古文作▨，金文作▨、▨、▨，均與《說文》所載古文同，卜辭王从▨、从▨，並與▨同，吳大澂釋為古火字是也，卜辭或逕作▨，王國維謂亦王字，其說甚塙。蓋王字本象地中有火，故省其上畫，誼已明白。契刻別有立字作▨（《藏龜》八十八之四），作▨（二四一之四），與王作▨（一之一），作▨、▨（二十六之三）者，形微異，故仲容致誤。

《契舉》上十三葉云：「卜獵者最多，其文作▨、作▨、作▨、作▨，最緐者作▨、作▨，最簡者作▨、作▨，……任情變易，幾無一同者，不能悉舉也。……今審定當為獸之省，借為獵。……〈石鼓〉：『君子員邋』，邋字作▨者，右即从獸，非从角也。其見於金文如〈師袁敦〉獸字作▨，又〈毛公鼎〉之金噐，字作▨，此與彼諸文並相近。」

案：王國維以〈小盂鼎〉▨字證讀為翌或昱，董彥堂先生以為卜辭記次日或再次日事，統稱昱。

《契舉》上二十四葉云：「有云▨、▨者，凡三十事，它多作▨，又作▨，……今考定實為它之象形。《說文·它部》云：『它，虫也。

從虫而長，象冤曲垂尾形。』此文作🔣，與冤曲垂尾形尤切。」

案：🔣，王國維〈釋旬〉，《說文》：「旬，徧也。十日爲旬。从勹、日。🔣古文。」在卜辭爲十日卜旬之辭，蓋均以旬之末癸日，以卜下旬之吉凶也。

## （4）通校諸文

仲容治古文字學，以「通校諸文」之方式，考索字形文義，乃其重要途徑，彼嘗於《古籀拾遺》中發凡起例，頗多創獲，〔註38〕故以之移而爲研契之一助也。唯契刻璚畫纖細，石印拓墨漫漶，文義斷續，辨識獨難，〔註39〕是以究其所釋，正者與誤者常錯綜於同條之中，〔註40〕致瑜爲瑕揜，良可惋惜。以下畧舉其通校之例，稍窺其方法運用之一斑。

《契舉》上二六葉云：「🔣字亦屢見，自前兩🔣字外，如云貝子口父🔣（三一之四反文），已口卜貝好口口之🔣（七二之一），貝口🔣帚好不隹辭乙（百十三之四），敫貝之🔣隹之口（百五三之一），癸口女口子🔣不冲（百六八之一），通勘諸文，當是🔣字。」

《契舉》上三三葉云：「其云伐昌方、足昌方者，卜出師征討之也。云昌方若，或云弗若，或云服昌方者，卜其順服我不也。云我其受者，謂受其順服。云受之又者，『又』疑當讀爲『有』，謂受而有之爲屬國也。云不我其受者，謂不能服之，蓋服我則受之，不服則不受也。參觀各條，其情事可見。」

《契舉》下三七葉云：「《說文・牛部》：『半，事也，理也。象角頭三、封尾之形也。』〈羊部〉：『羊，祥也。从羋。象四足尾之形。』〈豕部〉：『豕，彘也。竭其尾，故謂之豕。象毛足而後有尾。

---

〔註38〕《古籀拾遺》中〈虢叔大林鐘〉釋文云：「古金文字茫昧，非合眾器互校之，不能尋也。」又《古籀餘論》上〈楚公鐘〉釋文云：「古文奇詭，隨意增省，或展轉流變，與正字迥異，非通校諸器，不能得其達詁，而舊釋要皆望文肊定，齟齬百出，其不可憑明矣。」

〔註39〕《契文舉例・自敘》云：「甲文既出於刀筆，故庸峭古勁，舢折渾成，怳若讀古史手札，唯璚畫纖細，拓墨漫漶，既不易辨認，甲片又率爛闕，文義斷續不屬。」

〔註40〕王國維〈與羅振玉書〉云：「孫仲容《契文舉例》當即奉上，惟此書數近百頁，印費不少，而其書却無可採，不如《古籀拾遺》遠甚，即欲摘其佳者，亦無從下手，因其是者與誤者嘗在一條中也，上卷考殷人制度，亦絕無條理，又多因所誤釋之字立說，遂覺全無是處。」

古文作𠕁。』是三字本皆屬象形，唯小篆皆整齊以就篆法，故僅約暑形似，周代金文已然。龜甲文牛亦作𡴝，與《說文》暑同；羊多作𦍋，微趨簡易，而大致亦同；唯豕字則皆象形作，其牛、羊二字亦間有象形者，則竝與小篆絕異，足見書契之初軌，但牲獸形狀多相類，不易識別。今就三文遘見者合校之，庶得其正也。」

案：上引三例之中，由於釋字多誤，而又以誤釋之字通讀卜辭，遂覺滿目荊榛，一無是處矣。

# 四、結　論

仲容先生治甲骨文之成就，後之羅振玉、王國維、董彥堂等多能指其誤，[註41]惟丹徒葉玉森於《殷虛書契前編集釋·序》中，頗有持平之論，如云：「自劉氏《鐵雲藏龜》行世，瑞安孫氏仲容據以箸《契文舉例》、《名原》兩書，析文剖辭，時有創解，惜取材未博，立說綦難，然篳縷之功，不可沒也。」時賢屈翼鵬〈序李孝定甲骨文字集釋〉亦有：「光緒三十年，孫詒讓著《契文舉例》，所釋而可信以及近似之字凡百八十餘，……厥後治斯學者漸眾，識字亦漸夥，孫、羅二家所釋，今已證知其誤者頗多，然啓之辟之，以導先路，其功實不可沒也。」本師高仲華先生授《中國文獻學研究》，於「甲骨學」部分嘗評孫氏治契之得失，[註42]以爲識字雖有誤，但能啓學術之新運，創研契之通例，厥功實不可量也。

---

[註41] 三家之說巳引見於本章一〈概說〉中。

[註42] 高師由三方面剖析孫氏識字之得失，即（一）、以偏旁認甲文，乃孫氏之創見，以偏旁之法認字始於《說文》，惟《說文》僅以篆文爲主，屬於靜態；孫氏以古金文演進之動態去分析文字，顯較許書爲進步。（二）、孫氏解釋正塙之字計百八五字，而多見於羅氏書，此百餘字均由金文中比勘而出，且均爲甲文中最基本之單字，故吾人仍須承認其爲從事研究甲骨之創始者，尤爲有系統著述甲骨文字之第一人。（三）、孫氏於處理金文時，尚留意一字在金文中之位置與作用，並與他器合校，此法運用得宜；但其治契刻，於此法之運用未盡如理想，致釋字多誤。